Inhalt

Als Tierpsychologe auf dem Meeresgrund 7
Im Reich der tausend Atolle 13
Röhrenaale 24
Gärten aus Stein 31
Die Barbierstube im Riff 46
Wie Fische wohnen 60
Wozu sind Fische bunt? 66
»Wölfe im Schafspelz« und andere listige Räuber . . . 75
Wir füttern Haie 83
Zu den Inseln der Geister 97
Von Seeigelfischen und anderen seltsamen Schlammbewohnern 113
Anemonenfische 120
Kleine Wunder um Strand und Lagune 130
Unsere Begegnung mit den Schom Pen 143
Tillanchong 158
Geschichte um einen Kraken 164
Im malaiischen Inselgebiet 169
Naturschutz – unter Wasser 178
Unternehmen »Xarifa« 180
Danksagung 184
Liste der Tiernamen 185
Literaturverzeichnis 192
Stichwortverzeichnis 197

Konrad Lorenz
lehrte mich tierisches Verhalten lesen
Hans Hass
erschloß mir die Wunderwelt der Korallenriffe

Beiden widme ich dieses Buch in Freundschaft
und dankbarer Verehrung

Das Buch

Drei Jahre nach der Expedition zu den Galapagos-Inseln nahm der Verhaltensforscher Irenäus Eibl-Eibesfeldt wiederum gemeinsam mit seinem Freund Hans Hass an einer Forschungsreise auf der »Xarifa« teil. Ihr Ziel waren diesmal die Inselgruppen der Malediven und Nikobaren im Indischen Ozean. Von den Seefahrern früherer Zeiten gemieden, ist das Reich der tausend Atolle nahezu unberührt geblieben. Eibl-Eibesfeldt schildert die vielfach abenteuerlichen Beobachtungen unter Wasser: wie bislang kaum bekannte »Putzerfische« den geduldig aufgesperrten Rachen größerer Raubfische säubern, wie die Röhrenaale entdeckt wurden, die in »Aalwiesen« den Meeresboden besiedeln, und er beobachtet verblüffende und höchst sinnvolle Lebens- und Schutzgemeinschaften unter den Meeresbewohnern. Der Leser nimmt an kühnen Experimenten zur Abwehr von Haien teil und erlebt Begegnungen mit Eingeborenenstämmen, die noch niemals zuvor Europäer gesehen haben. Neue wissenschaftliche Erkenntnisse werden in einer Sprache vorgetragen, die auch dem Laien verständlich ist.

Der Autor

Irenäus Eibl-Eibesfeldt, geboren 1928 in Wien, studierte Biologie und war Schüler von Konrad Lorenz und Wilhelm von Marinelli. Seit 1951 ist er Mitarbeiter am Max-Planck-Institut für Verhaltensphysiologie in Seewiesen bei Starnberg und lehrt seit 1963 Zoologie an der Universität München. Seit 1970 leitet er ein Institut für Humanethologie in Percha. Mehrere Studienreisen führten ihn nach Südamerika, Afrika, Japan, Neu-Guinea, Polynesien und in die Karibische See. 1971 wurde er mit der Wilhelm-Bölsche-Medaille in Gold ausgezeichnet.
Er veröffentlichte neben zahlreichen wissenschaftlichen Beiträgen u. a. folgende Bücher: ›Galapagos. Die Arche Noah im Pazifik‹ (dtv-Band 720), ›Grundriß der vergleichenden Verhaltensforschung‹ (2. Auflage 1969), ›Liebe und Haß‹ (1970).

Irenäus Eibl-Eibesfeldt:
Im Reich der tausend Atolle

Als Tierpsychologe in den Korallenriffen
der Malediven und Nikobaren

Deutscher
Taschenbuch
Verlag

Von Irenäus Eibl-Eibesfeldt
ist im Deutschen Taschenbuch Verlag erschienen:
Galapagos (720)

Im Text ungekürzte Ausgabe
Juli 1971
Deutscher Taschenbuch Verlag GmbH & Co. KG,
München
Lizenzausgabe des R. Piper & Co. Verlages,
München
Umschlaggestaltung: Celestino Piatti
Gesamtherstellung: C. H. Beck'sche Buchdruckerei,
Nördlingen
Printed in Germany · ISBN 3-423-00769-9

Als Tierpsychologe auf dem Meeresgrund

Seit ein paar Tagen hause ich hier im Leuchtturm des Sanganib-Riffs vor Port Sudan, und das ist gerade der richtige Ort, mit der Niederschrift dieses Buches zu beginnen, das von Korallenriffen und ihren bunten vielgestaltigen Bewohnern handeln soll.

Mein Haar ist noch feucht vom Meerwasser. Die frischen Bilder eines langen Tauchtages ziehen an mir vorüber. Eben noch schwamm ich über die seichte Riffplatte, über blendend weiße Sandflächen mit knolligen Korallenstöcken, an denen bunte Papageifische knabberten, hinaus zu dem Abgrund, wo das Riff als Steilwand in blaue Tiefen abfällt. Von meiner hohen Warte aus kann ich die Grenze deutlich sehen; denn das helle Grün der Seichtwasserzone wechselt dort jäh in sattes, fast tintiges Blau. Dort schwamm ich hinaus, über den Abgrund weiter, bis blaues Wasser mich allseits umfing und die Riffwand nur noch schattenhaft zu ahnen war. Ein Schwarm silbriger Stachelmakrelen flutete an mir vorbei, mit wachen, starren Blicken den Eindringling betrachtend. Sie drehten eine Runde und verschwanden lautlos in der Tiefe. Ich hing allein in einem grenzenlosen Raum, berauscht von dem Glücksgefühl der Schwerelosigkeit.

Da quoll Angst in meinem Innern auf, mehr und mehr verdrängte sie die freundliche Stimmung, und mit hastigen Schlägen meiner Fußflossen schwamm ich zur Riffwand zurück. Im Schutze der Korallenfelsen fühlte ich mich geborgen. Der Mehrzahl der Riff-Fische schien es ebenso zu gehen. Die großen, grün, blau und orangerot gemusterten Papageifische fraßen hier an den Korallen, begleitet von bunten Lippfischen, die da und dort ein aufgescheuchtes Krebschen oder Gewürm erhaschten. Gelbe Schmetterlingsfische zogen pärchenweise durchs Korallengeäst, und in den großen Höhlen der Riffwand hausten neben roten Husarenfischen die finster blickenden Zackenbarsche. Beim Weiterschwimmen begegnete mir ein gut 40 Zentimeter langer Pfauenkaiserfisch. Mit seiner blau-weiß-gelben Bänderung zählt er zu den schönsten Riffbewohnern.

Kleine, rot und orange gefärbte Rötlinge *(Anthias)* und blaugrüne Schwalbenschwänzchen *(Chromis)* standen in Schwarmwolken an der Riffwand. Machte ich eine rasche Bewegung, dann verschwanden sie alle mit einem Schlag zwischen den schützenden Ästen der Korallen. Eine bunte, wirbelnde Welt, und doch so still, eingewoben in Blau und allem entrückt, was man vom Lande her kennt.

Diesen wunderbaren Lebensraum hat mein Freund Dr. Hans Hass mir vor nunmehr genau zehn Jahren eröffnet. Vor der kleinen karibischen Insel Bonaire, wo der weiße Gischt der schaumgekrönten Wellen über rotbraune Korallenriffe brandet, betrat ich unter seiner Führung zum erstenmal den Abgrund des Meeres. Ich sehe den leicht geneigten Hang noch deutlich vor mir. Zwischen den hohen Korallentürmen wuchsen zierliche Hecken von Hirschhornkorallen, zart gegitterte Venusfächer und Büsche violetter Hornkorallen, die sich in der Dünung wiegten.

7 Meter unter dem Meeresspiegel setzten wir uns nebeneinander auf den Grund; mit unseren leichten Tauchgeräten waren wir ja von der Oberfläche unabhängig. Hass nahm einen Seeigel und zerbrach ihn. Von allen Seiten kamen nun bunte Lippfische und Schmetterlingsfische herbei. Jeder wollte einen Brocken erhaschen. Mein erster Eindruck war, daß ich wohl nie eine Ordnung in dieser überwältigenden Fülle sehen würde; zuviel Neues stürmte auf mich ein.

Aber bereits dieser erste Tauchabstieg bescherte mir bemerkenswerte Beobachtungen, die meine Aufmerksamkeit in eine bestimmte Richtung lenkten. Da kam ein dicker grüner Papageifisch vorbei. Gemütlich fraß er an einer Hirnkoralle und bemerkte gar nicht, wie sich einer der stabförmigen Trompetenfische aus einem Korallenstock heranschlich. »Schrab, schrab« nagte er an der Hirnkoralle, während der Trompetenfisch immer näher kam und sich schließlich – schwups – der Länge nach auf den Rücken des Papageifisches legte. Dieser schwamm eilig davon. Aber so sehr er sich auch bemühte, es gelang ihm doch nicht, den lästigen Reiter loszuwerden. Dann verschwand das seltsame Gespann. Was hatte der Reiter wohl vor?

Wenig später sah ich einen großen Zackenbarsch, der mit weit aufgerissenem Maul über einem Korallenstock lauerte. Bei genauerem Hinsehen bemerkte ich zwei winzige Fischlein, von denen eines in das geöffnete Maul des Raubfisches hineinschwamm. Ein sicherer Todeskandidat, würde man meinen; aber da kam der Kleine auch schon wieder unversehrt aus dem Maul des Barsches geschwommen, ohne daß der auch nur einen Versuch machte, ihn zu schnappen. Was ging hier vor? Das

Problem der zwischenartlichen Beziehungen verschiedener Fische begann mich zu fesseln.

Dann zeigte mir Hass einen kleinen, hellblau getüpfelten Riffbarsch, der direkt vor uns in einer Korallenhöhle hauste. Er war ein recht unverträglicher Kerl. Wann immer ein anderer Fisch in seine Nähe kam, griff er ihn an. Nicht einmal vor großen Barschen zeigte er Respekt und zwickte sie in eine Flosse. Als ich ihm meinen Fuß hinstreckte, zupfte dieses kleine Bündel Wut sogar an meinen Beinen. Welch ein Gegensatz zu den friedlichen Schwarmfischen, die vor uns im blauen Wasser auf und ab schwammen! Warum war wohl ein Fisch so eigenbrötlerisch und unverträglich, der andere wiederum gesellig? Warum war einer bunt, der andere einfarbig? Wozu mochte wohl der auffällige Augenfleck dienen, der die Rückenflosse dieses kleinen Schmetterlingsfisches zierte, und welche Aufgabe hatte die zu einem langen Wimpel ausgezogene Rückenflosse? Hatte jede dieser auffälligen Besonderheiten ihre spezifische Aufgabe? Immer neue Fischformen kamen in mein Blickfeld: dicke Kofferfische, hochrückige Engelfische, Schmetterlingsfische mit langen Schnepfenschnauzen, schlanke Lippfische, Seebader, Seebarben und viele andere mehr. Einmal umgaukelte uns sogar der wie ein Clown gemusterte Königin-Drückerfisch. Jeder dieser Fische war in anderer Weise an das Riff angepaßt, aber wie, das war nur in ganz groben Zügen bekannt. Vor allem über das Verhalten dieser Fische wußte man erstaunlich wenig. Das ist um so begreiflicher, als man ja bis vor kurzem nicht so ohne weiteres in den Lebensraum der Fische eindringen konnte. Hier öffnete sich für den Verhaltensforscher ein weites, noch kaum bearbeitetes Feld.

Seit jenem ersten Tauchabstieg sind viele Jahre vergangen. Tauchgerät und Flossen wurden mir in dieser Zeit geradezu zu körpereigenen Organen. In vielen Tauchabstiegen lernte ich immer neue überraschende Verhaltenseigentümlichkeiten der Meeresfische kennen. In den Jahren 1953 und 1954 bereisten wir mit dem Forschungsschiff »Xarifa«, dem bekannten Dreimastsegelschoner von Hans Hass, die Karibische See und die Galapagos-Inseln. Wir tauchten, erprobten neue Geräte, und, mit neuen Erfahrungen ausgerüstet, führte Hass die »Xarifa« im Spätherbst 1957 in den Indischen Ozean. Sie segelte diesmal unter österreichischer Flagge. Auf dieser einjährigen Reise besuchten wir das Rote Meer, die Malediven, Ceylon, die Nikobaren und einige Inseln vor Malaya.

Bei den Malediven fanden wir besonders schöne Korallenriffe und blieben daher längere Zeit. Dr. Hans Hass untersuchte den Aufbau der Malediven-Atolle und entwickelte neue Gedanken über deren Entstehung. Er arbeitete dabei mit Dr. Georg Scheer vom Hessischen Landesmuseum zusammen, der die Ökologie der Riffkorallen untersuchte. Dr. Ludwig Franzisket vom Münsterländischen Landesmuseum studierte Stoffwechsel und Wachstum der Riffkorallen an deren natürlichem Standort. Dr. Sebastian Gerlach widmete sich den Kleintieren, die auf den Korallen und im Korallensande leben; dabei entdeckte er einige neue Anpassungsformen. Dr. Wolfgang Klausewitz vom Senckenberg-Museum in Frankfurt bearbeitete vor allem die Systematik der Riff-Fische, während ich deren Verhalten studierte. So ergänzten sich unsere Aufgaben, und es ergab sich eine Zusammenarbeit, an die ich gerne zurückdenke.

Ingenieur Kurt Hirschel war uns als Techniker und Kameramann eine unentbehrliche Hilfe. In Ceylon stieß schließlich Frau Lotte Hass zu uns und ergänzte die Arbeitsgruppe in glücklicher Weise, sowohl vor als hinter der Kamera.

Das Schiff stand unter der geschickten Führung von Kapitän Hein Becker, der bereits 1953/54 als Schiffsoffizier die erste Expeditionsfahrt der »Xarifa« mitgemacht hatte.

Über das Zustandekommen und die technischen Einzelheiten dieser bemerkenswerten Forschungsreise sowie über ihre wichtigsten Ergebnisse hat Hass in seinem reich bebilderten Buch ›Expedition ins Unbekannte‹ (Berlin 1961) ausführlich berichtet. Ich will hier vor allem das Verhalten und die speziellen Anpassungen der Meerestiere schildern und so den Leser mit einem faszinierenden Lebensraum vertraut machen, der heute noch als unberührt gelten darf. Wir werden bei dieser Gelegenheit auch das Verhalten der Haie kennenlernen, die wir bei den Malediven unter Wasser fütterten. Darüber hinaus wollen wir aber auch ein Bild von den interessanten Inseln vermitteln, die wir im Verlauf dieser Reise besuchten. Auf den Nikobaren lernten wir unter anderem die Schom Pen kennen. Nur zwei Forscher hatten im vergangenen Jahrhundert eine flüchtige Begegnung mit diesen Menschen, die scheu und zurückgezogen in den dichten Regenwäldern von Groß-Nikobar leben. Sie sind bis heute von der Zivilisation verschont geblieben.

Die von uns verwendete Tauchmethode braucht hier nur kurz erwähnt zu werden. Wer mehr erfahren will, dem empfehle ich die Lektüre der schönen Hass-Bücher. Weitere aufschlußreiche

Darstellungen von Cousteau und Dugan sind im Literaturverzeichnis aufgeführt.

Dem Schwimmtaucher stehen heute zwei Gerätetypen zur Verfügung: Sauerstoffgeräte und Preßluftgeräte. Beide haben ihre Vorteile. Die Sauerstoffgeräte sind leicht. Man trägt eine kleine Stahlflasche mit Sauerstoff an einem Gurt vor dem Bauch. Über ein Ventil füllt man nach Belieben einen Atemsack, den man auf dem Rücken trägt. Ein Mundstück verbindet über zwei Schläuche die Atemwege des Tauchers mit dem Atemsack. Man saugt den Sauerstoff durch einen Schlauch und bläst die ausgeatmete Luft durch den anderen Schlauch wieder in den Atemsack zurück. Ventile steuern den Kreislauf. Die ausgeatmete Luft passiert eine Kalkpatrone, in der das Kohlendioxyd zurückgehalten wird. Da keine Luft ausperlt, eignet sich dieses Gerät vorzüglich zur Beobachtung kleiner Fische, die durch Luftblasen verscheucht werden könnten. Da jedoch reiner Sauerstoff unter höherem Druck als Gift wirkt, darf man mit diesem Gerät nicht tiefer als 15 Meter tauchen. Im Jahr 1954 verloren wir vor der Insel Bonaire unseren besten Taucher, Lt. Comm. Henry James Hodges R.N.V.R., der bei der Verfolgung eines Fisches nur kurzfristig die für ein Sauerstoffgerät zulässige Tiefengrenze unterschritten hatte. Wir betrauerten in ihm einen besonders zuverlässigen und hilfsbereiten Kameraden. Ein ebenso schwerer Verlust traf auch die zweite »Xarifa«-Expedition gleich nach ihrem Beginn im Roten Meer. Klaus Wissel, einer der besten deutschen Sporttaucher, hatte im Riffgebiet von Shaab Anbar im seichten Wasser photographiert. Dr. Scheer fand ihn in 2,5 Meter Tiefe tot über den Korallen treibend. Seit diesen Unfällen ziehen wir die Preßluftgeräte vor. Wir benützen die ausgezeichneten Tauchgeräte der Firma Dräger (Lübeck). In Stahlflaschen, die man am Rücken trägt, kann man Luftvorrat für etwa eine Stunde mitnehmen und auch in größere Tiefen vordringen. Die Grenze liegt bei 60 Metern. Einzelne sind damit auch schon etwas tiefer gekommen, doch macht sich nach eigenen Erfahrungen bereits in 50 Meter Tiefe der Tiefenrausch störend bemerkbar. Dieser Rauschzustand, der sich zunächst subjektiv in gehobener Stimmung äußert, kann zu Schwindelanfällen und schließlich zu geistiger Verwirrung und Ohnmacht führen. Nach Cousteau wird er durch Stickstoffübersättigung des Blutes verursacht. Man umgeht neuerdings diese Stickstoffnarkose durch die Verwendung besonderer Gasgemische, bei denen Helium zur Verdünnung des Sauerstoffs benützt wird. Mit solchen Gemischen ist der Schweizer Keller 200 Meter tief getaucht. Seine Rezepte sind noch nicht bekannt, doch dürfte die Zeit nicht allzu ferne sein, in der ein Schwimmtaucher auch diese Tiefenbereiche durchforschen kann.

Nach längeren Tauchabstiegen mit Preßluftgeräten muß der Taucher langsam hochschwimmen und dabei in bestimmten Tiefen Pausen einlegen, sonst läuft er Gefahr, daß der im Blut gelöste Stickstoff in kleinen Bläschen ausperlt und Blutgefäße verstopft. Je länger und je tiefer er taucht, desto länger sind die Dekompressionspausen beim Aufstieg. Rebikoff hat genaue Tabellen dazu veröffentlicht.

Im übrigen wirkt der Wasserdruck nur auf die mit Luft gefüllten Räume, z. B. auf das Mittelohr. Diesen Druck kann man aber leicht ausgleichen, wenn man kräftig in die verschlossene Nase bläst und so die Luft durch die Ohrtrompete (Eustachische Röhre) ins Mittelohr drückt. Dann herrscht hinter dem Trommelfell der gleiche Druck wie außen, und man spürt keinen Schmerz mehr. Die Nase schließt man durch eine Nasenklemme oder einfacher, indem man den unteren Rand der Taucherbrille gegen die Nasenlöcher drückt, während man kräftig in die Nase bläst.

Vor dem Gesicht trägt der Taucher eine Brille und an den Beinen die Schwimmflossen. Ein Bleigürtel mindert seinen Auftrieb. Nie sollte er den Schnorchel vergessen. Es könnte ja sein, daß er in einiger Entfernung von seinem Begleitboot auftauchen muß, etwa weil sein Tauchgerät versagte, und daß er an der Oberfläche zum Boot zurückschwimmen muß. Mit den Stahlflaschen am Rücken kann man aber nur schwer den Kopf über Wasser halten, besonders wenn die See unruhig ist. Mehrere Taucher ertranken bei solchen Gelegenheiten. Mit dem Schnorchel macht das Schwimmen an der Oberfläche keine Mühe. Gegen zudringliche Tiere schützen wir uns mit einem 1,30 Meter langen Stock mit glatter Eisenspitze. Bei längeren Tauchabstiegen sollte man einen wärmenden Taucheranzug tragen. Selbst im tropischen Meer, bei einer Temperatur von 28 Grad Celsius, kühlt der Körper sonst schnell aus.

Als Kamera leistete uns die »Rolleimarin Hans Hass« der Firma Francke & Heidecke beste Dienste. Alle Unterwasseraufnahmen dieses Buches sind mit ihr gemacht, alle übrigen mit der Leica. Als Taucheruhr benütze ich seit vielen Jahren eine Rolex, die sich als äußerst zuverlässig bewährte.

Im Reich der tausend Atolle

> »Wenn sich der König von Malediven einen König von 12 000 Inseln nennt, so ist dies eine asiatische Vergrößerung. Die meisten Inseln sind unbewohnt und tragen nichts als Bäume. Andere sind bloße Sandhaufen, die bei einer starken Flut unter Wasser gesetzt werden. Die Malediver sind schön, obschon olivenfarbig ...«
>
> *Immanuel Kant, Naturwissenschaftliche Kollegs*

Drei Tage vor Weihnachten tranken unsere Augen endlich wieder frisches Grün. Zunächst deutete nur eine Wolkenbank am Horizont die Nähe der Malediven-Inseln an. Nach einigen weiteren Stunden flotter Fahrt sahen wir eine Reihe niedriger sattgrüner Streifen, vom blauen Meer durch einen weißen Strand abgesetzt.

Unsere nach langer Seefahrt des frischen Grüns entwöhnten Augen hingen an diesen Streifen, die mehr und mehr Konturen annahmen. Bald erhoben sich da und dort die Wedel der Kokospalmen auf sanft geschwungenen Stämmen aus dem dichten Unterwuchs; drei rot besegelte Fischerboote tanzten auf den blauen Wellen. Wir waren vor dem Addu-Atoll, dem südlichsten der Malediven-Atolle.

Keiner von uns blieb unter Deck. Jeder versuchte aus dem Anblick der noch fernen Inseln zu lesen, was uns hier wohl erwarten würde: ein schöner Strand, freundliche Menschen, klares Wasser und üppige Riffe? Die Ferngläser wanderten von Hand zu Hand.

Vorsichtig umrundeten wir den weiten Inselbogen, an dessen Riffen sich in wildem Ansturm die Wellen brachen, bis wir im Süden die Einfahrt in die große Lagune fanden. Das Rasseln der Ankerkette durch die Klüse leitete eine neue aufregende Phase unserer »Xarifa«-Expedition ein.

Die Malediven liegen wie eine Kette von Smaragden im Indischen Ozean. Über eine Strecke von mehr als 1000 Kilometer verstreut, folgen sie in einer doppelten Reihe von Atollringen dem 73. östlichen Längengrad vom Äquator nach Norden. Sie schieben sich als natürlicher Riegel in den Seeweg nach Indien und waren daher von den Seefahrern früherer Zeiten gefürchtet, und das zu Recht, wie viele Wracks bezeugen. Die

Inselgruppe zählt über 2000 meist winzig kleine Inseln. Nur 215 von ihnen sind von insgesamt 93 000 Menschen bewohnt. Hauptstadt und Sitz des Sultans ist Male mit 8000 Einwohnern.

Die Inseln sind durchweg flach und bauen sich auf einem Riffkranz auf, der meist eine zentrale Lagune umschließt. Ein solches Gebilde nennt man Atoll. Nach der klassischen Theorie von Darwin entsteht ein Atoll, wenn eine vulkanische Insel allmählich im Meer versinkt. In gleichem Maße, wie die Insel absinkt, wächst nämlich das sie umgebende Saumriff in die Höhe, da die Korallen nur im warmen, sonnendurchfluteten Wasser gedeihen. Wegen der nährenden Strömungen an der meerwärts gelegenen Seite wachsen sie dort besser als inselwärts, und so entsteht zwischen Insel und Riff ein immer breiter werdender Kanal. Wenn schließlich die Insel ganz versunken ist, bleibt eine zentrale Lagune, die von einem Riffring umschlossen wird. Stürme fegen dort Korallentrümmer zusammen, und es bilden sich Inseln, auf denen das Leben Fuß fassen kann.

So entstanden viele Atolle der Südsee, wie Bohrungen im Eniwetok-Atoll erst vor kurzem bewiesen: Nachdem man

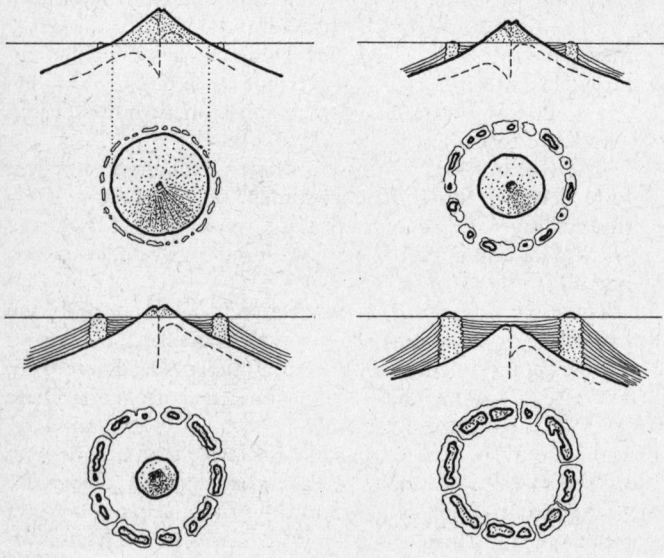

Die Entstehung eines Atolls aus dem Saumriff einer versinkenden Insel nach Darwin; nähere Erläuterungen im Text.

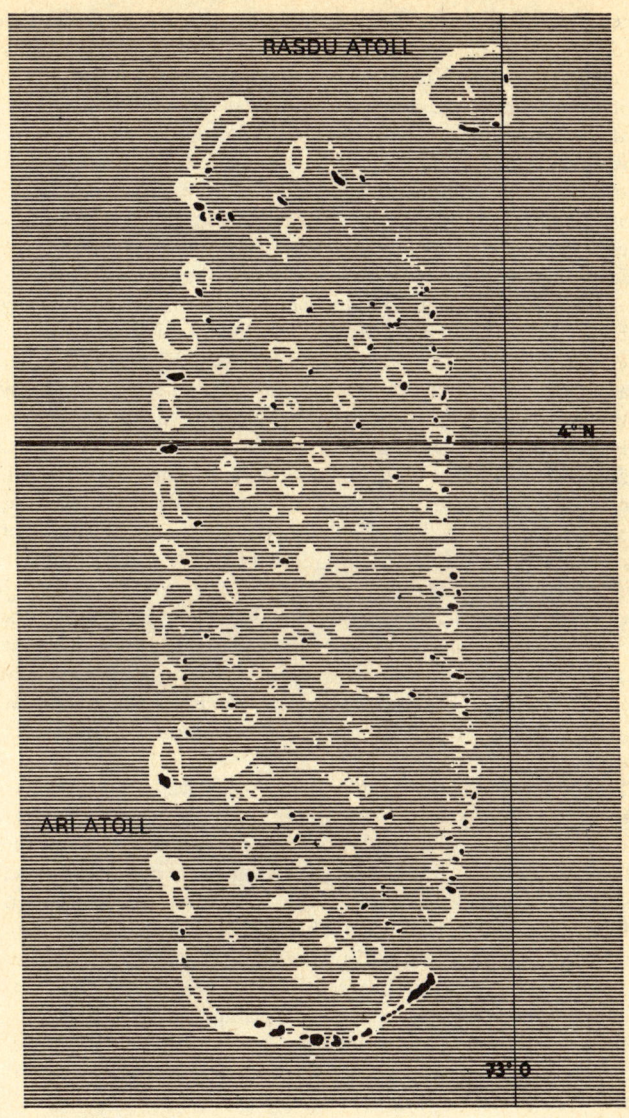

Das Großatoll Ari, das aus zahlreichen Kleinatollen (Faros) zusammengesetzt ist.

1200 Meter Korallenkalk durchbohrt hatte, stieß man auf vulkanisches Gestein. Bei den Malediven liegen die Verhältnisse allerdings anders. Ein Blick auf die Karte zeigt mehrere ineinander geschachtelte Atollsysteme, was durch Absinken von Vulkaninseln nicht so leicht erklärt werden kann. Die ganze Inselgruppe kann als ein riesiges längsovales Atoll angesehen werden. Es ist selbst aus vielen Großatollen zusammengesetzt, von denen jedes wiederum aus einer Reihe kleiner Atolle besteht. Besonders im Norden werden die Ringe der Großatolle immer weiter. Riffkanäle haben die Riffringe an vielen Stellen durchbrochen und verbinden die zentrale Lagune mit dem offenen Meer. Durch sie strömt frisches Meerwasser ein, und dieser Kreislauf gestattet auch in der Lagune üppiges Korallenwachstum. An verschiedenen Stellen wachsen Korallenpilze bis knapp unter die Oberfläche. Und nun folgt, wie Hass in einer kürzlich veröffentlichten Arbeit nachwies, allein aus den Gesetzmäßigkeiten des Korallenwachstums die Bildung neuer Atolle. An ihrer Außenseite wachsen die Korallenpilze weiter, immer mehr in die Breite. Das Zentrum dagegen verödet und versandet, da die Lebensbedingungen für Korallen ähnlich ungünstig sind wie an der inselwärtigen Seite eines Saumriffes. Je größer der Korallenpilz, desto größer die versandete Zone, die sich durch Umkristallisierung des ursprünglich lockeren Materials und durch die dauernde Massage beim Gezeitenwechsel immer mehr vertieft; denn bei Ebbe staut sich das Wasser innerhalb des Atollrings und drückt auf den Boden der Lagune.

So entsteht schließlich ein kleines Atoll, das langsam weiterwächst, bis es von einer bestimmten Größe ab von vielen Riffkanälen durchbrochen wird, die frisches Wasser in die Lagune führen, so daß neue Atolle heranwachsen können. Stürme bauen Inseln, und haben erst einmal die stelzwurzelige Schraubenpalme *(Pandanus)* und die schlanke Kokospalme Wurzeln geschlagen, dann kommen auch die Landtiere. Ein einziger Strauch genügt, um eine interessante Lebensgemeinschaft aufzubauen. Die ersten Pioniere der Tierwelt sind Landeinsiedlerkrebse, Seevögel und Insekten. Ihnen folgen Eidechsen, Landvögel und zuletzt auch der Mensch, den das Leben in dieser Umwelt zu bestrickender Anmut prägt.

»Das ist doch wirklich das Paradies!« rief Hass, der am Bug unseres Beibootes stand. Wir fuhren geradewegs auf die Insel Hittadu zu. Der Himmel spiegelte sich in einem tiefblauen

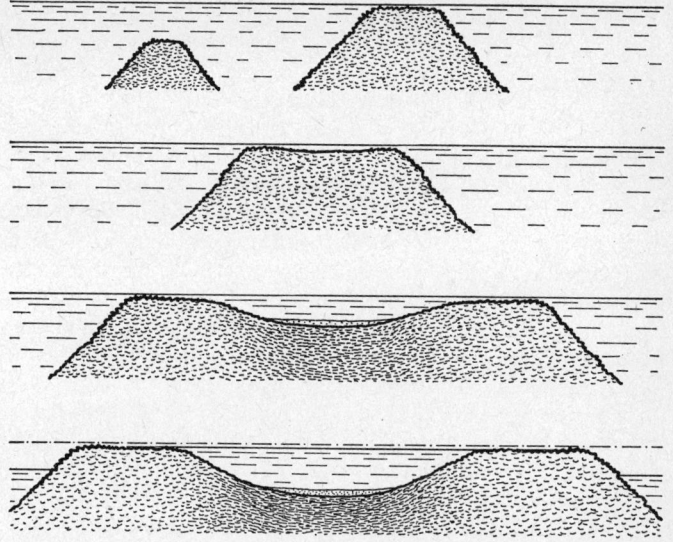

Das Wachsen eines Atolls aus einem Korallenpilz nach H. Hass; nähere Erläuterungen im Text.

Wasser, aus dem hin und wieder die Umrisse der Korallenstöcke schimmerten. Etwa 300 Meter vor uns dehnte sich ein weißer Strand, über den sich schlanke Kokospalmen neigten. Der Wind spielte in ihren Wedeln, die das Sonnenlicht in immer neuen Reflexen spiegelten. Eine Traumwelt, und doch so wirklich wie die schlanken Boote mit dem hochgezogenen Bug und dem vom Wind gebauschten roten Lateinersegel, die auf uns zueilten. In jedem wetteiferten acht sonnengebräunte Ruderer mit dem Wind. Als Bekleidung trugen sie den Sarong, einen Wickelrock, und manche hatten ein Tuch um den Kopf geschlungen. Im Aussehen erinnerten sie an Araber.

Sie begrüßten uns freundlich und geleiteten uns zum Strand, wo der Headman der Insel uns erwartete, ein zartgliedriger Mann mit einem schmalen Gesicht arabischen Schnittes. Auch er trug einen Sarong und eine sorgfältig gestärkte Jacke. Er führte uns zu einem aus Korallengestein erbauten, weiß getünchten Haus, das zu unserer Überraschung ganz europäisch eingerichtet war. Tische, Wandbänke und das Korbgestühl kamen sicher aus England. An der Wand hing eine Pendeluhr, daneben ein Kalender einer Schweizer Uhrenfirma mit schönen Gebirgslandschaften.

Jeder von uns bekam einen Trunk aus einer grünen Kokosnuß, dann unterhielten wir uns in englischer Sprache bei Curry-Huhn, Reis, Brotfrucht, Trockenfisch und einem Nachtisch aus geriebener Kokosnuß mit Zucker. Während man uns Löffel und Gabel gab, aß der Gastgeber nach Landessitte mit den Händen. Es war eine ruhige, kultivierte Atmosphäre, und dabei wäre es wohl auch geblieben, wenn nicht plötzlich mir gegenüber an der Zimmerwand eine Eidechse aufgekreuzt wäre. Das war eine zu große Herausforderung für einen Eidechsenliebhaber. Mit einem Hechtsprung quer durchs Zimmer erwischte ich das schöne Tier gerade noch. Da lag ich auf dem Boden, mit der Eidechse in der Hand, während unser Gastgeber verdutzt auf mich herabsah. Nur einen Augenblick, dann lachte er, und die vordem förmliche Stimmung wich ungezwungener Herzlichkeit.

Nach dem Essen spazierten wir durch das Dorf. Es wurde von einer breiten, beiderseits mit einer weiß getünchten Mauer eingefaßten Straße durchzogen. Die Gärten und die aus Korallengestein oder geflochtenen Matten erbauten, mit Palmwedeln gedeckten Häuschen lagen hinter dieser Mauer. Kein Mensch war auf der Straße, denn sobald wir auftauchten, lief alles davon. Aber aus den Toreingängen schauten Kind und Kegel neugierig nach uns. Da wir nicht sonderlich furchterregend aussahen, kamen sie bald wieder heraus. Die Frauen und Mädchen trugen lange hemdartige Kleider, einfarbig rot, blau oder grün, am Halsausschnitt und den kurzen Ärmeln mit hellen Stickereien verziert. Viele waren ausgesprochen hübsch. Als Schmuck trugen manche schöne Ketten aus Goldmünzen. Obgleich die Maledivier Moslems sind, gingen die Frauen unverschleiert.

Die kleinen Mädchen waren nur mit einem Rock bekleidet, und die kleinsten Krabbler liefen nackt herum. Nur um den Bauch oder um einen Arm trugen sie ein Silberkettchen mit einer Blechkapsel. Diese Kapsel enthält einen Koranspruch, der als Amulett Schutz gewähren soll.

Zu den kleinen, mit Palmwedeln gedeckten Häusern führten saubere, mit Korallensand bestreute Wege. In den grünen Vorgärten wuchsen außer Kokospalmen auch Baummelonen, Bananenstauden, Brotfruchtbäume und Süßkartoffeln. Auf den

Baummelonen hingen in dicken Trauben große Achatschnekken. Sie wurden vor langer Zeit aus Indien eingeschleppt und sind heute eine Landplage. Aller Grund gehört dem Staat, der ihn gegen ein geringes Entgelt verpachtet.

Wir besuchten eine kleine Schmiede und eine Weberei. Alles machte einen freundlichen, verspielten Eindruck, und gerade deshalb wohl sind die handwerklichen Leistungen vorzüglich. Im Schatten der Vordächer wiegten sich jung und alt verträumt in großen Schaukeln. Viele Hühner liefen emsig umher.

An einer Stelle wurde gerade ein Haus gebaut. Man war schon an der Oberkante der Fenster angelangt; die Holzpfähle des Baugerüstes hatten indessen üppige Triebe ausgeschlagen, so daß ein grünes Spalier den Rohbau umgab. Hektische Eile war diesem Völkchen fremd.

Unterwegs begegneten wir einem etwa fünfjährigen Buben, der eine mit arabischen Schriftzeichen bemalte Holztafel trug. Schon sehr früh lernen die Maledivier lesen und schreiben. Bei nur 10 Prozent Analphabeten ist ihr Bildungsstand recht hoch. Neben der arabischen pflegen sie auch ihre alte singhalesische Schrift.

Leider waren viele Menschen krank. Es grassierte gerade eine infektiöse Bindehautentzündung der Augen, gegen die sich die Leute kaum zu helfen wußten. Mit unseren Medikamenten haben wir in den folgenden Wochen viele geheilt; gegen eine ganze Reihe von Krankheiten jedoch waren auch wir hilflos. Außer Malaria gibt es auf den Malediven Lepra und die Elephantiasis, eine Krankheit, bei der die Beine der von ihr Befallenen unmäßig aufschwellen.

Die Bewohner der Malediven kamen von Ceylon und gehören als Singhalesen der europiden Rassengruppe an. Sie waren ursprünglich Buddhisten, wurden aber 1153 durch den arabischen Mönch A Hafiz Abul Barakathul Barbari zum Islam bekehrt. Sie galten zu allen Zeiten als liebenswürdig. Nicht gerühmt wurden sie nur von jenen Pechvögeln, die als Schiffbrüchige auf die Inseln verschlagen wurden. Da jedes gestrandete Schiff Eigentum des Sultans war, ließ man die Schiffbrüchigen oft verhungern. Der Franzose Pyrard, der 1602 hier strandete, hat ausführlich über die Notlage berichtet, in die er dadurch mit seinen Gefährten geriet. Da auch Schiffe in den Besitz des Sultans übergingen, wenn der Kapitän während eines Aufenthaltes in einem maledivischen Hafen starb, hielt man die Schiffe des öfteren unter verschiedenen Vorwänden fest, in der Hoffnung, das maledivische Fieber würde den Kapitän ereilen.

Die Inseln waren kurze Zeit in portugiesischem Besitz. Aus dieser Zeit stammt eine Festung auf der Insel Male. Im Jahre 1802 kamen die Inseln an England, und 1887 wurden sie englisches Protektorat. Nach dem Aussterben der Dynastie wurde ein Wahlsultanat eingeführt. Dabei blieb es bis heute, mit einer einzigen, kurzen Unterbrechung. 1953 wurde die Republik ausgerufen, die sich allerdings nur ein Jahr hielt. Der große Reformer hieß Amin Didi. Er wollte die Malediven aus ihrer Verträumtheit erwecken, was ihm zum Glück nicht gelang. Als er einmal nach Ceylon fuhr, schrieben ihm die Volksvertreter, er möge doch dort bleiben; aber er kam zurück und wurde erschossen. Heute gilt er als Volksheld. Die 15 Meter breiten Straßen, die er zur besseren Durchlüftung und zur Bekämpfung der Malaria über alle Inseln schlagen ließ, zeugen noch von seiner Aktivität.

Die Bevölkerung lebt hauptsächlich vom Fischfang. Ein großer Teil der Fänge wird als Trockenfisch nach Ceylon verfrachtet. Wir lernten dieses Landesprodukt genauer kennen, denn wir lebten eine Zeitlang davon. Unser Koch hat uns im ersten Zeitabschnitt der Expedition zu reichlich gefüttert und überraschte Herrn Hass eines Tages mit der Mitteilung: »Unser Proviant ist zu Ende.« Da es auf den Malediven kaum etwas anderes zu kaufen gibt als Kokosnüsse und Trockenfisch, mußten wir uns damit helfen. Der Fisch stellte uns vor einige Probleme. Er war hart wie Holz, und so blieb er, auch wenn man ihn kochte. Daß wir ihn zuletzt dennoch essen konnten, verdanken wir unserem Schreiner, der ihn kurzerhand in seine Hobelbank spannte und in dünne Späne hobelte. So verarbeitet, schmeckte er sogar vorzüglich.

In dem kleinen Dörfchen, durch das wir spazierten, gab es auch einige interessante Tiere. Auf den Gartenmauern liefen überall Schönechsen (*Calotes*) umher, und auf sie machten Klausewitz und ich bald eifrig Jagd. Die Dorfbevölkerung sah uns interessiert, aber durchaus untätig zu. Da boten wir den Leuten für jede Eidechse eine Zigarette an; darauf war im Nu das ganze Dorf auf den Beinen. Die armen Eidechsen erlebten den unruhigsten Tag ihres Daseins. Zu Dutzenden brachte man sie herbei, und die Flut war nicht zu dämmen. Zuletzt suchten wir unter dem gutmütigen Gelächter der Bevölkerung das Weite. Es regnete noch eine Weile Eidechsen von allen Seiten, was den Tierchen zum Glück so wenig schadete wie uns. Sie nahmen ebenso eilig Reißaus wie wir.

Als nächstes fielen uns die zahlreichen Landeinsiedlerkrebse *(Coenobita clypeata)* auf. Viele krochen im Schatten der Büsche herum, und einige kletterten sogar in deren Gezweig. Das schwere Gehäuse schien sie dabei kaum zu behindern. Störte man sie, dann ließen sie sich einfach auf den Boden fallen und verschlossen mit einer Schere und einem Schreitbein fugenlos die Gehäuseöffnung. Diese genaue Einpassung geschieht nach der Häutung, wenn der Krebs noch weich ist.

Die Einsiedler waren alte Bekannte. Ich mochte sie gerne, wenn auch meine erste Erfahrung mit ihnen weniger erfreulich war. Als ich zum erstenmal auf der kleinen karibischen Insel Los Roques spazierenging, verstaute ich Proviant und Hemd unter einem der niedrigen Sträucher. Nach einer Stunde fand ich ein munteres Gewimmel von Einsiedlerkrebsen vor. Vom Proviant war nichts mehr zu sehen, und mein Hemd glich einem Sieb.

Auch zwei Säugetierarten lebten auf der Insel. Von der eingeschleppten Hausratte sahen wir nur die Spuren. Überall lagen ausgefressene Kokosnüsse auf dem Boden. Gut ein Drittel der Ernte wird von diesen Tieren vernichtet! Auch die Flughunde sind schädlich, weil sie sich von den wenigen Früchten der Malediven ernähren. Die krähengroßen Fledermäuse hingen kopfabwärts in den Palmen.

In der Mitte der Insel stießen wir auf einen großen, flachen Teich. Kleine weiße Reiher lauerten am Ufer. Im Wasser wogten dichte Schwärme kleiner Barben, unstet die Richtung wechselnd. Die Ursache ihrer Unrast waren große Schläfergrundeln, welche die Barben jagten. Wir sahen eine Weile zu und fanden, daß dort, wo ein Raubfisch eine Barbe erbeutet hatte, für einige Zeit keine andere hinkam. Sie mieden diesen Platz und schwammen eilig aus dem Bereich, wenn sie zufällig hineingerieten.

Professor K. v. Frisch hatte vor vielen Jahren entdeckt, daß verletzte Elritzen einen Schreckstoff absondern, der die Artgenossen warnt. Ich vermutete, daß auch hier eine solche soziale Schreckreaktion vorlag. Um mich davon zu überzeugen, tötete ich eine Barbe, zerrieb ein Stück Haut mit etwas Wasser und goß die Lösung sorgfältig zwischen einen Barbenschwarm. Sofort stoben alle Fische davon, die in den Bereich dieses Extraktes kamen. Normalerweise wird der warnende Schreckstoff frei, wenn ein Schwarmfisch von einem Raubfisch gefressen wird. So warnt er noch im Tode seine Gefährten. Wir kennen ähnliche Reaktionen auch von anderen Süßwassertieren, so z. B. von den ebenfalls gesellig lebenden Kaulquappen der Erdkröten. Die Wasserschnecke *Heliosoma* vergräbt sich im Boden, wenn sie den Geruch eines verletzten Artgenossen wahrnimmt.

Scheer und Franzisket, unsere beiden Vogelliebhaber, trennten sich hier von uns. Sie wollten sich die Wäldchen weiter besehen, während Klausewitz und ich dem seeseitigen Ufer zustrebten. Schnell hatten wir die Insel überquert und befanden uns in einer ganz anderen, von Wind und Wellen geprägten Landschaft. Während an der Lagunenseite keine Brandung zu spüren war, rangen hier Meer und Land sichtlich miteinander. Ein hoher Uferwall aufgeworfenen Korallengerölls zeugte davon. Jetzt allerdings war Ebbe, und die Wogen brachen sich etwa 100 Meter vor der Küste am Riff. Ein frischer Wind trieb von dort feinen Salzstaub zu uns herüber.

Die Kokospalmen und die stelzwurzeligen Pandanus-Bäume machten einen zerzausten Eindruck. Vor uns dehnte sich eine weite Steinplatte mit Pfützen und Korallengeröll. In den seichten Tümpeln wuchsen derbe Korallenstöcke. Allerlei bunte Fische warteten hier auf die Flut. Als wir ein Stück hinausgingen, schnellte eine hellgrau und schwarz gezeichnete Muräne gegen meine Beine. Am liebsten wären wir noch ins Riff hinausgeschwommen, doch die Sonne neigte sich bereits zum Horizont.

Auf dem Rückweg trafen wir Franzisket und Scheer. Scheer hatte einen Reiher geschossen. Wie sich später herausstellte, war es eine bisher noch unbekannte Rasse. Franzisket hatte das Gelege einer Feenseeschwalbe entdeckt, das er uns stolz zeigte. Hoch auf einem weit ausladenden Ast eines Baumes balancierte völlig frei das weiße Ei dieses Vogels, den ich schon von früher kannte. Das Gelege hatte ich aber noch nie zuvor gesehen. Die Feenseeschwalbe baut kein Nest, sondern legt ihr einziges Ei frei auf Dellen dicker Äste oder in Astgabeln. Das kann sie sich allerdings nur dort leisten, wo Eiräuber fehlen. Auf den nördlichen Malediven, wo die große Maledivenkrähe vorkommt, fehlt dieser Vogel.

Auf dem anderen Ende der Insel hatte Franzisket auch Leute getroffen. Aber er hatte nichts von ihnen gesehen, sondern nur das Knacken der Zweige im Gebüsch vernommen. Dabei habe er dauernd »Salem aleikum« gerufen und auch auf Maledivisch

»Eidechsen, Vögel, Fische, Schlange, gut!« Aber so sehr er sich auch um Kontakt bemüht habe, die Leute hätten sich nicht gemeldet. Uns hat das weniger gewundert als ihn.

Das Singen der Moskitos trieb uns an Bord, und wir kamen gerade zum Sonnenuntergang zurecht. In einer breiten, auf die Sonne zulaufenden Bahn gleißten die Wellen wie pures Gold; die Wolken verfärbten sich violett und rot. Dann versank die glühende Scheibe riesengroß hinter den dunklen Silhouetten der Palmen, und für Augenblicke schien es, als stünde die Welt in Flammen.

Röhrenaale

Am nächsten Morgen begannen wir die Riffe des Addu-Atolls zu erkunden. An verschiedenen Stellen stiegen wir zunächst nur mit Schnorchel und Maske ausgerüstet ins Wasser und besahen die wechselvolle Unterwasserlandschaft.

Schließlich legten wir unsere Preßluftgeräte an und tauchten in der Höhe des Riffkanals zwischen den Inseln Gan und Fedu am lagunenseitigen Riff hinab. Es war hier bis in größere Tiefen versandet. Nur vereinzelt wuchsen knollige Porites-Korallenstöcke auf den leicht geneigten Sandflächen. Offenbar erlaubten die Strömungen beim Gezeitenwechsel keine üppigere Entfaltung der Korallen. Uns war das im Augenblick gleich, wir wollten ja zunächst einmal nur unsere Geräte ausprobieren. Da das Wasser gerade ruhig war, eignete sich der Platz hierfür.

Die hellen Sandflächen schienen tot und unbewohnt. Sah man aber genauer hin, so entdeckte man doch da und dort einen kleinen Krater mit einem Loch in der Mitte, einen Schlammkrater, den irgendein Sandbewohner ausgeworfen hatte, oder Kriechspuren eines Unterwassertieres. Hass verfolgte eine solche Spur bis ans Ende, grub dann dort im Sand und hatte eine schöne rotweiß gemusterte Bischofsmütze in der Hand. Ich begann daraufhin auch zu wühlen und erwischte eine Nabelschnecke. Diese Schnecken gehören zu den ständig vergrabenen Sandbewohnern, die sich durch An- und Abschwellen des Fußes durch den Sand pflügen. Sie machen auf Muscheln Jagd, in deren Schalen sie ein kreisrundes kleines Loch bohren, durch das sie ihr Opfer ausfressen. Richter hat kürzlich genau beschrieben, wie eine nah verwandte Nabelschnecke Muscheln fängt. Die in der Nordsee beheimatete Mondschnecke fesselt ihre Beute zuerst durch ein Schleimband. So verhindert sie, daß die Muschel davonkriecht und die an ihr bohrende Schnecke im Sande abstreift.

Vom Zentrum eines kleinen Trichters gingen dünne, klebrige Fäden nach allen Seiten auseinander. Ganz langsam bewegten sie sich auf der Unterlage. Als ich sie berührte, wurden sie eingezogen. Es waren die klebrigen Fangtentakel eines Röhrenwurmes, die wie Leimruten Nahrung fingen.

Nachdem die Augen sich auf das Unauffällige eingestellt hatten, sahen wir eine ganze Menge Sandbewohner; auch Fische

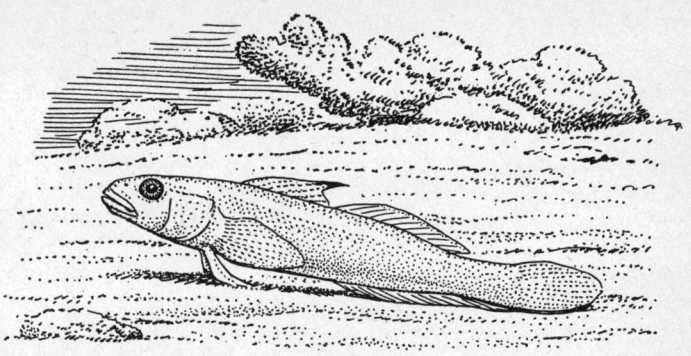

Die von W. Klausewitz neu beschriebene Schläfergrundel (Eleotrides pallidus).

waren darunter. Da gab es z. B. eine kleine, völlig weiße Schläfergrundel, die nur auf der Spitze ihrer ersten Rückenflosse einen schwarzen Fleck trug. Die Fische saßen meist paarweise völlig frei auf dem Sand, meist in der Nähe ihrer unter einem abgestorbenen Korallenstück angelegten Wohnhöhle. Erst durch ihr Ausreißen machten sie uns auf sich aufmerksam, und von da ab sahen wir sie regelmäßig. Wir fingen später zwei Exemplare, die Klausewitz als neue Art beschrieb. Der Fisch wechselt in der Umgebung seines Heimes öfter seinen Standort und frißt Kleinlebewesen, die er nicht nur aus dem Wasser fängt, sondern auch aus dem Sande siebt.

In den seichteren Regionen war auch ein sandfarbener Lippfisch häufig. Näherte man sich ihm, dann verharrte er zunächst S-förmig gekrümmt regungslos über dem Sand und schoß schließlich mit einer überraschend schnellen Bewegung in den Boden. Nur eine leichte Delle im Sand deutete an, wo er sich vergraben hatte. Diese Art, sich kopfüber in den Sand zu stürzen, habe ich später noch bei einer ganzen Reihe von anderen Sandlippfischen beobachten können, beispielsweise beim *Novaculichthys*.

Wieder eine andere Methode, sich im Sand zu verbergen, führten uns die ebenfalls zahlreichen Eidechsenfische vor. Diese sandfarbenen, länglichen Raubfische ruhten frei auf dem Sande. Bemerkten sie uns, dann wühlten sie sich, mit den Bauch- und Brustflossen schaufelnd, in Sekundenschnelle in den Sand ein. Ohne ihren Körper zu bewegen, versanken sie, bis nur mehr die Augen heraussahen.

So schwammen wir langsam die Sandhalde hinab, immer neue Formen der Anpassung an diese Sandwüste entdeckend. Die meisten Tiere waren sandfarben und viele abgeflacht wie die Schollen, die mit einer Körperseite auf dem Boden ruhten, oder aber Plattköpfe, die auf dem Bauch lagen. Man sah sie erst, wenn man sie aufscheuchte. Bei einem Krokodilfisch war sogar die dunkle Pupille durch einen gezackten Pupillenrand getarnt.

Wo abgestorbene Korallentrümmer Deckung boten, gab es als einzigen bunten Bewohner der Sandzone den schön gemusterten Picassofisch.

Ein großer Stachelrochen wühlte wie ein Bagger den Sand auf. Er suchte nach Muscheln, die er mit seinen Pflasterzähnen zertrümmerte. Eine sandfarbene Meerbarbe folgte ihm und schnappte nach aufgewühlten Kleintieren. Ein seltsames Gespann! Ein noch seltsameres zeigte mir Hass gleich darauf.

Aus einem kleinen Loch schaute eine Grundel heraus. Auf einmal bewegte sich etwas neben ihr. Ein kleiner Krebs erschien, der auf seinen gerade vorgestreckten Scheren einen großen Haufen Sand trug. Den lud er vor der Höhle ab; gleich lief er wieder zurück und holte eine neue Sandladung. Er arbeitete genau wie ein Löffelbagger. Mit vorgestreckten Scheren fuhr er, den Körper mit den Hinterbeinen und Schreitbeinen vordrückend, in den Sand, hob dann die vollgeladenen Scheren

Die Krebs-Grundel-Symbiose: Im Vordergrund die Sand schaufelnde Garnele (Alpheus djiboutensis), dahinter die wachende Grundel (Cryptocentrus lutheri).

und transportierte den Sand weg. Manchmal drehte er sich auch um und erzeugte mit den ruderartigen Hinterleibsbeinen einen kräftigen Wasserstrom, durch den er den Sand herausschwemmte. Er war emsig tätig, während die Grundel unterdessen im Eingang lag und aufpaßte. Bei der geringsten Störung verschwand sie in der Höhle und warnte so den kleinen Krebs, der offenbar sehr schlecht sieht; denn keiner der Beobachter hat festgestellt, daß er vor dem Fisch geflohen wäre. Auch erscheint der Krebs erst dann wieder, wenn der Fisch Posten bezogen hat. Der Zusammenschluß ist sicher für beide von Vorteil. Der Krebs baut eine Röhre, und der Fisch warnt bei Gefahr. Professor Luther und Dr. Klausewitz haben über solche Krebs-Fisch-Symbiosen im Roten Meer ausführlicher berichtet. Dort lebt die Garnele *Alpheus djiboutensis* mit verschiedenen Arten von Grundeln zusammen. Zwei von diesen waren für die Wissenschaft neu und wurden von Klausewitz als *Cryptocentrus lutheri* und *Lottilia graciliosa* beschrieben.

Bei den Bahama-Inseln lebt die nah verwandte Garnele *Alpheus armatus* mit der Anemone *Bartholomea annulata*. Der Krebs schaufelt für sich und die Anemone einen Bau. Droht Gefahr, dann zieht sich zuerst der Krebs und dann die Anemone zurück, die mit ihrem Körper das Loch verschließt.

Im südkalifornischen Raum lebt die zarte blinde Höhlengrundel *(Typhlogobius californiensis)* in den Gängen des Maulwurfkrebses *(Callianassa)*. Stirbt der Krebs, geht auch der Fisch zugrunde, wenn er nicht rechtzeitig einen anderen Wirt findet. So haben die verschiedenen Sandbewohner das Problem, auf dem Sand zu überleben, auf ganz verschiedene Weise gelöst.

Langsam schwammen wir die Sandschräge hinab, und als wir in etwa 15 Meter Tiefe angelangt waren, bot sich uns ein wahrhaft erstaunlicher Anblick. So weit wir sehen konnten, war der Sandboden mit seltsamen Gebilden bewachsen. Etwa fingerdicke, 30 bis 40 Zentimeter hohe Stengel ragten aus dem Boden und wiegten sich in der leichten Strömung. Wir dachten wirklich zunächst, das wären Pflanzen. Erst als die Wesen sich vor uns in den Sand zurückzogen, wußten wir, daß es Tiere waren. Welcher Tiergruppe sie jedoch zugehörten, blieb uns zunächst verborgen. Die uns nächsten Tiere hatten sich ganz im Sand versteckt, so daß nur ein kreisrundes Loch zu sehen war. Wir legten uns regungslos auf den Boden und warteten. Ein großer, vielborstiger Wurm, eine sogenannte Seemaus, kam eilig herangekrabbelt und erkletterte

Der neu entdeckte Röhrenaal Gorgasia maculata (Tillanchong, Nikobaren).

meine linke Wade, wo er an einer Hautabschürfung zu nagen begann. Ein zweiter gesellte sich bald dazu. Es tat zwar recht weh, aber wir regten uns nicht.

Nach ein paar Minuten schoben sich winzige Köpfe mit großen, dunklen Augen aus den Löchern. Aufmerksam schauten sie nach links und rechts, schreckten wieder ein Stückchen zurück und rutschten dann ein kleines Stück weiter aus ihrer Röhre. Es waren Fische, Aale, eine ganze Wiese von Aalen. Jeder Aal steckte mit seinem Körperende in einer Röhre; die vorderen beiden Körperdrittel ragten frei ins Wasser, das oberste Ende leicht gekrümmt, der Kopf gegen die Strömung gerichtet. Langsam pendelten die Tiere mit dem Oberkörper hin und her und haschten da und dort ein Kleinlebewesen aus der Strömung. Eine Bewegung von uns, und sie verschwanden wieder in ihren Löchern.

Die Röhren wurden von den Tieren nie freiwillig verlassen. Sie umschlossen eng den Aalkörper; die Röhrenwände waren durch ein schleimiges Hautsekret fest zusammengekittet, so daß sie nicht einstürzten, wenn der Fisch sich zurückzog. Die Röhren waren 20 bis 60 Zentimeter voneinander entfernt.

Wir versuchten die Tiere auszugraben, aber vergebens. Sie wühlten sich schneller ein, als wir grabend folgen konnten. Nur einen scheuchten wir auf. Schlängelnd schwamm er davon, drehte sich dann schnell um und bohrte sich mit dem Schwanz voraus in den Sand, noch ehe ich zugreifen konnte.

Erst am folgenden Tag gelang es uns, einige Röhrenaale zu erbeuten. Sie waren hell sandfarben mit schwarzen Sprenkeln und zwei auffallenden schwarzen Flecken in der Höhe der Kiemenöffnung und kurz dahinter. Es war eine neue Art und neue Gattung aus der Gruppe der Röhrenaale, die aus dem Indischen Ozean bis dahin noch nicht bekannt waren. Wir widmeten die Art Hans Hass, und um auch unserem Expeditionsschiff ein Denkmal zu setzen, nannten wir den Röhrenaal *Xarifania hassi*. Wir begegneten ihm auf unserer Reise durch die Malediven wiederholt, und zwar immer auf Sandflächen, über denen eine gleichmäßige, nicht zu starke Strömung herrschte. Am Außenriff der Insel Gan bedeckten sie in etwa 50 Meter Tiefe viele hundert Quadratmeter. Bei den Nikobaren entdeckten wir verwandte, ebenfalls noch unbekannte Röhrenaale. Die braune, unscheinbare Art *(Xarifania obscura)* siedelte weniger dicht in etwa 15 Meter Tiefe auf dem schlammigen

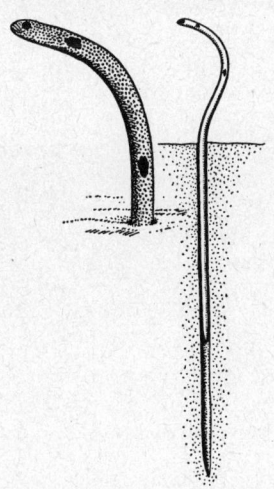

Der neu entdeckte Röhrenaal Xarifania hassi.

Boden des Ganges-Hafens von Groß-Nikobar. Die Art *Gorgasia maculata* bewohnte dagegen Geröllboden in 30 Meter Tiefe vor der Castle-Bucht der Insel Tillanchong. Sie trat in ausgedehnten »Aal-Wiesen« auf. Auf feinerem Sandboden unmittelbar daneben siedelte die Art *Xarifania h. nicobarensis*. Das kolonieartige Auftreten könnte eine Anpassung an Feinde sein, nach dem Prinzip: mehr Augen sehen mehr. Einen einzelnen kann man leichter überraschen als eine Gruppe. Auffällig war, daß sich alle von uns beobachteten Röhrenaal-Kolonien aus etwa gleich großen Tieren zusammensetzten. Wo leben die Kleinen und die Larvenformen? Wir wissen es nicht.[1]

Mit den Röhrenaalen hatten wir auf jeden Fall eine ganz besondere Sandanpassung kennengelernt, und das gleich am ersten Tauchtag. Ein vielversprechender Beginn!

---

[1] 1970 veröffentlichte Fricke in der ›Zeitschrift für Tierpsychologie‹ eine Arbeit über die Biologie der Röhrenaale. In ihr beschreibt er auch Jugendformen des Röhrenaals.

Gärten aus Stein

Wenn wir an schönen Frühlingstagen durch Wiesen und Wälder streifen, wird uns kaum entgehen, daß jede dieser Landschaften ihre eigenen charakteristischen Bewohner hat. Vergebens schauen wir im Hochwald nach einer Lerche oder auf einer Wiese nach einem Eichhörnchen aus. Gehen wir erst ins Detail, dann stellen wir bald fest, daß Wald und Wiese ihrerseits wiederum in zahlreiche kleinere Lebensbereiche unterteilt sind: An jener sonnigen Wiesenböschung leben Grabwespen, die auf dem weniger stark geneigten Boden unmittelbar daneben fehlen. Und auf dem kleinen Steinriegel nebenan, aber nur dort, sonnen sich ein paar Eidechsen. Im Großen wie im Kleinen bieten diese verschiedenen Lebensräume jeweils andere Möglichkeiten der Existenz und erfordern daher von ihren Bewohnern jeweils andere Anpassungen.

Eine vergleichbare Mannigfaltigkeit an Lebensräumen finden wir auch unter Wasser. Da gibt es Tangwälder, Seegraswiesen, öde unbewachsene Sandflächen und reich zerklüfteten Felsgrund, um nur ein paar Beispiele zu nennen. Auf den Felsen kann man sich festsetzen, und in den Spalten und Höhlen kann man sich verstecken. Solche Möglichkeiten fehlen auf dem Sande. Dort muß man sich vergraben oder flach auf den Boden legen können und eine passende Tarnfarbe haben. Auf welch mannigfache Art die Tiere sich an die unterseeischen Sandwüsten anpaßten, haben wir im vorigen Kapitel erörtert.

Von der Verschiedenartigkeit der Lebensräume unter Wasser gibt uns ein Atoll eine besonders gute Vorstellung; bevor wir aber in die einzelnen Zonen beobachtend eindringen, wollen wir uns einen Überblick verschaffen.

Es wird wohl jedermann einleuchten, daß innerhalb eines Atollringes ganz andere Bedingungen herrschen als außen. In der Lagune ist das Wasser relativ ruhig, das Innenriff wird daher nur mäßiger Wellenbewegung ausgesetzt. Heftige Wasserbewegungen prägen dagegen den Charakter des Außenriffes. Das sehen wir schon, wenn wir den Strand betreten. Bei Flut peitscht eine donnernde Brandung die Wellen am Ufer hoch, Korallentrümmer und Treibgut vor sich herfegend. An der Luvseite der Außenriffe finden wir einen richtigen Wall angeworfenen Materials. Bei Ebbe dagegen rauschen die Brecher etwa 100 bis 200 Meter vom Ufer entfernt über die Riffkante. Wandern wir meerwärts, dann betreten wir zunächst die Riffplatte. Kalkalgen haben Korallentrümmer und Sand oft zu einer festen Platte zusammengekittet; dazwischen liegen lose Korallentrümmer und Sandinseln. Teile der Riffplatte liegen bei Ebbe trocken. Hier klettert der Schleimfisch *Istiblennius periophthalmus* auf den nassen Felsen umher und weidet Algen. Die hellolivbis sandfarbigen Fischchen schnellen sich in kleinen Sprüngen mit dem Schwanz vorwärts. Kommt eine Welle, dann saugen sie sich mit dem Maul fest, so daß sie nicht weggespült werden. Aufmerksam mustern sie mit ihren großen, vorquellenden Augen die Umgebung, mit ihrem runden Kopf richtig umherschauend. Bei Gefahr flüchten sie zwischen das Geröll, bleiben aber immer am Ufer. Bei tiefer Ebbe warten sie in flachen Gezeitentümpeln auf die Flut. Oft bleibt ihr Oberkörper der Luft ausgesetzt. Sie befeuchten ihn, indem sie sich schnell auf die Seite wälzen.

In den flachen Gezeitentümpeln der Riffplatte warten Grundeln, kleine Riffbarsche, junge Sträflingsseebader, Schmetterlingsfische, Schnecken, Seeigel und anderes Getier auf die Flut. An sonnigen Tagen erwärmt sich das Wasser in solchen Tümpeln auf 38 bis 40 Grad Celsius, und das halten nur einige Fische aus.

Seewärts senkt sich die Riffplatte allmählich bis zu einem halben Meter. Hier wachsen bereits knollige Korallenstöcke, in deren Höhlen sich Husarenfische, Muränen, kleine Schleimfischchen und Riffbarsche verbergen. Auch Schmetterlingsfische, Lippfische und Papageifische trifft man an. Auf den Sandflächen leben Grundeln und Schleimfische. Seebarben durchsieben den Sand nach Nahrung, Sträflingsseebader, Picassofische und andere weiden Algen. Räuberische grüne Lippfische mit rosa gemustertem Kopf *(Thalassoma hardtwicke)* huschen eilig über die weite Fläche. Weiterschreitend kommen wir zuletzt an einen bis zu einem Meter hohen, aus Kalkalgen aufgebauten Wall. Er bezeichnet die Außenriffkante, und hier brechen sich die Wellen bei Niedrigwasser. Bis zu 3 Meter tiefe und ebenso breite Brandungsrinnen durchbrechen den Wall. Dieses Rinnensystem wird durch das ablaufende Wasser ausgewaschen.

Am Kalkalgenwall fällt das Riff als steile Böschung oder sogar als senkrechte Wand in die Tiefe ab. Hier entfalten sich Stein-, Horn- und Lederkorallen zu üppigster Pracht, und ein buntes Fischleben umspielt diese unterseeischen Gärten. Erst ab 30 Meter Tiefe werden die Korallen wieder seltener, dafür entfalten sich die Schwämme üppiger. Schließlich verschwinden die Korallen ganz. Sie brauchen das Sonnenlicht, da sie in ihrem Weichkörper Algen beherbergen, die ihnen durch die Verarbeitung giftiger Stoffwechselprodukte nützen.

Bei den Malediven enden die steileren korallenbewachsenen Hänge in etwa 40 Meter Tiefe. Es folgt eine öde Schutthalde. Sand, Korallentrümmer und Muschelschalen bedecken den Boden, in dem bisweilen Röhrenaale siedeln. Vereinzelt sieht man auch noch Hornkorallen wie verbogene Drähte ins Wasser ragen. Das dämmerige Licht erlaubt keine weitere Sicht.

Wir sind dennoch bisweilen tiefer geschwommen. Wenn sich dann oben eine Wolke vor die Sonne schiebt, wird es hier unten auf einmal sehr dunkel, und man ist froh, einen Gefährten an seiner Seite zu wissen. Große Haie treiben in dieser Zone ihr Unwesen.

Oft trafen wir in 30 bis 40 Meter Tiefe auf große Höhlen, die Hass als alte Brandungskehlen deutete. Während der Eiszeit war ja in den Polkappen viel Wasser gebunden; als Folge senkte sich der Meeresspiegel um etwa 40 Meter.

Die Höhlen selbst waren bisweilen unbeschreiblich schön, so jene des Miladummadulu-Atolls, die mir unvergeßlich bleiben. Um die gewaltigen Höhleneingänge wuchsen meterhohe violette Venusfächer, auf denen entfaltete Haarsterne wie Blüten saßen. Im dämmerigen Licht einer solchen Höhle schlief ein 6 Meter langer Ammenhai. Das gemütliche Riesentier erschrak noch mehr als ich und schwamm rasch davon, begleitet von einem Schwarm kleiner Lotsenfische, die eilig vor seiner Schnauze einherschwammen. Lange ließ der Hai sich übrigens nicht vertreiben. Nachdem er einen weiten Bogen geschwommen war, kam er wieder zurück und legte sich auf dem Boden zur Ruhe.

Die ganze Höhlenwand war mit roten und violetten Schwämmen, gelben und weißen Lederkorallen, Zackenaustern und anderen Tieren besetzt. Im Blitzlicht erschienen die Höhlenwände als rot und gelb gemusterte Palette. In den tiefen Klüften drängten sich Hunderte von roten Husarenfischen.

Diese großäugigen, 30 bis 40 Zentimeter langen Fische scheuen das Tageslicht. Erst nachts schwimmen sie umher. Es fiel mir auf, daß viele auf dem Rücken schwammen. Offenbar orientieren sie sich mit Hilfe des sogenannten Licht-Rücken-Reflexes. Sie kehrten ihren Rücken der Lichtquelle zu. Da hier das Licht vom Sandboden des Höhleneinganges ins Innere der Höhlen geworfen wurde, drehten sie sich auf den Rücken. Eine

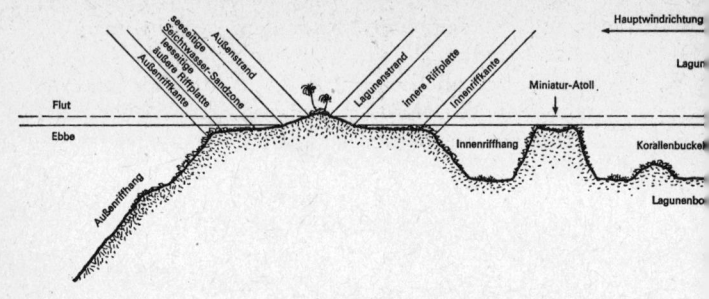

Schnitt durch ein Atoll, die verschiedenen Zonen

solche Art der Orientierung scheint mir für einen in Höhlen lebenden Fisch auch ganz zweckmäßig. Er richtet sich nach dem Höhleneingang und findet so immer hinaus. Wassertiere, die sich nach diesem Prinzip orientieren, kann man im Aquarium mit einer Lichtquelle in jede beliebige Lage bringen. Beleuchtet man das Aquarium z. B. von unten, dann kippen die Tiere auf den Rücken.

Tiefer in den Höhlen saßen unglaublich viele Langusten. Ihre langen Fühler wedelten einladend. Viele Stunden saßen wir in der Mitte des Außenriff-Abhanges und sahen in das freie Wasser hinaus. Fischschwärme zogen dort auf und ab: silbrige Füsiliere, räuberische Stachelmakrelen, Ährenfischchen und viele andere, von denen wir noch mehr hören werden. Knapp unter der Oberfläche lauerten einzelne große Pfeilhechte und Trupps von Halbschnabelhechten und Hornhechten. Auch Haie waren an solchen Außenriffen regelmäßig anzutreffen.

Während alles Leben über Wasser an die Erdoberfläche gebunden ist – auch der Vogel erhebt sich nur vorübergehend in die Lüfte –, entfaltet sich das Leben im Wasser in allen drei Dimensionen. Auch im freien Wasser gibt es eine wohlausgewogene Gemeinschaft von Lebewesen, die zeitlebens vom Boden unabhängig sind. Man nennt diese Lebensgemeinschaft das Pelagial, zum Unterschied vom Benthal, der Lebensgemeinschaft der Meeresböden. Die Grenze ist natürlich keineswegs scharf. Viele Formen des Bodens machen ihre Entwicklung im freien Wasser durch, und eine ganze Reihe von Fischen und anderen Tieren sucht sowohl im freien Wasser wie am Riff Nahrung. Halbschnabelhechte und Hornhechte sah ich jedoch noch nie am Grunde fressen. Sie bewohnen, wenn auch stets in Riff-

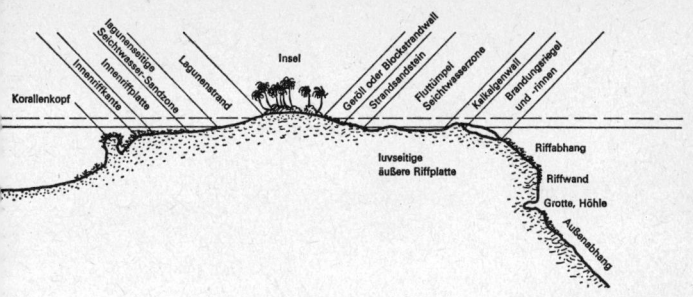

des Außenriffes, Innenriffes und der Lagune zeigend.

nähe, die oberste Wasserschicht. Eine ganze Reihe von Tieren lebt schließlich weitab von jedem Riff auf hoher See. Das erfordert wiederum besondere Anpassungen. Viele tarnen sich durch ein bläuliches Farbkleid, das an ihrer der Wasseroberfläche zugekehrten Körperseite dunkler ist als unten. Die fliegenden Fische entwickelten besondere Fluchtmethoden, indem sie über die Wasseroberfläche hinausspringen und auf Gleitflossen dahinsegeln.

Alle Organismen der hohen See müssen sich in einer für sie günstigen Wasserschicht halten können. Das »Wie« ist auf ganz verschiedene Weise gelöst worden. Kleine Tierchen, die Fisch- und Krebslarven, vermindern die Absinkgeschwindigkeit durch die Ausbildung von langen Körperfortsätzen, die den Reibungswiderstand im Wasser erhöhen. Fast alle Tiere, die vom Bodenleben zu einem Leben im freien Wasser übergehen, bauen ferner ihre Skelette ab. Das leichte Knorpelskelett der Haie ist dafür ein Beispiel. Und viele nehmen große Wassermengen in ihren Körper auf, um ihr Gewicht dem umgebenden Wasser anzugleichen. Eine Rippenqualle besteht zu 99 Prozent aus Wasser. Es gibt Tintenfische, die so wasserhaltig sind, daß man durch ihren Körper hindurch eine Schrift lesen kann.

Darüber hinaus lagern viele Tiere Stoffe ein, die spezifisch leichter sind als Wasser. Viele Krebschen speichern Öltröpfchen, Haie und andere Fische Fett; viele Wassertiere schließlich verwenden Luft als Auftriebmittel. Die Portugiesische Galeere, eine Staatsqualle, treibt mit Hilfe ihrer luftgefüllten Glocke an der Oberfläche der warmen Meere. Die Veilchenschnecke hält sich hier mit einem Schaumfloß, das sie herstellt, indem sie mit ihrem Fuß Luftblasen von der Oberfläche holt, diese in Schleim

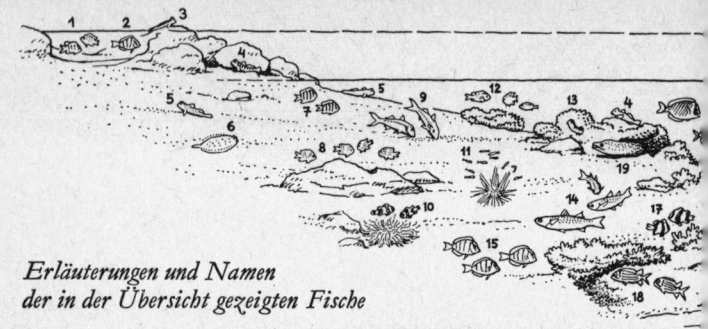

*Erläuterungen und Namen
der in der Übersicht gezeigten Fische*

Die Darstellung zeigt einen Querschnitt durch ein Außenriff von der Gezeitenzone bis zur Riffwand und dem Außenabhang (s. Übersicht S. oooo). Am unteren Ende der Riffwand befinden sich die im Text erwähnten Höhlen. Der Höhlenboden liegt 35–40 m tief. Die Riffplatte ist verkürzt dargestellt und der Gezeitenhub übertrieben. Strichliert: Wasserstand bei mittlerem Hochwasser; ausgezogen: Wasserstand bei mittlerem Niedrigwasser. Die relativen Größen der Fische konnten nur ungefähr angedeutet werden, und bei der großen Fülle mußten wir uns auf eine Auswahl beschränken. Es mag jedoch genügen, um ein anschauliches Bild von der Verteilung der verschiedenen Anpassungsformen zu vermitteln. Weitere Einzelheiten im Text. Da deutsche Artnamen meist fehlen, gaben wir oft stattdessen den Namen der Gruppe.

1 *Abudefduf sordidus* (Korallenbarsch)
2 *Acanthurus triostegus* (Sträflingsseebader, Jungtiere)
3 *Istiblennius periphthalmus* (Strand-Schleimfisch)
4 und 5 diverse Grundeln und Schleimfische *(Gobiidae* und *Blenniidae)*
6 *Bothus* (Scholle)
7 *Abudefduf saxatilis* (Feldwebelfisch)
8 *Abudefduf leucozona* (Korallenbarsch)
9 *Mulloidichthys sp.* (Seebarbe)
10 *Amphiprion percula* (Clownfisch)
11 *Siphamia versicolor* (Seeigel-Kardinalfisch)
12 *Abudefduf glaucus* u. *A. biocellatus* (Korallenbarsche)
13 *Ecsenius bicolor* (Zweifarbenschleimfisch) und andere Schleimfische *(Runula usw.)*
14 *Mugil* (Meeräsche)
15 *Acanthurus triostegus* (erwachsene Sträflingsseebader)
16 *Acanthurus leucosternon* (Weißbrustseebader)
17 *Dascyllus aruanus* (Preußenfisch)
18 *Holocentrus* (Husarenfisch)
19 *Gymnothorax pictus* (Muräne)
20 *Rhinecanthus aculeatus* (Picassofisch)
21 *Thalassoma hardtwicke* (Lippfisch)
22 *Sphyraena* (Barrakuda)
23 *Strongylura* (Hornhecht)
24 *Hemiramphus* (Halbschnabelhecht)
25 *Manta birostris* (Teufelsrochen, Manta)
26 *Gomphosus coeruleus* (Vogelfisch)
27 *Labroides dimidiatus* (Putzerlippfische), einen Kaiserfisch *(Pomacanthodes imperator)* säubernd
28 *Naso unicornis* (Nasenfisch)
29 *Chromis dimidiatus* und darunter *Chromis coeruleus* (Riffbarsche, die in Schwarmwolken über Korallen stehen und in diese flüchten)
30 *Hemitaurichthys zoster* (Engelfisch)
31 *Forcipiger longirostris* (Pinzettfisch)
32 *Pygoplites diacanthus* (Pfauenkaiserfisch)
33 *Balistapus undulatus* (gestreifter Drückerfisch)
34 *Chaetodon auriga* (Schmetterlingsfisch)
35 *Callyodon* (Papageifisch)
36 *Odonus niger* (blauer Drückerfisch)
37 *Atherina* (Ährenfische)
38 *Anthias squamipinnis* (Rötlinge)
39 *Ostracion* (Kofferfisch)
40 *Cephalopholis argus* (Pfauenaugenbarsch)
41 *Heniochus* (Wimpelfisch)
42 *Acanthurus* (Seebader)
43 *Arothron* (Kugelfisch)
44 *Naso tapeinosoma* (nasenloser Nashornfisch)
45 *Caesio* (Füsiliere)
46 *Zanclus cornutus* (Halfterfisch)
47 *Caranx* (Stachelmakrele)

48 *Scorpaena* (Skorpionfisch)
49 *Lutianus kasmira* (Goldstreifen-Schnapper)
50 *Pterois* (Rotfeuerfisch, rückenabwärts in Höhle)
51 *Apogon* (Kardinalfische)
52 *Myripristis murdjan* (Husarenfische)
53 *Rhabdosargus* (Meer-Brasse)
54 *Carcharhinus melanopterus* (Schwarzflossenhai)
55 *Carcharhinus menisorrah* (Grauhai)
56 *Epinephelus* (Judenfisch)
57 *Nebrius concolor* (Ammenhai)
58 *Himantura* (Stachelrochen)
59 *Opisthognathus, Gnathypops* (Kieferfische)
60 *Pomacentrus breviceps* (Steckmuschelfisch)
61 Garnelengrundel
62 *Xarifania bassi* (Röhrenaal)

hüllt und sie aneinanderheftet. Die Nacktschnecke *(Glaucus)* hat Gasblasen im Darm; das Perlboot *(Nautilus)*, ein Tintenfisch, besitzt ein gekammertes luftgefülltes Gehäuse, das äußerlich an eine Schneckenschale erinnert. Schließlich kann man in diesem Zusammenhang noch die Schwimmblase der Fische erwähnen, die allerdings zunächst eine ganz andere Funktion hatte. Sie wurde nämlich gar nicht im Meere entwickelt, sondern von Süßwasserfischen, die als Bewohner sauerstoffarmer Gewässer ein zusätzliches Atmungsorgan benötigten, wie das bei den Lungenfischen heute noch der Fall ist. Nachdem jedoch einmal diese »Erfindung« gemacht worden war, konnte der Fisch sie auch anders nutzen. Es bildete sich die Schwimmblase, die viele Fische heute noch durch Luftschlucken füllen. Bei anderen steht die Schwimmblase nicht mehr mit der Außenwelt in Verbindung, sie wird vielmehr durch eine Gasdrüse gefüllt. So ausgerüstet, haben viele Knochenfische das Meer erobert.

Wir haben uns etwas länger am Außenriff aufgehalten und wollen uns nun dem Innenriff zuwenden. Den schönen weißen Lagunenstrand peitschen keine heftigen Wellen. Allmählich fällt der Sandboden ab. Die sandige Innenriffplatte ist oft mit Seegras bewachsen, einer Blütenpflanze aus der Familie der Laichkrautgewächse, die unter Wasser richtige Wiesen bildet. Viele Fische dieser Wiesen sind grün, wie einige Papageifische der Gattung *Leptoscarus*, einige Lippfische *(Cheilio* und andere), Schleimfische *(Pavoclinus)*, und manche Schildbäuche *(Gobiesocidae)*, die sich wie Grundeln mit ihren zu Saugnäpfen umgewandelten Bauchflossen an den Pflanzen festsaugen. Dazu kommt eine ganze Reihe von Besuchern, die man auch im Korallenriff antrifft, so vor allem Kaninchenfische und Seebader. Schmetterlingsfische und Engelfische sind hier seltener.

Bereits in 1 bis 2 Meter tiefem Wasser gedeihen Korallen. Zunächst sind es meist runde Porites-Blöcke von 1 bis 2 Meter Durchmesser, um die, ganz ähnlich wie am Außenriff, eine bunte Fischgesellschaft lebt. Solche Korallenblöcke sind richtige Oasen in der Sandwüste. Hier trifft man bereits Engelfische, Schmetterlingsfische und Papageifische, die nebenan auf dem Sande fehlen.

Nahe der Innenriffkante ist der Korallenwuchs üppig. Dichte Hecken und Büsche von Hirschhornkorallen bedecken den Boden, so daß man von einem Korallendickicht sprechen kann. An der Innenriffkante fällt das Riff als steile Böschung zu dem etwa 40 Meter tiefen Lagunenboden ab. Die Korallen sind zunächst sehr üppig entwickelt, und zwar wiederum mit vielen zart verästelten Formen. Einzelne mächtige Korallenstöcke können sich pilzartig am Abhang erheben. Der Lagunenboden ist meist mit Sand bedeckt. Nur wenige Korallen siedeln verstreut in kleinen Gruppen. Wo allerdings Riffkanäle den Atollring zersprengt und der Lagune frisches Wasser zugeführt haben, wachsen große Korallenblöcke vom Lagunenboden hoch und bilden Miniatur-Atolle.

Die Fischwelt des Innenriffs unterscheidet sich von der des Außenriffs in mancher Weise. Kugelfische, Igelfische und Kofferfische kommen am Innenriff in seichtere Regionen als draußen. Der Riffbarsch *Dascyllus aruanus* ist am Innenriff häufiger als am Außenriff. Dagegen findet man dort große Schwärme der Riffbarsche *Chromis dimidiatus*, Rötlinge (*Anthias squamipinnis*) und blaue Drückerfische (*Odonus niger*), die alle in dichten Wolken über der Riffwand stehen, in deren Höhlungen sie bei Gefahr flüchten.

Auch hinsichtlich der Wassertiefe sind viele Fische auf bestimmte Zonen beschränkt. So gibt es bei den Malediven zwei Pfauenaugenbarsche: Der braune, blau gefleckte Pfauenaugenbarsch (*Cephalopholis argus*) wird in 15 bis 20 Meter Tiefe von einem roten, blau gefleckten (*Cephalopholis miniatus*) abgelöst. Das soll nicht heißen, daß man nicht bisweilen einen Bewohner des seichten Wassers auch in größerer Tiefe antrifft und umgekehrt. Im allgemeinen haben jedoch die verschiedenen Arten ihre bevorzugten Zonen.

Schließlich haben sich die Fische ihr Leben auch zeitlich eingeteilt; die einen sind tagaktiv, die anderen dämmerungs- oder nachtaktiv. In der Dämmerung kommen beispielsweise die Muränen, die ihre Beute im Schutz der Dunkelheit beschleichen, aus ihren Schlupfwinkeln. Läßt sich eine große Muräne ausnahmsweise untertags blicken, dann löst sie bei vielen Fischen die Reaktion des Hassens aus. Bei den Malediven sah ich, wie ein Schwarm von Füsilieren (*Caesio*) von allen Seiten auf eine Muräne eindrang, die frei zwischen den Korallenblöcken am Abhang lag. Sie mußte den Platz zuletzt verlassen. In ähnlicher Weise vergällen auch viele Singvögel einem Raubvogel den Aufenthalt.

Die jagende Muräne orientiert sich vor allem mit ihrem Geruchssinn. Dem ist die Verteidigungstaktik der Tintenfische angepaßt, die zu ihren Opfern gehören. Die Tintenfische stoßen auf der Flucht eine Flüssigkeit aus, die den Geruchssinn des

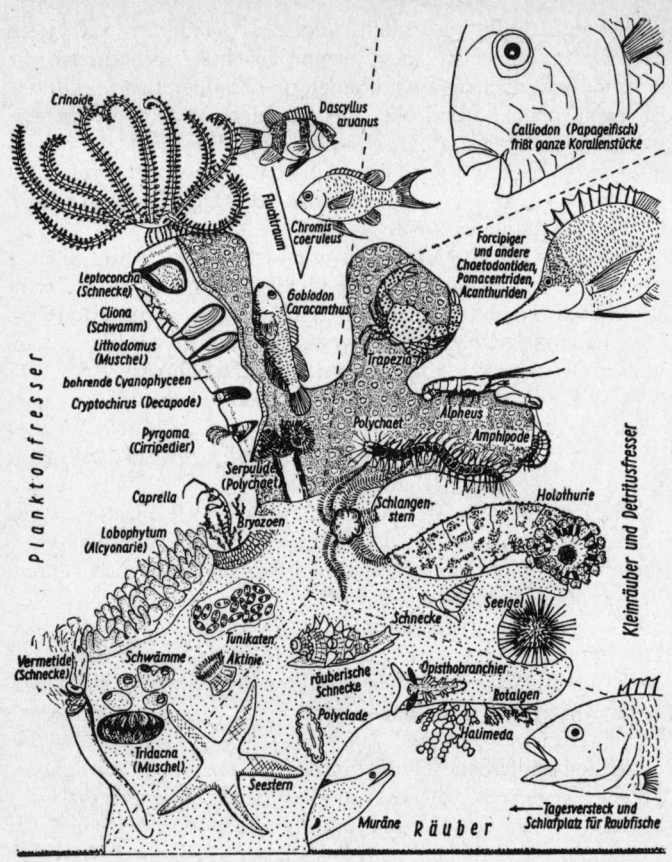

Das Tierleben um einen Korallenstock nach Gerlach.

Räubers vorübergehend betäubt. Einige Male bin ich nachts mit der Taschenlampe im Riff umhergeschwommen. Von dem bunten Gewimmel der Fische ist dann nicht viel zu sehen. Die Schmetterlingsfische, Seebader, Korallenbarsche und Kaninchenfische schlafen zwischen den Korallenzweigen und in Korallenhöhlen. Viele andere, wie die Lippfische, verkriechen sich im Sand und hüllen sich in ein Nachthemd aus Schleim. Dafür schwimmen die durchscheinenden Kardinalfischchen und die großäugigen Husarenfische umher. Ein solcher nächtlicher

Ausflug ins Riff ist etwas eigenartig Erregendes. Stößt man an die Korallenstöcke, dann leuchten viele kleine Tiere grünlich auf; wie ein Funkenregen huscht die Erscheinung über den Stock. Manchmal kann es aber auch unangenehm werden. Einmal wurde ich z. B. von einem ganzen Schwarm parasitischer Krebse überfallen. Diese einen Zentimeter langen Tiere stachen mich mit ihren Mundwerkzeugen, was brennend schmerzte. Ich war sehr schnell aus dem Wasser und blutete aus vielen kleinen Wunden. Ich zog es daraufhin doch vor, die Korallenriffe in den Tagesstunden zu erforschen.

Jeder größere Korallenstock ist eine Welt für sich. Auf den abgestorbenen Teilen wachsen rote, gelbe, violette und grüne Schwämme, Lederkorallen, Hornkorallen, Moostierchen und Manteltiere. Röhrenwürmer entfalten hier ihre rot und weiß geringelten Tentakelkränze wie Blüten. Berührt man sie, dann zucken sie in ihre Röhren zurück, deren Eingang oft mit einem scharfen Dorn bewehrt ist. In den Nischen sitzen Seeigel und Schlangensterne, und am Abend kriechen die Seegurken aus

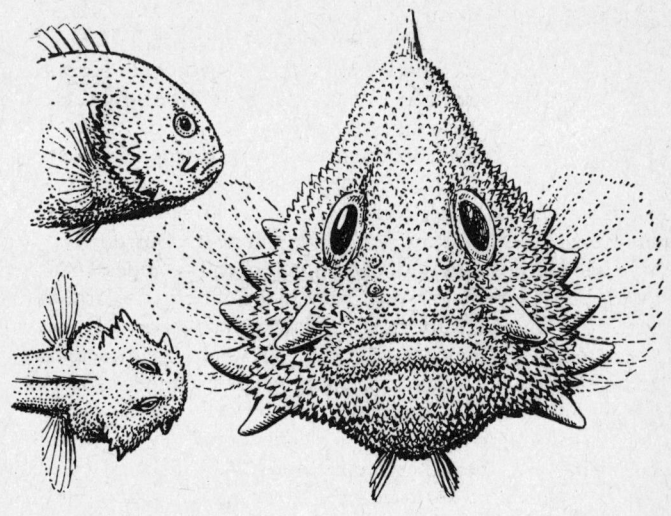

Die Verspreizeinrichtungen der Pelzgroppe (Caracanthus maculatus): Der vordere Kiemendeckel ist mit besonders kräftigen Dornen bewehrt, mit deren Hilfe sich der Fisch zwischen den Korallenästen verspreizt.

ihren Verstecken und halten von einem Vorsprung aus ihre klebrigen Tentakel fischend in die Strömung. Die Wurmschnecken fischen mit Schleimfäden, die sie von Zeit zu Zeit einziehen und samt den daran haftenden Tierchen auffressen.

Wie erstaunlich viel um solch einen Korallenstock herum lebt, merkt man eigentlich erst, wenn man einen Stock abmeißelt und an Bord zerlegt. Da findet man zwischen den Korallenzweigen Fischchen, die man vordem nicht sah, so versteckt hausen sie. Kleine Grundeln *(Gobiodon)* sind es und Pelzgroppen *(Caracanthus)*, die sich durch Abspreizen der stachelbewehrten Kiemendeckel so fest zwischen die Korallen verklemmen, daß man Ast für Ast wegbrechen muß, um sie unversehrt herauszuholen.

Ähnliche Verspreizeinrichtungen haben sich auch bei vielen anderen Riff-Fischen entwickelt. Bei den Drückerfischen wird der erste, besonders kräftige Strahl der Rückenflosse aufgerichtet und in dieser Stellung durch den zweiten Rückenflossenstrahl fixiert, ohne daß der Fisch dazu weitere Kraft aufwenden müßte. Es ist kaum möglich, einen verspreizten Fisch unversehrt aus seinem Loch zu ziehen, zumal er sich auch mit einem Dorn der Bauchseite festklemmt.

Beim Zerlegen einer Koralle entdeckt man auch verschiedene Krabben. Regelmäßig findet man die rot getüpfelte Korallenkrabbe, die stets paarweise einen Korallenstock bewohnt. Merkwürdige Korallenbewohner sind die Pistolenkrebschen. Mit ihrer fast körperlangen Schere betäuben sie Fische, die ihnen als Nahrung dienen. Sie halten dem Fisch ihre Schere wie eine Pistole entgegen. Ist der Krebs nahe genug an sein Opfer herangekommen, dann klappt der aufgerichtete Finger der Schere rasch zu; ein Fortsatz des Scherenfingers drückt indessen Wasser aus dem Gegenlager, das durch eine Rinne nach vorne herausspritzt. Die Erschütterung ist bisweilen so stark, daß Akkumulatorengläser, in denen man die insgesamt 5 Zentimeter langen Krebschen hielt, davon zersprangen. Ihr Treiben erfüllt das Riff mit Knistern und Knacken.

Aber nicht nur die Korallen, jeder Seeigel, jede Muschel, jeder Schwamm beherbergt eine eigene Lebewelt an Fischen und Krebschen. In Seegurken und Muscheln leben zum Beispiel die schlanken, durchscheinenden Eingeweide-Fischchen *(Carapus)*. Einige Arten sind zu richtigen Parasiten geworden, die sich von Eingeweideteilen der Seegurken ernähren. Durch den After dringen die Fischchen in die Seegurke ein und wohnen dann in ihr.

Eine ganze Reihe von Korallenbewohnern hat sich in den Kalk eingebohrt, z. B. Muscheln *(Lithodomus)*, die den Kalk mit Hilfe von Kohlensäure auflösen, bohrende Schnecken und der Bohrschwamm *(Cliona)*, der die Oberfläche des Gesteins porös durchsetzt. Die Weibchen der Gallenkrabben *(Hapalocarcinus)* lassen sich von den Korallen umwachsen. Zeitlebens sitzen sie in ihrer Kammer, nur durch ein kleines Loch mit der Außenwelt verbunden, durch das sie ihre Nahrung hereinstrudeln. Die viel kleineren Männchen können sie dort besuchen. Damit ist die Liste der Bewohner noch keineswegs erschöpft, aber wir wollen ja hier nicht alle nennen, sondern nur auf einige Anpassungstypen hinweisen.

Dr. Gerlach hat die Kleinlebewelt um einen Korallenstock untersucht und dabei einen winzigen, wurmartig gestreckten Krebs entdeckt, der einer bis dahin unbekannten Familie *(Xarifiidae)* angehört. Dieses Tier *(Xarifia maldivensis)* kriecht mit raupenartigen Bewegungen auf den *Pocillopora*-Korallen umher und zerfetzt mit seinen scharfen Klauen das Korallengewebe.

Die meisten Korallenbewohner nähren sich, wie die Korallen selbst, von Kleinlebewesen, die sie herbeistrudeln, herausfiltern oder mit Leimruten erbeuten. Andere leben als Kleinräuber, wie die Seesterne, die Muscheln fressen. Die Korallen selbst dienen nur einigen Spezialisten als Nahrung, wie den großen, bunten Papageifischen und manchen Kugelfischen, die ganze Stücke davon abbeißen und verschlingen. Im Enddarm des Einstachlers *Amanses pardalis* fand ich z. B. mehrere einen Zentimeter lange Korallensprossen *(Acropora)*. Der kleine Einstachler *Oxymonacanthus longirostris* hat sich darauf spezialisiert, einzelne Korallenpolypen abzuzupfen. Auch von einigen Schmetterlingsfischen ist bekannt, daß sie Korallenpolypen abweiden.

Auf den abgestorbenen Teilen der Korallen wachsen Algen, die von Seebadern, Kaninchenfischen und anderen gefressen werden. Büschelbarsche benützen den Korallenstock als Warte, und Zackenbarsche und Muränen lauern im Schutze der Höhlen, in denen auch nachtaktive Fische den Tag verbringen.

Für die meisten Tiere bedeutet ein Korallenstock ein günstiges Versteck. In Schwarmwolken stehen die Schwalbenschwänzchen *(Chromis)* über Korallenbüschen. Kommt man heran, dann flüchten sie zwischen die Zweige. Steht ein Korallenstock einzeln da, dann kann man ihn abbrechen und mitsamt seinen Bewohnern nach oben nehmen. Je größer die Gefahr, desto enger schmiegen sich die Fischchen zwischen die Korallenäste. Erst wenn man den Stock aus dem Wasser hebt, verlassen sie ihre Zuflucht.

Schwimmt man die Riffwand entlang, dann sieht es aus, als würde sie die Fischschwärme über ihr förmlich einsaugen. Schwalbenschwänzchen, Rötlinge und blaue Drückerfische, sie alle tauchen zu den schützenden Korallen und in die Höhlen der Riffwand. Dabei kennt jeder einzelne Fisch seinen Schlupfwinkel. Von den größeren Drückerfischen schauen oft noch die Zipfel der Schwanzflosse heraus. Man kann sie daran herausziehen, wogegen sie durch lautes Grunzen heftig protestieren.

Ganz in Sicherheit kann sich jedoch keiner wähnen, mag er sich noch so tief verkriechen. In einem ständigen Wettlauf der Anpassungen haben Jäger und Gejagte immer neue Methoden des Angriffs und der Verteidigung erfunden. So züchteten jene Kleintiere, die sich in feinste Spalten der Korallenstöcke verkrochen, Raubfische mit röhrenartig verlängerten Schnauzen. Solche »Pinzettfische« sind z. B. die Schmetterlingsfische *Chelmon* und *Forcipiger* und die Lippfische der Gattung *Gomphosus*, die man auch Vogelfische nennt.

Die Vielfalt der Fische, die um so ein Korallenriff leben, bezeichnet man oft auch als »Korallenfische«. Das ist nicht ganz exakt, denn nur eine beschränkte Zahl davon ist wirklich von

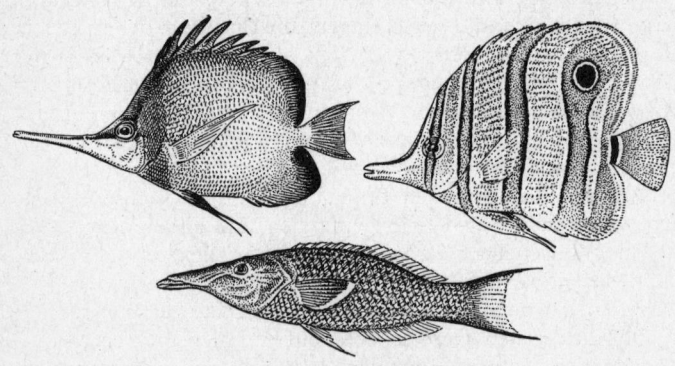

Sogenannte »Pinzettfische«, die ihre Nahrung zwischen Korallenästen und -spalten hervorholen. Links oben: Forcipiger longirostris; daneben Chelmon rostratus; darunter Gomphosus coeruleus.

den Korallen abhängig, so jene oben erwähnten Korallenfresser. Viele findet man auch um Felsriffe, und daher ist es wohl besser, von Riff-Fischen zu reden. Allen ist gemeinsam, daß sie in der Nähe des Riffes leben, selbst wenn sie dort, wie etwa die Halbschnabelhechte, das freie Wasser über dem Riff bevölkern. Jene, die zwischen den Korallen umherschwimmen, haben eine andere Schwimmtechnik als die Fische des freien Wassers, die sich vor allem durch Schläge der Schwanzflosse vorantreiben. Sie schwimmen entweder bevorzugt durch Schlagen der Brustflossen (Seebader, Papageifische, Lippfische, Schmetterlingsfische), durch Wellenbewegung der Rücken- und Afterflosse (Einstachler, Drückerfische), oder auch durch Schlagen der Brustflossen und Wedeln der Rücken- und Afterflosse (Kugelfische, Kofferfische). Sie alle sind daher sehr manövrierfähig und können plötzlich anhalten, auf der Stelle wenden und oft auch rückwärtsschwimmen.

Im übrigen ist ihre Vielfalt erstaunlich. Der außerordentlich starke Konkurrenzdruck hat mannigfaltige Anpassungstypen herausgezüchtet, von denen wir noch viele kennenlernen. Hier sei nur erwähnt, daß wir in den Riffen der Malediven über 400 verschiedene Arten von Knochenfischen sammelten und noch einige mehr beobachteten. Und man bedenke: dies alles in einem relativ schmalen Streifen vom Ufer bis zu 50 Meter Tiefe! Mir ist kein anderer Lebensbereich bekannt, der eine vergleichbare Fülle nah verwandter und zugleich so verschiedener Lebewesen auf so engem Raum vereint. Für einige Monate war dieser Raum auch unsere Welt.

Die Barbierstube im Riff

> »Trochylus das voegele und der groß Crocodyl habend sondere fründtschafft und anmutig zusammen, nämlich dieweyl der Crocodyl ein wasserthier, hat er immerdar in seinem rachen äglen, und diweyl es fleischfrässig, stäckt im immerdar sein gebissz voll fleisch, welches den vogel wol bewüßt, so der Crocodyl sich an die Sonnen gelegt, zeschlaffen mit offenen rachen, schleufft das vöglein sein rachen, bickt und raumpt oder schoret im das fleisch aus den zänen, darob der Crocodyl ein großen Lust empfacht, haltet dem vögele still den rachen offen, und so er wil daß es auß fliege, so es sein gnug ist, so bewegt er den oberen Kiffbaggen snafftigklich und laßt also das vögele unerletzt hinfliegen.«
>
> *Konrad Gessner, 1583*

Vor Gessner hat bereits Herodot diese nette Geschichte vom Krokodilwächter erzählt, aber so recht vermochte ich sie nicht zu glauben, bis ich eines Tages unter den blauen Wogen der Karibischen See Zeuge einer vergleichbar merkwürdigen Begebenheit wurde; allerdings waren die Akteure hier Fische.

Ich saß auf einem Korallenblock und sah den bunten Fischen zu. Da schwamm ein alter Zackenbarsch herbei. Gemächlich ruderte er mit seinen lappigen Brustflossen zu einer Koralle und stellte sich über ihr auf. Langsam öffnete er sein furchterweckendes Maul, und auf einmal, ich traute meinen Augen kaum, kamen kleine Fischchen herbeigeschwommen. Einige begannen die Körperoberfläche des großen Fisches abzusuchen, andere verschwanden im Maul und unter dem abgehobenen Kiemendeckel des Raubfisches. Und zu meinem großen Erstaunen kamen sie unverletzt wieder hervor! Als der Zackenbarsch schließlich genug hatte, schloß er das Maul mit einem Ruck, aber nicht ganz, um es gleich wieder weit aufzusperren. Und auf dieses Signal hin verließen die Putzer das Maul des Barsches. Der schüttelte sich noch einige Male; daraufhin kehrten auch jene, die seine Körperoberfläche abgesucht hatten, zu ihrer Wohnkoralle zurück. In den folgenden Monaten beobachtete ich diese merkwürdige Begebenheit immer wieder und fand schließlich heraus, daß die kleinen Fische die großen von Parasiten befreiten. Sie fraßen außerdem noch abgestorbene Gewebeteile und reinigten so Wunden. Der Putzergilde gehörten in der Karibischen See verschiedene Fischarten an: Grundeln, Lippfische, Süßlippen- und Riffbarsche. Als »Kunden« trat eine Vielzahl von Fischen aus ganz verschiedenen Familien auf, Papageifische in gleicher Weise wie Zackenbarsche oder zierliche Schmetterlingsfische.

Als ich die Riffe der Malediven betrat, war ich gespannt, ob ich meinen alten Freunden, den Putzerfischen, wieder begegnen würde. Bereits bei meinem zweiten Abstieg an der Schuttinsel entdeckte ich sie. Es waren blaue Putzerlippfische mit einem schwarzen Längsstreif *(Labroides dimidiatus)*. Ein Pärchen säuberte gerade einen Süßlippenbarsch. Er verhielt sich genauso wie die Barsche der Karibischen See. Als ihn ein Putzer am Maulwinkel stupste, sperrte er das Maul auf und hob auch einen Kiemendeckel ab; hatte er schließlich genug, dann forderte er durch Maulschließen und Schütteln des Körpers seine Gäste auf, ihn zu verlassen.

Eine Gruppe von Dicklippen wartete schon darauf, nun an die Reihe zu kommen, und wirklich wurde einer nach dem anderen sorgfältig gesäubert. Ich hatte eine richtige Barbierstube im Riff entdeckt.

Diesen Platz besuchte ich nun täglich. Die Putzer waren hier immer am Werk. Die Dicklippen gehörten zu den regelmäßigen Kunden, aber es kamen auch viele andere, selbst Meeräschen aus dem freien Wasser. Sie strömten im Schwarm herbei, stellten sich leicht kopfabwärts geneigt mit abgehobenen Kiemendeckeln über dem Riff auf und warteten. Papageifische stellten sich dagegen meist kopfaufwärts hin, wenn sie zum Putzen aufforderten. So hatte jeder Fisch seine Eigenheiten. Manche wechselten die Farbe, wenn sie geputzt wurden. So die dunklen Nashornfische *(Naso tapeinosoma)*, die dann hellblau wurden. Das hatte den Vorteil, daß sich die Parasiten dann deutlicher von der Haut der Fische abhoben.

Der Putzerlippfisch zeigte einige Eigentümlichkeiten, die ich vom karibischen Putzer nicht kannte. Er war z. B. viel wendiger und beweglicher als jener. Wenn er einen großen Fisch zum Putzen einlud, dann tanzte er mit auffällig wippenden Bewegungen vor ihm auf und ab. So forderte er übrigens auch mich wiederholt zum Putzen auf, aber ich konnte ja schlecht den Mund unter Wasser aufsperren, und so wurde es mit uns halt doch nichts.

Bei einladendem Tanz spreizte der Putzer seine Schwanz-

Putzerlippfisch (Labroides dimidiatus) beim Säubern von Dicklippen (Plectorhynchus). Der Fisch verschwindet im Maul seines Wirtes (Malediven).

flossen und wippte vor allem mit dem Hinterkörper in der Vertikalen auf und ab. Es fiel nun auf, daß er vor kleineren Fischen und vor den ihm offenbar gut bekannten Süßlippen kaum wippte. Vor ihm neuen Gästen, wie etwa dem Taucher, wippte er dagegen besonders heftig. Hatte er sich beruhigt, dann konnte man ein intensives Tanzen sofort wieder auslösen, wenn man ihn erschreckte. Der Tanz entstand offenbar aus einem Konflikt zwischen der Intention, heranzuschwimmen oder zu den schützenden Korallen hinunterzutauchen.

Während der Putzer die Körperoberfläche des Wirtes absuchte, betrillerte er diesen mit den Bauchflossen. So teilte er ihm mit, wo er gerade tätig war, und der Wirt richtete sich danach. Er hielt die Flossen an der entsprechenden Stelle still oder hob den Kiemendeckel. Kam der Putzer an eine zusammengefaltete Flosse, dann bestupste er sie mit dem Maul, und der Wirt richtete sie auf. So verständigten sich beide ausgezeichnet.

Beim Putzen beachteten die Putzer jede Unregelmäßigkeit der Körperoberfläche. Jedes helle Pünktchen und jede kleine Warze versuchten sie wegzuputzen, und dabei kam es bisweilen zu Irrtümern. Einmal hielten wir in einem Aquarium einen Spitzkopfkugelfisch *(Canthigaster margaritatus)*, den die Natur mit schönen weißen Sprenkeln versehen hat. Von allen Seiten stürzten sich die Putzer auf dieses herrliche Objekt und versuchten aus Leibeskräften, die hellen Sprenkel wegzupicken. Zum Schluß hing der geplagte Kugelfisch japsend an der Oberfläche und versuchte, das Becken zu verlassen. Er wäre in seiner Verzweiflung wohl an Land gekrochen, wenn er gekonnt hätte.

Ein anderes Mal setzten wir einen kleinen Igelfisch in das Becken, auf dessen Stacheln kleine Hautfetzen wuchsen. Auch hinter denen waren die Putzer her, bis sie sich einige Male gestochen hatten.

In Gefangenschaft entwickeln sich zwischen Putzern und Geputzten bisweilen persönliche Freundschaften. Wir hatten einen Schmetterlingsfisch, der sich daran gewöhnt hatte, von einem mittelgroßen Putzerfisch gesäubert zu werden. Als wir einen etwas größeren Putzer zusetzten, der den kleineren verjagte, ließ sich der Schmetterlingsfisch nicht mehr säubern. Wir mußten den neuen Putzer wieder herausnehmen. Als dann der kleinere wieder seine Tätigkeit aufnahm, ließ sich auch der Schmetterlingsfisch wieder putzen.

Ich habe mich oft gefragt, wie es wohl kommt, daß die spannenlangen Putzerfische nicht gleich bei ihren ersten Annähe-

Der Putzerfisch (Labroides dimidiatus) und darunter sein Nachahmer (Aspidontus taeniatus).

rungsversuchen von den Raubfischen gefressen werden. Sicher ist dabei zunächst einmal von Bedeutung, daß der Putzer nicht flüchtet. Flucht löst ja bei vielen Raubfischen geradezu reflektorisch die Beutefanghandlungen aus. Wir haben es einmal im Aquarium erlebt, daß ein Putzer, den wir frisch einsetzten und der erschreckt an einem Schnapper vorbeifloh, von diesem geschnappt wurde.

Wenn der Putzer jedoch vor einem Raubfisch tanzt, dann besteht bei diesem eine offensichtliche Hemmung, ihn zu fressen. Aber woran wird er erkannt? Ich vermutete, daß die auffällige Uniform und der Tanz Erkennungszeichen der Putzer des Indischen Ozeans seien. Das wurde mir schließlich auch auf sehr merkwürdige Weise bestätigt.

Hin und wieder fiel mir auf, daß die Wirtsfische, die eben noch mit abgespreizten Kiemendeckeln auf den Putzer gewartet hatten, zurückzuckten, wenn er sie berührte, und eilig flohen. Und auch der Putzer benahm sich in solchen Fällen etwas abweichend. Er tanzte zwar richtig wippend heran, aber dann stürzte er sich eher heftig auf seinen Wirt, und er schien ihn dabei zu beißen. Das alles vermochte ich lange nicht zu deuten; ich dachte schon an entartete Putzer, bis ich eines Tages einen von ihnen fing. Da erst sah ich, daß ich gar keinen Putzer, sondern einen Säbelzahnschleimfisch *(Aspidontus taeniatus)* in der Hand hatte. Er sah allerdings dem Putzerfisch verblüffend ähnlich. Wie dieser trug er einen dunklen Längsstreif und war auch so blau gefärbt. Am Gebiß erkannte ich gleich, daß ich einen Verwandten jenes Säbelzahnschleimfisches gefangen hatte, den ich bei den Galapagos-Inseln dabei beobachtet hatte, wie er andere Fische überfiel und ihnen mit seinem scharfen Gebiß Stücke aus Haut und Flossen stanzte. Der Säbelzahnschleimfisch, den ich da gefangen hatte, machte genau das gleiche, mit dem Unterschied, daß er einen Putzer nachahmte, um sein Opfer zu täuschen. Seine Nachahmung erstreckte sich nicht allein auf die Tracht. Auch das Tanzverhalten der Putzer war ihm eigen.

Die Fische lassen sich durch diese Ähnlichkeit wirklich täuschen. Sie erwarten den vermeintlichen Putzer, und unerfahrene lassen sich wiederholt beißen, ehe sie die Täuschung merken. Da die Nachahmer viel seltener sind als die Putzer, kommt es nicht gleich zu einer Abdressur.

Die Putzerfische versuchen den Nachahmer zu vertreiben, wenn er in ihr Gebiet eindringt. Ob sie ihn dabei von Artgenossen unterscheiden, ist noch nicht geklärt, denn fremde Artgenossen verjagen sie in der gleichen Weise. Kein anderer Fisch verteidigt hier sonst Besitzrechte. Die Barbierstuben sind gewissermaßen Allgemeingut, wo sich selbst solche Fische verträglich treffen, die sonst ihresgleichen heftig bekämpfen.

Es muß wohl ein großer Konkurrenzdruck herrschen, damit eine Fischart eine so ausgefallene Planstelle wie die eines Putzer-Nachahmers besetzt. Der Nachahmer folgt in seinen Anpassungen offenbar sehr schnell jeder Änderung seines Vorbildes. Wir kennen mehrere Rassen des Putzerfisches. Jene, die wir bei den Malediven beobachteten, hatte einen dunklen Längsstreif an der Basis der Brustflosse. Auch dieses kleine Detail war beim Nachahmer zu finden. Dort, wo dem Putzer dieser Streifen fehlt, fehlt er auch dem Nachahmer; der Putzer der Tuomotus-Inseln im Pazifik hat einen orangeroten Fleck in der Körpermitte, ein Merkmal, das nach J. Randall auch der Nachahmer in diesem Gebiet besitzt. Er muß offenbar stets dem Vorbild sehr ähnlich sein, damit ihn die Fische von diesem nicht unterscheiden. Es ist interessant, darüber zu spekulieren, wie die weitere Entwicklung dieser Mimikrys verläuft. Der Nachahmer parasitiert ja gewissermaßen an der Ähnlichkeit des Vorbildes und schädigt dieses, es sei denn, er tritt so selten auf, daß die positiven Erfahrungen der Wirtsfische überwiegen. Seiner Individuenzahl sind dadurch Grenzen gesetzt.

Eine andere Möglichkeit der Weiterentwicklung bestünde darin, daß der Nachahmer allmählich in die Planstelle eines Putzers hineingleitet. Dann könnte er vielleicht größere Individuenzahlen erreichen. Tatsächlich sah ich des öftern, daß er seine Angriffe auch gegen größere Parasiten richtete, die sich deutlich von der Haut der Fische abhoben. Seinem scharfen Gebiß wären jene Parasiten zugänglich, die sein Putzervorbild nicht mehr beseitigen kann. Höchst reizvolle Probleme harren hier noch der weiteren Erforschung.

Wenn ich meine Erfahrungen über Putzerfische im Indischen Ozean mit meinen Beobachtungen im Karibischen Raum und den Bermudas vergleiche, fällt mir auf, daß im Indischen Ozean nur wenige Arten als Putzerfische tätig sind. Der weitaus häufigste ist der Putzerlippfisch *(Labroides dimidiatus)*. Die verwandte Art *Labroides bicolor* sah ich einen Grauhai säubern. Der Hai schwamm im Kreis um einen hohen Porites-Stock, und jedesmal, wenn er an einer bestimmten Stelle vorbeikam, schwamm der Lippfisch herbei und pickte an ihm, ein Stück mitschwimmend. Dann kehrte er zum Block zurück und wartete auf das Wiederauftauchen des Hais. Wenn er in der Nähe von dessen Kiemenspalten putzte, dann sah man, daß der Hai die Kiemenspalten öffnete. Nun hatte der Hai auch einen Schiffshalter als Begleitfisch, jenen merkwürdigen schlanken Fisch, der sich mit der zu einem Saugapparat umgestalteten Rückenflosse an dem Hai festheften kann. Und dieser mochte den Putzer offenbar gar nicht leiden, denn wenn immer er ihn am Hai putzen sah, stürzte er auf ihn zu und vertrieb ihn. Er faßte ihn offenbar als einen Konkurrenten auf, und mir kam damals der Gedanke, daß der Schiffshalter möglicherweise der Putzer des Hais sein könnte. Da die Haie oft Hochseebewohner sind und die Putzstationen im Riff nicht immer aufsuchen können, wäre es ja naheliegend, daß sie ihre Putzer mit sich führen.

Die Vermutung wurde wenige Wochen darauf durch ein sehr spaßiges Erlebnis bestätigt. Wir tauchten gerade an einem Innenriff im Seichten, als unser Ingenieur Hirschel einem 25 Zentimeter langen einzelnen Schiffshalter begegnete. Der begann sich auch gleich für Hirschel zu interessieren. Wahrscheinlich hatte er seinen Hai verloren und suchte jetzt Anschluß. Wir fanden das alle riesig nett, wie der Fisch da am Taucher auf und ab schwamm, wobei er sich dessen Körper genau anschaute, als suche er daran nach etwas. Aufgeregt schwamm er die Beine entlang bis zu den Flossen und wieder aufwärts, bis er schließlich unter Hirschels breitem Brustkorb landete. Dort schwamm er schnurstracks auf eine der Brustwarzen zu und zwickte ihn wiederholt recht kräftig hinein. Und als der erschreckte Hirschel die eine Seite schützte, da hatte er ihn schon an der anderen erwischt. Mit vor der Brust gekreuzten Armen schwamm unser Ingenieur eilig zum Boot, von einem kleinen Fisch verfolgt. Wir bogen uns vor Lachen, daß uns das Wasser in den Tauchbrillen hochstieg. »Der hat ein Maul wie ein Reibeisen«, gestand uns Hirschel später.

Dem Schiffshalter hatte es bei Hirschel offensichtlich ausnehmend gut gefallen. Er begleitete ihn bis zum Boot und suchte noch lange sichtlich ratlos nach seinem neuen Gefährten, der sich so unfischgemäß an die Luft zurückgezogen hatte.

Der Schiffshalter hatte die dunklen Warzen offenbar für Parasiten gehalten und wollte seinem neu gefundenen Wirt einen kleinen Dienst erweisen. Als ich drei Jahre danach Dr. Straßburg auf Hawaii von dieser Begebenheit erzählte, da sagte er mir, daß er im Magen von Schiffshaltern wiederholt Haiparasiten gefunden habe.

Weitere Putzerfische sind mir aus dem Indischen Ozean noch nicht bekannt. Wahrscheinlich gibt es noch welche, aber sie sind sicher nicht häufig. Man hat vielmehr den Eindruck, daß in diesem Bereich die Planstelle des Putzers vom Putzerlippfisch fest besetzt ist, so daß nur geringe Chancen bestehen, sich in diese besetzte Stelle zu drängen. Der Putzerlippfisch ist offenbar eine lange eingebürgerte Form, sowohl im Verhalten, wie auch im Körperbau auf das Putzen spezialisiert, was ja auch die Existenz eines Nachahmers zeigt. In Gefangenschaft frißt der Putzer auch Krebschen und Würmer, die man ihm bietet, im Freien dagegen sah ich ihn über viele Stunden nur putzen. In dem mit dem Indischen Ozean zusammenhängenden tropischen pazifischen Bereich ist ebenfalls die Gattung *Labroides* Putzer. Bei Hawaii beobachtete ich z. B. nur *Labroides phtirophagus* beim Säubern von Riff-Fischen.

Ganz anders ist die Situation im tropischen West-Atlantik (Karibische See und Bermudas). In der Karibischen See beobachtete ich fünf Arten, die alle recht häufig als Putzer tätig waren und zu vier verschiedenen Familien gehörten. Eine Art hatte sich etwas mehr als die anderen auf dieses Geschäft spezialisiert und suchte auch in der Mundhöhle der größeren Fische nach Nahrung. Die anderen taten es gelegentlich und oft nur als Jungtiere. Bei den Bermudas sah ich zwei weitere Putzer: den Riffbarsch (*Abudefduf saxatilis*) und den Schmetterlingsfisch (*Chaetodon striatus*), so daß wir aus diesem Bereich sieben Arten von Putzern aus sechs Familien kennen. Der Putzerlippfisch (*Labroides dimidiatus*) fehlt in diesem Raum, obgleich die beiden

Ozeane über die längste Zeit des Tertiärs durch die damals offene Panama-Passage in Verbindung standen, was ja unter anderem daraus hervorgeht, daß wir hüben und drüben auch heute noch viele gleiche Fischgattungen antreffen. Einige der im indopazifischen Bereich weit verbreiteten Gattungen, wie der Putzerlippfisch oder die Anemonenfische *(Amphiprion, Premnas)*, fehlen jedoch im Karibischen Meer.

Das läßt zwei Deutungen zu. Entweder die Anemonenfische und die Putzerlippfische einschließlich des Nachahmers haben sich erst nach der Hebung der Panama-Landbrücke im mittleren Miozän entwickelt, oder diese Fischgattungen waren einst auch im Bereich der Karibischen See zu Hause, starben aber aus irgendeinem Grund nach der Hebung der Panama-Landbrücke aus. Ursache für ein solches Aussterben könnte z. B. die eiszeitliche Abkühlung gewesen sein, die sich in dem kleineren Raum des tropischen Atlantik sicherlich stärker auswirkte als im indopazifischen Bereich. Ich neige dazu, das zweite anzunehmen, denn es schiene mir doch verwunderlich, wenn sich die mehrere Arten zählende Gattung *Amphiprion* erst relativ später entwickelt haben sollte. Und die Tatsache, daß sich zum Putzerfisch noch ein Nachahmer entwickelt hat, spricht ebenfalls dafür, daß es sich um eine lange eingebürgerte Form handelt.

Wenn nun der Putzer im karibischen Raum ausstarb, dann war diese Planstelle frei geworden, und wir erleben nun, wie verschiedene Arten versuchen, diese Stelle neu zu besetzen. Daß sich noch keiner ausschließlich darauf spezialisierte, zeigt die Tatsache, daß sich eine Reihe von Fischen um diese Stellung »bemüht«.

Auffällig ist, daß der am meisten als Putzer spezialisierte karibische Fisch, die Putzer- oder Neongrundel *(Elacatinus oceanops)*, in Zeichnung und Färbung dem Putzerlippfisch der indopazifischen Region ähnelt. Wie kommt es zu dieser überraschenden Konvergenz? Sie ist vielleicht so zu erklären: Der ursprünglich in beiden Meeren beheimatete Putzerlippfisch hatte bereits die typische Putzeruniform, die heute noch der indopazifische Putzerlippfisch zeigt. Nun wissen wir, daß auf solche Signale im Tierreich oft auch der Empfänger so angepaßt ist, daß er sie, ohne es lernen zu müssen, versteht. Solche im Erbgut verankerten stammesgeschichtlichen Anpassungen werden nun oft sehr konservativ beibehalten, bisweilen dann noch, wenn der Gegenspieler ausfällt. Ich erinnere nur an die in meinem Galapagos-Buch erwähnte Galapagos-Taube, die sich lahm stellt, wenn man

Putzerlippfisch (Labroides dimidiatus) beim Säubern eines blauen Drückerfisches (Odonus niger).

an ihr Nest tritt, und den Menschen täuscht, so wie viele unserer Vögel ihre Feinde vom Nest weglocken. Dies, obgleich auf den Inseln eingeborene raubende Landsäugetiere fehlen. Die Tauben haben die Reaktion ebenso wie die Kenntnis des sie auslösenden Objektes, nämlich des Landsäugetiers, vom Festland herübergebracht, als sie vor vielleicht Jahrmillionen die Inseln besiedelten, und behielten sie bei.

So könnte auch bei den Nachfahren der karibischen Fische, die einst vom Putzerlippfisch geputzt wurden, die Kenntnis der Putzeruniform überlebt haben. Dann aber würde jenen Arten die Annäherung als Putzer am leichtesten glücken, die, quasi als Voranpassung, bereits ein dem ursprünglichen Putzer ähnliches Farbkleid besitzen. Daß die Putzergrundeln und der Putzerlippfisch auch den Fischen ähnlich erscheinen, haben wir im Aquarium oft festgestellt. Karibische Fische forderten einen indopazifischen Putzerlippfisch sofort zum Putzen auf, obgleich sie ihm bis dahin nie begegnet waren; und umgekehrt luden indopazifische Wirte die karibischen Putzergrundeln dazu ein.

Höchst ausgefallene Putzer beobachtete ich schließlich im Norden der Malediven. Ich tauchte im Rasdu-Atoll, an einem Riff der östlichen Atolleinfahrt. In 25 Meter Tiefe drang ich in eine geräumige Höhle ein. 5 Meter vom Höhleneingang leuchteten aus dem dämmrigen Dunkel vom Höhlendach zwei helle Punkte, deren jeder von einem Halbkreis runder heller Flecken umgeben war. Helle, radiär verlaufende Strahlen faßten das Ganze ein. Ich schwamm näher heran und sah, daß hier an der Decke rückenabwärts ein Pfauenaugenrotfeuerfisch saß. Wie eine Blüte hatte er die Brustflossen entfaltet, deren jede an der Basis den hellen Punkt und die Augenflecken trug und deren Strahlen so auffallend das Licht reflektierten.

Was mich aber am meisten überraschte, war eine schlanke, weißdunkel gebänderte Garnele, die neben dem Fisch stand und ihn mit ihren langen Scheren absuchte. Es gelang mir davon eine Aufnahme – die auch deshalb wertvoll ist, weil der Rotfeuerfisch, den ich anschließend fing, bisher nur in einem einzigen Exemplar bekannt war. Wenig später beobachtete ich, wie eine Gruppe von solchen Putzergarnelen *(Stenopus)* eine Muräne säuberte. Beide Male spielte sich das in Höhlen ab, die vom Putzerlippfisch nicht besucht werden. Die Putzergarnele tritt hier offenbar an seine Stelle. Neuere Beobachtungen von Limbaugh aus dem karibischen und pazifischen Raum zeigen, daß Putzergarnelen weiter verbreitet sind. Die Fische präsentieren diesen Garnelen die zu putzende Stelle, wie etwa eine verletzte Schwanzflosse, und die Putzergarnele besteigt den Wirt und säubert ihn. Die von Limbaugh untersuchte Putzergarnele *(Periclimenes pedersoni)* lockt, mit den Antennen schwingend, die Fische herbei; sie kriecht dann auch unter die Kiemendeckel und ins Maul der Wirte. Bei Gefahr spuckt der Fisch die Garnele aus, bevor er weiterschwimmt. Eine nah verwandte Art *(Periclimenes yucatanicus)* lockt ebenfalls antennenwedelnd Fische an, doch hat Limbaugh nur kurze Kontakte beobachtet. Es könnte sein, meint er, daß es sich hier um einen Putzernachahmer handelt.

Wir erwähnten bereits, daß sich auch Knorpelfische (Haie, Rochen) putzen lassen. Sehr überrascht hat uns jedoch, daß auch die oft auf hoher See anzutreffenden Teufelsrochen *(Manta)* Putzstationen im Riff besuchen, die sie offenbar gut kennen. Ein geradezu unbeschreibliches Erlebnis verbindet uns mit dem südlichen Riffkanal des Addu-Atolls. Wir tauchten dort; der Boden schien durch die starken Strömungen wie glattgefegt. Nur in der Mitte des 15 Meter tiefen Kanals erhob sich ein mächtiger Korallenblock, und um ihn kreisten mehrere Mantas, jeder gut 4 Meter spannend. Wie Riesenvögel kamen sie mit langsamen Flossenschlägen an; die breiten Lappen rechts und links vom Maul krümmten und streckten sich langsam. Sie wirkten unheimlich in dem trüben, dämmerigen Licht. Nur die großen, beweglichen Augen, mit denen sie uns neugierig betrachteten, erwiesen sie als Wesen dieser Welt. Über dem Korallenblock standen sie kurz flossenschlagend auf der Stelle. Schwärme von Lippfischen der Gattung *Thallasoma* und auch Putzerlippfische kamen herbei und pickten am Bauch und an den Mundlappen der Mantas herum. Diese öffneten die Kiemenspalten weit und gewährten den Putzern Einlaß. Hass und Hirschel stiegen am folgenden Tag noch einmal in den Riffkanal ab und fanden die Mantas wieder an der gleichen Stelle. Es waren acht Tiere. Die Filmaufnahmen, die Hass damals drehte, gehören zu den eindrucksvollsten Naturdokumenten, die ich kenne.

Welche große Bedeutung die Putzer im Leben der Riff-Fische haben, stellte C. Limbaugh in einem bemerkenswerten Experiment fest. Er fing an zwei Riffen der Bahamas alle ihm bekannten Putzer weg. Daraufhin wanderte ein großer Teil der Riff-Fische ab, so daß das Riff deutlich verwaiste. Nur wenige ortstreue Fische blieben, und diese zeigten nach zwei Wochen allerlei Haut- und Flossenschäden, wie offene Wunden, Geschwüre und verpilzte Stellen. Mit der Zeit wanderten junge Putzer zu und mit ihnen auch wieder neue Putzkunden. Durch Dauerbeobachtung haben Limbaugh und Pederson ferner festgestellt, daß ein Putzerfisch in 6 Stunden von über 300 Kunden besucht wurde.

Vor einigen Wochen bereiste ich Tanganyika und Uganda, ich wollte das Vögelein »*Trochylus*« sehen. Am Amboseli-Park, am Fuße des Kilimandscharo, beobachtete ich Kuhreiher an Büffeln und Elefanten. Sie saßen auf dem Rücken dieser Großtiere oder liefen neben ihnen her. Dabei fingen sie sowohl Insekten, die das Großwild beim Weiden aufscheuchte, als auch dessen eigene Parasiten. Ich sah aber nichts, was auf eine Art Verständigung zwischen Kuhreihern und den Großtieren hinwies. Die Reiher wurden durch die Insekten angezogen, und die Elefanten und Büffel duldeten sie. Eine richtige Putzsymbiose war nicht entwickelt. Aber einen richtigen Putzer unter den Vögeln habe ich doch beobachten können. Im gleichen Nationalpark saßen auf den Nashörnern viele kleine Madenhacker. Wie Kleinspechte kletterten sie auf dem Rücken und an den Seiten ihrer Wirte umher. Man könnte sie geradezu als Spechte des Großwildes auffassen. Und wie unsere Spechte aus der Rinde der Bäume ihre Nahrung holen, so holten sich diese Madenhacker ihre Nahrung, die Larven der Dasselfliegen, in erster Linie aus der dicken Haut der Nashörner. Sie gingen dabei recht robust vor, und beim Öffnen der Dasselbeulen floß auch Blut; ich sah einmal, daß der Vogel davon trank. Die Madenhacker nahmen selbst den Nasenschleim ihrer Wirte. Die Nashörner duldeten die Vögel, und eine Beobachtung wies darauf hin, daß zwischen diesen beiden Arten auch eine Verständigung angebahnt scheint. Ich sah einen Madenhacker die Flanke eines Nashorns etwas hinter der Schulter bearbeiten. Die Stelle war wund und schien zu jucken, denn der Dickhäuter warf sich wiederholt auf die Seite und wälzte sich auf dem Boden. Jedesmal mußte der Vogel auffliegen, um nicht zermalmt zu werden. Stand das Nashorn, nahm er seine Tätigkeit wieder auf. Nachdem es sich zum drittenmal gewälzt hatte, blieb der Madenhacker eine Weile neben ihm auf dem Boden sitzen und zeterte laut. Das Nashorn hielt vollkommmen still; der Vogel landete auf seiner Flanke, zeterte wieder und rutschte erst danach zu der Wunde, wo er seine unterbrochene Tätigkeit fortsetzte. Von da ab wälzte sich das Nashorn nicht mehr auf dem Boden. Vielleicht war es Zufall, aber ich hatte den Eindruck, daß es auf das Geschrei des Vogels reagiert hatte. Die Madenhacker sind übrigens scheue

Vögel. Nähert man sich dem Nashorn, fliegen sie schon von weitem auf, was eine Warnung für das Nashorn bedeuten könnte.

Krokodilwächter sah ich nicht, wohl aber Krokodile, die mit offenem Maul am Ufer lagen, als wollten sie Vögel zur Säuberung einladen.

Was mich an all diesen Putzsymbiosen so fesselte, sind die erstaunlichen Parallelen, die sich entwickeln, ob es sich nun um einen Putzervogel, einen Putzerfisch oder um eine Putzergarnele handelt. Da sogar der alte Gessner das nette Detail erwähnt, daß das Krokodil seinen Oberkiefer vorwarnend sanft bewegt, wenn es den Putzvorgang beenden will, bin ich überzeugt, daß er von einer echten Putzsymbiose berichtet hat. Der Zackenbarsch warnt seinen Putzfisch in ganz ähnlicher Weise.

Wie Fische wohnen

In der Verlängerung der Insel Hittadu konnten wir von unserem Ankerplatz aus den weiten Riffbogen des Addu-Atolls als weiße Gischtlinie verfolgen. Im Norden wurde der Bogen durch einen Riffkanal unterbrochen, und diese Stelle war durch zwei winzige Inseln gekennzeichnet. Die größere hatte einen Durchmesser von vielleicht 30 Metern. Sie war aus grobem Korallengeröll zusammengesetzt; nur in ihrer Mitte wuchs ein einsamer grüner Busch als erster Pionier. Um ihn hatten sich bereits einige Landtiere versammelt. Schmetterlingsraupen fraßen an den Blättern, und Landeinsiedlerkrebse krabbelten in seinem Schatten umher. Im Mulm um die Wurzel herum fand Gerlach eine reiche Bodentierwelt.

Die zweite Insel lag am lagunenseitigen Ende des Riffkanals. Sie war nach Angaben der Eingeborenen erst vor einigen Jahren bei einem Sturm entstanden. Bei Hochwasser ragte nur ein 3 Meter langer Haufen von Korallenschutt aus dem Wasser, auf dem eine Uferkrabbe zwischen angeschwemmten Palmwedeln und alten Kokosnüssen hauste. Die Insel erhob sich von einem stets von frischem Wasser umströmten Riffplateau. Hier wuchsen bereits 2 Meter unter dem Meeresspiegel üppige Korallengärten, und diese waren einige Wochen lang unser bevorzugtes Arbeitsgebiet. Täglich kamen wir am Morgen hierher, füllten unsere Tauchgeräte und wärmten uns an der Sonne, wenn uns die Kälte aus den Tiefen vertrieb. Die Schuttinsel, wie wir sie nannten, war unser freundlicher Stützpunkt; die Uferkrabbe war bald so zahm, daß sie von unserem Proviant fraß, was wir ihr manchmal erlaubten.

Ein paar Flossenschläge genügten, um uns für eine Stunde in alle Pracht einer Märchenwelt zu befördern.

Die von einem bläulichen Licht überstrahlte, leichtgewellte Unterwasserlandschaft war von Formen erfüllt, wie sie sich keine Phantasie zu erträumen vermag. Da gab es Kofferfische mit Kuhhörnern und Engelfische mit blauen, gelben und weißen Farbmustern, die mit kaum minder bunten Seebadern wetteiferten. Es wimmelte von vielgestaltigen, bunten Geschöpfen. Sie waren meist stumm. Schwamm ich aber an einen Engelfisch heran, gab dieser ein kurzes, metallisches »tock tock« von sich, und der Warnruf veranlaßte dann auch die anderen Fische, zu den schützenden Korallen hinunterzutauchen.

Auf dem Boden wuchsen zierliche gelbe bis goldbraune Büsche aus Stein mit rosenroten Zweigenden neben grobgelappten violetten Korallen und horizontalen Fächern, die aus zierlichen, zum Teil miteinander verwachsenen Korallensprossen gebildet waren. Manche dieser Tische wuchsen von einer zentralen Säule aus wie kleine Rundtische.

Wo Korallen fehlten, bedeckte weißer Sand den Boden. An solchen Stellen mußte man auf Rochen achten, die mitunter nur ganz oberflächlich eingegraben im Sande ruhten. In ihrem Schwanzstachel besitzen sie eine gefährliche Waffe.

Bereits nach wenigen Tagen kannte ich eine Reihe von Fischen persönlich. Mit einem gefleckten Zackenbarsch schloß ich bald Freundschaft. Er lag immer in demselben Loch unter einem Korallenstock und ließ sich ganz gerne über die Kiemendeckel streichen. Die großen Zackenbarsche sind oft erstaunlich arglos, wahrscheinlich, weil ihnen normalerweise niemand etwas anhaben kann. In seiner Höhle kann dem großen Fisch kein natürlicher Feind auf den Leib rücken. Von der Zutraulichkeit der Zackenbarsche hat auch Cousteau eine nette Geschichte erzählt. Bei den Seychellen fütterte seine Gruppe einen großen Barsch. Zuletz wurde der Fisch durch sein zutrauliches Betteln so lästig, daß sie ihn in einen Käfig einsperren mußten, wenn sie ungestört arbeiten wollten. Danach ließen sie ihn immer wieder frei. Eine Begebenheit, die übrigens für diese Tauchergruppe spricht. Andere hätten den Barsch harpuniert, bevor es je zu einer solchen Fütterung gekommen wäre. Ich will damit keineswegs die Unterwasserjagd pauschal verurteilen; nur sollte sie ebenso waidmännisch betrieben werden wie die Jagd an Land.

Ähnlich ortstreu wie mein Zackenbarsch war auch eine ganze Reihe anderer Fische. Die meisten Schmetterlingsfische, Igelfische, Kofferfische, Korallenbarsche, Seebader und noch viele andere waren immer im gleichen Revier anzutreffen. Die Größe wechselte von Art zu Art. Manche lebten nur in einem Korallenstock, andere bewohnten ein größeres Gebiet. So hielt ich einige Arten zunächst für Vagabunden, bis ich darauf kam, daß sie regelmäßig wieder in ein bestimmtes Gebiet zurückkehrten. Täglich etwa um 10 Uhr tauchte z. B. ein großer Grauhai (*Carcharhinus menisorrah*) an der Schuttinsel auf, den ich stets an einer Verletzung der Rückenflosse wiedererkannte. Langsam schwamm er eine Runde und verschwand wieder. Ein großer

Barrakuda stand täglich am gleichen Fleck im freien Wasser. Viele Fische durchwandern weite Gebiete auf festen Routen. Es dürfte aber auch Vagabunden geben. Dazu gehören z. B. die Goldstreifenschnapper *(Lutianus kasmira)*, die in großen Schwärmen durch das Riff ziehen, und manche Bodenäser. Einmal beobachteten wir, wie ein Schwarm Sträflingsseebader die Reviere von Weißbrustseebadern überfiel und mit hundert gierigen Mäulern leerfraß. Vergeblich mühten sich die Ortsansässigen, den Heuschreckenschwarm abzuweisen. Manche Papageifische halten es ähnlich und brechen in großen Schwärmen wie ein Ungewitter über einen Riffteil herein, den sie in Kürze kahlfressen.

Im allgemeinen ist jedoch der »frei« lebende Fisch keineswegs so frei, wie man vielleicht glaubt. Er kann sich meist nicht x-beliebig im Raume bewegen, sondern ist an ein bestimmtes Wohngebiet gebunden, in dem er nach einem fest umrissenen Tagesplan lebt. Das Gebiet, in dem sich dieses Leben abspielt, nennt man den Aktionsraum des Tieres, und jeden Ausschnitt daraus, den er auch gegen seinen Artgenossen verteidigt, sein Revier.

Aktionsraum und Revier sind oft weiter untergliedert. So wie wir Verkehrswege benützen, die wir mit unseren Mitmenschen teilen, und andere Wege, die nur wir selbst und unsere nächsten Angehörigen gehen, so wie wir uns mit anderen verträglich etwa in einer Barbierstube treffen, dagegen unser eigenes Bad oder Schlafzimmer besitzen, so teilt auch der Fisch seinen Aktionsraum weiter ein. Da gibt es Weidegründe und Jagdreviere, Putzstationen, an denen man sich mit anderen verträgt, und Wohnhöhlen, die man gegen Artgenossen heftig verteidigt, manchmal aber auch mit seinesgleichen teilt. Ich erinnere nur an die Schwalbenschwänzchen, die als Schwarm zwischen die Äste einer Koralle flüchten, oder an die roten Husarenfische, die in größeren Schwärmen den Tag über in Höhlen bleiben. Nachts verlassen sie ihren Schlafplatz und streifen dann weiter umher, während sich umgekehrt manche Tagfische, wie die Papageifische, nachts an bestimmten Schlafplätzen zusammenfinden. Wie Winn kürzlich beobachtete, machen sie dabei oft weitere Wanderungen und benützen zu ihrer Orientierung die Sonne als Kompaß, eine Erscheinung, die wir noch später besprechen wollen.

Viele Fische sind jedoch recht unverträglich. Einzeln oder paarweise besetzen sie ein bestimmtes Riffgebiet und verteidigen es gegen jeden fremden Artgenossen.

Auf der Riffplatte der Insel Weligandu beobachtete ich den unscheinbaren Riffbarsch *Abudefduf leucozona*. Der sandige Boden war mit einigen größeren abgestorbenen Korallen bedeckt. Unter jeder größeren Platte hatte ein solcher Barsch eine kleine Höhle gegraben, in die er bei Gefahr flüchtete. Die meiste Zeit fischten sie über ihrem Heim, wobei sie sich in einem ganz engen Raum aufhielten, in dem sie keinen gleichgeschlechtlichen Artgenossen duldeten. Die beigefügte Skizze zeigt einen Riffausschnitt von 6 mal 6 Meter, in dem fünf Männchen und zwei Weibchen wohnten. Welche Gebiete die Männchen jeweils innerhalb von 5 Minuten abschwammen, ist aus der Zeichnung ersichtlich. Sie waren übrigens in Balzstimmung und vielleicht deshalb besonders unverträglich. Nur sehr kurz entfernte sich einer etwas weiter von seinem Wohngebiet; vor allem, wenn er gerade einen anderen verfolgte, schoß er im Eifer der Verfolgung über seine Gebietsgrenzen hinaus.

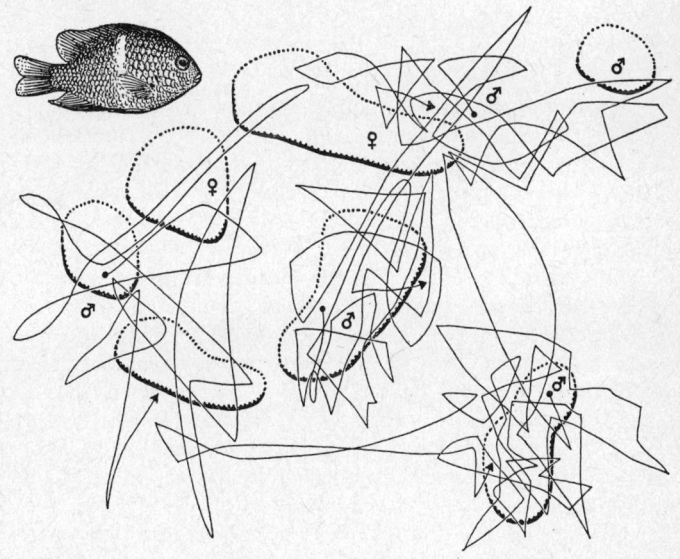

Die Reviere von vier Männchen des Riffbarsches Abudefduf leucozona (links oben), erkenntlich an den eingetragenen Schwimmwegen. Man sieht, daß die Fische in einem engen Gebiet bleiben. Weitere Exkursionen kamen bei der Verfolgung eines eindringenden Nachbarn zustande. Jeder Fisch wurde 5 Minuten lang beobachtet.

Rotmaulbarsche (Haemulon) Floridas beim Kämpfen.

Der Kampf mit dem Artgenossen vollzieht sich nach einem bestimmten artspezifischen Zeremoniell. Wir beobachteten auch hier die bereits in meinem Galapagos-Buch ausführlich erörterten Turnierkämpfe, auf die ich an dieser Stelle nicht näher eingehen will. Nur ein paar Beispiele solcher unblutiger Kämpfe bei Riff-Fischen seien erwähnt.

Die Rotmaulbarsche *(Haemulon)* drohen mit weit geöffnetem Maul und kämpfen schließlich, Maul gegen Maul drückend. Kämpfende Schmetterlingsfische schieben einander Stirn gegen Stirn vom Platz. Doris Zumpe hat einen solchen Kampf der Pinzettfische kürzlich gefilmt. Manche Wimpelfische haben als Anpassung an diese Kampfesweise Hörnchen auf der Stirn entwickelt. Bei besonders heftigen Auseinandersetzungen stößt der in die Enge getriebene Schmetterlingsfisch auch mit den Rückenstacheln nach seinem Gegner.

Eine ganz andere Technik, die Wickler beschrieb, verwendet der kleine Segelfisch *Emblemaria*. Er hat eine besonders hohe Rückenflosse, die er wie ein Segel aufrichten kann. Normalerweise ist sie zusammengefaltet. Kommt ihm aber ein Rivale in die Quere, dann zeigt der Revierbesitzer seine Breitseite und klappt die Segelflosse auf. Die Rivalen beißen einander nicht in die Seiten, sondern nur in den Kopf, und dann folgt ein Ringkampf, der damit endet, daß der Stärkere den Schwächeren am Kopf in seine Wohnröhre zieht. Rückwärts kriecht er in sein Loch und hält den zappelnden Verlierer aus seiner sicheren Zuflucht ins Freie hinaus. Wenn man an die vielen Raubfische denkt, kann man sich durchaus vorstellen, daß dem hilflos Ausgesetzten wenig behaglich zumute ist. Begreiflich, daß dessen Kampfesmut schnell sinkt und er bei erster Gelegenheit das Weite sucht.

Kämpfende Wimpelfische (Heniochus acuminatus).

Wozu sind Fische bunt?

Beim Anblick der Farbenpracht so vieler Riff-Fische drängt sich einem die Frage auf, wozu denn die bunten Farben und vielerlei Muster wohl dienen mögen. Erfüllen sie überhaupt eine bestimmte Aufgabe im Sinne der Arterhaltung, oder sind sie zweckfrei schön, so wie die Eisblumen am Fenster? Wer Lebewesen kennt, weiß, daß die meisten ihrer Körpermerkmale bestimmte Funktionen erfüllen und daß nur weniges funktionsloses Beiprodukt ist.

Für die Buntheit der Korallenfische liegen verschiedene Deutungsversuche vor. Einige meinen, sie sei eine Anpassung an die Umgebung, gewissermaßen eine Schutzfarbe. Aber ein dottergelber Schmetterlingsfisch, ein himmelblauer Seebader mit gelber Rückenflosse oder ein Engelfisch mit gelben, weißen und blauen Binden, die fallen alle auch in ihrer natürlichen Umgebung auf. Sie gleichen ja wandelnden Plakaten und legen die Vermutung nahe, daß viele ihrer auffallenden Farben und Muster Signale sind. Das haben Beobachtungen von K. Lorenz und anderen in einer Reihe von Fällen bestätigt. Es stellte sich dabei heraus, daß diese Signale an verschiedene Empfänger adressiert sein können, an Artfremde wie Artgenossen, und im allgemeinen sehr spezifische Reaktionen auslösen.

In der »Uniform« des Putzerfisches lernten wir bereits die signalisierende Funktion einer Tracht kennen. Das Signal richtete sich in diesem Fall an einen Artfremden.

Derartige Signale, die den zwischenartlichen Verkehr regeln, sind weit verbreitet. Manche dienen der Täuschung, so die Augenflecken, die viele Schmetterlingsfische auf dem Rücken oder auf der Rückenflosse tragen. Man nahm ursprünglich an, solche Fische würden in Bedrängnis schwanzvoran schwimmen und so den Feind verwirren. Das stimmt aber nicht. Wahr ist jedoch an der Deutung, daß die Augenflecken wirklich Augen vortäuschen, wie Wickler kürzlich nachwies.

Er beobachtete, daß Säbelzahnschleimfische der Gattung *Runula* vor allem die Augen anderer Fische angreifen. Bei jenen Fischen nun, die ihr Auge durch eine schwarze Binde tarnen und die überdies noch dunkle Augenflecken entwickeln, werden die Angriffe nachweislich von den Augen auf die Augenflecken abgeleitet.

Dieses Prinzip, einen Gegner zu täuschen, wird übrigens wiederholt angewandt. Nach R. Mertens gibt es Schlangen, die bei Gefahr ihr kopfähnlich gestaltetes oder gefärbtes Hinterende erheben und bewegen. Sie tun so, als würden sie den Gegner mit ihrem Kopf bedrohen, ohne jedoch diesen verletzlichen Körperteil wirklich einer Gefahr auszusetzen. Ein ganz erstaunliches Täuschungsmanöver kennt man schließlich von einigen südamerikanischen Schwärmerraupen, von denen einige ein Hinterende besitzen, das wie ein Schlangenkopf gestaltet ist. Bei Gefahr wird das Hinterende gehoben und S-förmig gekrümmt. Da auch die Augenflecken an der richtigen Stelle sitzen, glaubt man tatsächlich, eine Schlange vor sich zu haben. Eine überraschende Weiterentwicklung dieses Prinzips hat E. Curio schließlich vor kurzem bei Schwärmerraupen *(Pholus labruscae)* der Galapagos-Inseln entdeckt. Diese züngeln nämlich sogar wie eine Schlange: Bei Bedrohung erscheint aus einer Spalte am Hinterende der Raupe ein schwarzes Zünglein, das genau wie eine Schlangenzunge bewegt wird.

Viele Tiere machen sich auffällig, damit sie nicht gefressen werden. Der giftige Rotfeuerfisch stellt sich bei Gefahr richtig zur Schau. Er spreizt alle Flossen; die mit einer Giftdrüse versehenen harten Strahlen der Rückenflosse wedeln nach links und rechts, und zwar genau im Takt der Wellenbewegung, die einst über die zusammenhängende Flosse lief. Die weißen Säume der Strahlen und Flossen machen das Tier selbst in dunklen Tiefen sehr auffällig. Jeder Fisch, der sich einmal an einem Rotfeuerfisch verletzte, wird ihn sicher wiedererkennen und meiden.

Vielleicht findet die auffällige Musterung und Färbung einiger Anemonenfische eine ähnliche Erklärung. Die Tiere bewohnen ja nesselnde Anemonen. Wer immer sich bei dem Versuch, einen Anemonenfisch zu schnappen, seine Schnauze an den nesselnden Tentakeln verbrannte, wird den auffälligen Fisch meiden. In ähnlicher Weise sind bekanntlich die Wespen geschützt. Auch ihre auffällige Zeichnung erleichtert das Wiedererkennen. Wurde ein Vogel einmal von einer Wespe gestochen, dann meidet er sie nachweislich. Er lehnt dann auch die ähnlich geringelten Nachahmer ab, so manche Schwebfliegen, die unerfahrene Vögel ohne weiteres fressen.

Übrigens werden auch giftige und wehrhafte Fische in ähnlicher Weise von ungiftigen nachgeahmt. Die gewöhnliche Seezunge *(Solea vulgaris)* ahmt mit ihrer Brustflosse die dunkle Rückenflosse des giftigen Petermännchens *(Trachinus draco)* nach. Sie erhebt diese ebenfalls dunkle Flosse, wenn man sie bedroht. Der Schlangenaal *(Myrichthys colubrinus)* macht die giftige Seeschlange *(Platurus colubrinus)* so täuschend in ihrer Zeichnung und Färbung nach, daß man beide erst nach genauer Untersuchung unterscheiden kann. Der kleine Feilenfisch *(Paraluteres prionurus)* ähnelt nach Clark dem giftigen Spitzkopfkugelfisch *(Canthigaster cinctus)* verblüffend und schwimmt auch in dessen Schwärmen mit. Weitere Beispiele solch nützender Ähnlichkeit *(Mimikry)* bei Fischen hat Randall zusammengestellt. Die marinen, nackten Fadenschnecken tragen am Rücken auffallend gefärbte Fortsätze, die Nesselkapseln besitzen. Schnappt ein Fisch diese Schnecken, dann wird er genesselt und meidet künftig das »warnfarbige« Objekt. Die Schnecken kommen übrigens auf sehr merkwürdige Art in den Besitz der Nesselzellen. Sie wachsen ihnen nicht von selbst, sondern werden »gestohlen«: Die Schnecken fressen nesselnde Hohltiere und verdauen alles, bis auf die Nesselkapseln, die in die Fortsätze am Rücken wandern und dort funktionstüchtig bleiben.

Wieder andere Farbmerkmale sind Signale für Artgenossen. Sie dienen der Zusammenführung der Geschlechter oder als Erkennungszeichen der Rivalen. Von der bunten Musterung eines Fisches sind es dabei im allgemeinen nur sehr wenige Merkmale, die eine Reaktion auslösen. Das wissen wir vor allem durch Attrappenversuche an Süßwasserfischen. Stichlingsmännchen werden zur Fortpflanzungszeit überraschend bunt. Attrappenversuche von Tinbergen zeigten jedoch, daß es einzig und allein auf den roten Bauch ankommt. Eine Wachswurst ohne Flossen und unter Weglassung aller bunten Farbnuancen löst volle Angriffsreaktionen beim Partner aus, solange sie unterseits rot ist. Um die Kampfreaktionen eines Rotkehlchens auszulösen, genügt es, im Revier eines Rotkehlchenmannes ein rotes Federbüschel an einem Zweig zu montieren. Ein ausgestopftes Rotkehlchen, dem man die roten Brustfedern nahm, bleibt dagegen unbeachtet, obgleich es für unser Auge dem Männchen viel ähnlicher ist; es fehlt ja nur ein Merkmal. Aber es kommt eben nur auf bestimmte Signale an, die wir, weil sie spezifische Antworten auslösen, auch als »Auslöser« bezeichnen. Wickler hat kürzlich in einer besonders schönen Untersuchung die Aufgabe der dottergelben Eiflecken auf der Afterflosse der männlichen Eifleckbuntbarsche erforscht. Diese Buntbarsche gehören zu der Gruppe der Maulbrüter, deren Weibchen das Gelege ins Maul nehmen und bis zum Schlüpfen schützen. Selbst die kleinen Jungfische werden bei Gefahr wieder im Maul geborgen. Bei den meisten Arten erfolgt die Aufnahme der abgelegten Eier nach der Besamung durch das Männchen. Beim Eifleckbuntbarsch aber nimmt das Weibchen die Eier unmittelbar nach der Ablage auf. Das ist sicher vorteilhaft, weil die Eier nur kurz frei und ungeschützt daliegen. Allerdings kommt das Männchen nicht mehr dazu, die Eier auf der Unterlage zu besamen. Die Befruchtung wird auf andere Weise gewährleistet. Hat das Weibchen das letzte Ei aufgeschnappt, legt das Männchen sich vor ihm auf die Seite und hält ihm die gespreizte Afterflosse so vor die Nase, daß die orangeroten Eiflecken deutlich sichtbar sind. Das Weibchen stürzt sich auf diese Eiattrappen und versucht sie aufzuschnappen. Dabei befördert es die Samenflüssigkeit zu den Eiern ins Maul.

Welche von den verschiedenen Merkmalen eines Fisches nun im einzelnen Signal wofür sind, müssen Beobachtung und Versuch in jedem einzelnen Fall entscheiden. In diesem Zusammenhang muß auch erwähnt werden, daß Fische einander oft ganz anders sehen, als wir sie wahrnehmen, wenn wir sie frischgefangen oder im Aquarium betrachten. Der vor allem in tieferen Riffregionen beheimatete Lippfisch *Lepidaplois diana* sieht frischgefangen oder mit Blitzlicht photographiert wunderschön aus. Kopf und Rücken sind dunkel weinrot, Rücken- und Afterflosse hell weinrot, die Iris ist leuchtend rotorange, die Seiten sind orange bis gelb. Auf dem Rücken trägt der Fisch vier helle Flecken. All das schöne Rot und Orange hat jedoch als Signal ganz sicher keinerlei Bedeutung, und zwar einfach deshalb, weil man es normalerweise nicht sieht. Das Wasser wirkt ja wie ein dicker Blaufilter und hält zunächst einmal alle roten Lichtstrahlen ab. Rotes erscheint in größerer Tiefe dunkelbraun bis schwärzlich und wird daher auch von vielen im tieferen Wasser lebenden Tieren als Schutzfarbe genutzt. Was uns jedoch am Lippfisch auffällt, wenn wir ihm in größerer Tiefe begegnen, sind die vier leuchtend hellen Punkte am Rücken; und ich gehe mit der Vermutung kaum fehl, daß diese Auslöser sind.

Von dem bunten schon erwähnten Pfauenaugen-Rotfeuerfisch, den ich am Höhlendach entdeckte, waren nur die stark reflektierenden hellen Flecken und die hellen Flossenstrahlen zu sehen. Wie schön bunt er sonst war, sah ich erst später auf der Blitzlichtaufnahme. Gleiches gilt für die anderen Rotfeuerfische.

Ein Schwarm des Schmetterlingsfisches (Chaetodon collare).

Während rote Lichtstrahlen vom Wasser schnell absorbiert werden, durchdringen gelbe, grüne und blaue Strahlen dickere Wasserschichten. Viele der plakatfarbigen Fische, vor allem Schmetterlingsfische, Engelfische, Seebader und Korallenbarsche, verwenden daher Kombinationen dieser Farben als Arterkennungszeichen. Der Weißbrustseebader hat einen blauen Körper mit weißlicher Brust, schwarzem Kopf und eine zitronengelbe Rückenflosse. Der Streifenseebader trägt auf bläulichem Grund gelborangene Linien; Schmetterlingsfische sind meist gelb, weiß und schwarz gezeichnet. Bei so plakatfarbigen Tieren hat man den Eindruck, sie seien als Ganzes ein Signal. Ihre Zeichnung ist meist einfach, auffällig und unverwechselbar, durchaus den menschlichen Flaggen vergleichbar. Als Arterkennungszeichen spielt ihre Tracht, wie Lorenz wiederholt betonte, bei der Paarbildung und bei der Revierabgrenzung eine wichtige Rolle. Viele Riff-Fische sind ja ortstreue Einzelgänger, die ihresgleichen als Konkurrenten vertreiben. Jeder hat sein Revier. Die bunte Tracht signalisiert auf Distanz, daß das Gebiet besetzt ist.

Wie die verschiedenen Beispiele wohl deutlich machen, ist Signalisieren eine wichtige Aufgabe der Fischtracht. Wer jedoch durch Farben und Muster signalisiert, sich also auffällig macht, begibt sich in Gefahr, auch von Freßfeinden gesehen zu werden. Das können sich nur jene Fische leisten, die entweder durch giftige Stacheln oder dergleichen geschützt sind, oder zwischen den Korallen hausen und sich dort praktisch dem Zugriff eines Feindes schnell entziehen können. Tatsächlich finden wir nur dort die ausgesprochen plakatfarbigen Fische, und zwar nur ortstreue Arten, die ihre Schlupfwinkel genau kennen. Wo es an Deckung mangelt, erzeugt die natürliche Auslese seitens der Freßfische sichtgeschützte, wenig auffällige Tiere. Sandbewohner sind meist sandfarben, Felsbewohner ähneln oft veralgten Felsen, und Fische, die im freien Wasser schwimmen, sind oft silbrig oder blau wie das sie umgebende Wasser. Sie haben eine Tarntracht, und manche von ihnen gleichen sich dem Untergrund noch durch Farbwechsel an. Selbst ortstreue aggressive Einzelgänger sind tarnfarbig, wenn sie an exponierten Stellen leben. Bei der Galapagos-Insel Duncan beobachtete ich auf sandigem Boden Hechtschleimfische *(Chaenopsis)*. Die schutzgefärbten Tiere standen über ihren Wohnröhren. Kam ein Artgenosse zu nahe, dann bedrohten sie ihn mit offenem Maul, und da sah man erst, daß das Maulinnere ganz auffällig bunt gefärbt war, ebenso die Rückenflosse, die sie wie ein Segel entfalteten. Nach der Auseinandersetzung waren sie wieder so unscheinbar wie zuvor. Und ähnlich wie diese Hechtschleimfische tragen auch viele andere tarnfarbige Fische ihre Signale auf normalerweise zusammengelegten Flossen oder im Maul. Manche bieten diese Signale in besonders auffälliger Weise, wie z. B. viele Schleimfische und Grundeln, die durch rhythmisches Aufrichten und Niederlegen der Flossen winken. Die Tarnfarbigen müssen den Bunten keineswegs an Aggressivität nachstehen. Der schon erwähnte Riffbarsch *Abudefduf leucozona* der Seichtwasserzone der Malediven verteidigt sein Revier gegen Artgenossen genauso heftig wie die ortstreuen bunten Fische des Korallenriffes. Da der Fisch über relativ deckungsarmem Grund lebt, ist er recht unscheinbar gefärbt. Doch gilt die von Lorenz aufgestellte Regel, daß plakatfarbig bunte Fische immer aggressiv sind, während die unscheinbaren recht oft verträgliche Schwarmfische stellen.

Schwarm von Naso tapeinosoma in der Schwarmtracht.
Werbender Naso tapeinosoma. Man beachte den Farbwechsel (Malediven).

Andere tarnfarbige Fische besitzen die Fähigkeit zu raschem Farbwechsel. Sie erglühen beim Balzen oder Kämpfen in Sekundenschnelle in den auffallendsten Farbmustern und erblassen sogleich wieder, wenn sie nicht mehr signalisieren wollen. Da gibt es z. B. die Nashornfische *(Naso tapeinosoma)*. In großen Schwärmen ziehen sie vor den Riffabhängen durchs freie Wasser, unscheinbar düster gefärbt. Wirbt jedoch einer um ein Weibchen, dann bekennt er Farbe, indem er in Sekundenschnelle seine Tracht ändert. Die Lippen, die Schwanzflosse, ein Sattelfleck auf dem Vorderrücken und einige helle Querbinden erstrahlen im hellsten Blau. Sowie sich der Fisch jedoch von seinem Partner abwendet, bekommt er wieder sein unscheinbares Kleid. Er wechselt seine Tracht wie wir unsere Bekleidung. Dauernd farbenprächtig zu sein wäre für diese Fische zu gefährlich.

Schwarm des körperauflösend gemusterten Wimpelfisches (Heniochus varius). In der Bildmitte eine Dicklippe (Plectorhynchus diagrammus) (alles Malediven).

In allen diesen Fällen wurden von der Umwelt zwei gegensätzliche Anforderungen gestellt: unauffällig sein wegen der Freßfeinde, auffällig sein für den Partner. Das Resultat ist in solchen Fällen ein Kompromiß.

In der Einleitung erwähnten wir die Deutung, derzufolge die Buntheit der Korallenfische eine Form der Tarnung sei, ohne darauf näher einzugehen. Nachdem wir nunmehr verschiedene Funktionen der Fischtracht erörterten, sollten wir nachtragen, daß auch an dieser Deutung etwas Wahres ist. Zwar sind die mit großen farbigen Flächen ausgezeichneten Tiere plakathaft auffällig und daher sicherlich nicht getarnt, es gibt jedoch auch tarnende Buntheit. Nehmen wir z. B. den abgebildeten Wimpelfisch *(Heniochus varius)*. Ein einzelner dieser Art gegen einen einfarbigen Hintergrund ist wohl sehr auffallend. Wenn diese Fische jedoch im Schwarm zwischen den Korallen stehen, dann lösen die dunklen und hellen Binden den Körper auf und lassen ihn in der Umgebung verschwinden, ähnlich wie der Tarnanstrich eines Kriegsfahrzeuges die Konturen auflöst. Solch eine körperauflösende Zeichnung weist auch der Pfauenaugen-Barsch auf. Sein Körper ist mit hellen blauen Tüpfeln übersät. Wenn ein solcher Fisch in einer Höhle sitzt, muß man schon zweimal hinsehen, bis man erkennt, daß sich hinter diesem Punktgewimmel ein Raubfisch verbirgt.

So ist all diese Schönheit und Mannigfaltigkeit das Resultat stammesgeschichtlicher Anpassungsvorgänge. Wie viele Muster und Farben erfüllen im Leben der Tiere eine bestimmte Funktion, die zu enträtseln, zu den reizvollsten Aufgaben eines Zoologen zählt!

»Wölfe im Schafspelz« und andere listige Räuber

Wir saßen nebeneinander am Riffabhang und schauten den vorbeiziehenden Fischen zu. Da deutete Hass auf einen hohen Hornkorallenbusch zu meiner Linken. Ich sah hin und fand den Busch, der violett gegen das blaue Wasser stand, durchaus schön und sehenswert, aber das war es offenbar nicht, was er mir zeigen wollte. Denn als ich mich vom Hornkorallenbusch abwandte, wies er noch einmal eindringlich mit dem Stock dorthin. Und jetzt erst sah ich den etwa 80 Zentimeter langen, stabförmigen Trompetenfisch, der kopfabwärts zwischen den biegsamen Korallenästen stand. Der olivbraune Fisch war vorzüglich gegen Sicht getarnt, zumal er jede Bewegung der Zweige mitmachte, so daß er immer parallel zu den Ästen stand. Sein Kopf war zu einer röhrenartigen Schnauze verlängert. Die weit nach hinten gerutschten Rücken- und Afterflossen wedelten dauernd. Wach musterte der Fisch die Umgebung. Er war mir schon aus den Büchern meines Freundes Hass und aus der Karibischen See ein alter Bekannter.

Und da passierte auch schon, worauf wir gewartet hatten. Ein großer Kaninchenfisch kam gemütlich vorbeigeschwommen. Kaum hatte ihn der Trompetenfisch erspäht, da schoß er aus seinem Versteck. Mit einer Gewandtheit, die man dem steifen Kerl gar nicht zugetraut hätte, legte er sich flach über den Rücken des Kaninchenfisches. Der suchte eilig das Weite, aber der Trompetenfisch schwamm über ihm mit und ließ sich nicht abschütteln. Nach kurzer Flucht fand sich der Kaninchenfisch mit seinem lästigen Reiter ab. Er weidete weiter, den seltsamen Reiter duldend. Das Ganze war ihm wohl nicht neu.

Zu dem harmlosen Weidegänger gesellten sich bald einige Fischchen, die nach kleinen Tierchen haschten, die der Große bei seiner Freßtätigkeit aufscheuchte. Genau darauf hatte der Trompetenfisch gewartet. Schnell glitt er von seinem Pferd herab und schnappte sich einen der Kleinen. Noch schluckend nahm er seine Reitstellung wieder ein.

Der Trompetenfisch ist ein Räuber, den alle kleinen Fische fürchten. Läßt er sich sehen, dann flüchtet alles. Er lauert daher meist ruhig in Korallenstöcken oder an den Pfählen einer Mole. Von Zeit zu Zeit muß er aber sein Versteck wechseln, denn bald wissen die Kleinfische, wer hinter dieser Deckung lauert. Will er

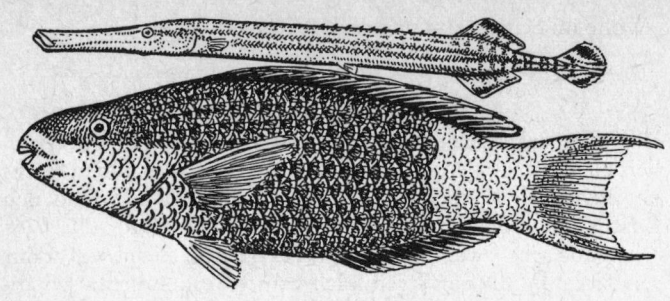

Auf einem Papageifisch reitender Trompetenfisch.

nun beim Ortswechsel jagen, benützt er Friedfische zur Tarnung. Kommt ein Papageifisch oder ein anderer großer Friedfisch vorbei, so legt er sich der Länge nach über dessen Rücken und schwimmt mit. Frißt nun der Papageifisch, dann kommen von allen Seiten kleine Fische herbei, um abfallende Brocken oder aufgescheuchte kleine Beutetiere zu schnappen. Den gefürchteten Trompetenfisch nehmen sie nicht wahr, und so werden sie dessen leichte Beute.

Bis zu einem gewissen Grade können sich die Trompetenfische in ihrer Farbe an ihr Roß anpassen. Wir sahen auf dunklen Kaninchenfischen dunkle Trompetenfische reiten, auf gelben dagegen gelbe. Bei der Kokos-Insel (Costa Rica) beobachtete ich einen gelben Trompetenfisch, der sich in einem Schwarm ebenso gelber Seebader tarnte.

Ich kenne sonst nur noch einen Raubfisch, der andere als Tarnung benützt. In unserem Institut hielten wir einen Säbelzahnschleimfisch der Gattung *Runula* mit vielen anderen Fischen in einem großen Aquarium. Bald hatten diese Fische den kleinen Räuber erkannt, und er kam deshalb immer schwerer zum Biß. Da erfand er eine Reihe von Listen, die Wickler kürzlich in der Zeitschrift für Tierpsychologie beschrieb. Zuerst beschlich er seine Opfer, indem er wie eine Schlange ganz flach über dem Boden auf die weidenden Schmetterlingsfische zukroch. Wurde er entdeckt, dann schwamm er sogleich frei schlängelnd im Wasser, den Rücken dem Schmetterlingsfisch zugewandt, und stellte sich ganz harmlos. Manchmal schlich er sich auch knapp unter dem Wasserspiegel an seine Opfer heran und überfiel sie von oben.

Als das schwieriger wurde, stellte er sich bei der Fütterung in die Wolke des hineingeworfenen Futters. Dort lauerte er auf die Fische, die zum Fressen herbeikamen und den Räuber dabei übersahen.

Schließlich lernte er einen großen Anemonenfisch der Gattung *Premnas*, der ohne Anemone im Aquarium lebte und den er aus irgendeinem Grunde nie biß, als Tarnung zu gebrauchen. Neben oder unter ihm schwimmend, näherte er sich den ahnungslosen Fischen, fast nach der Art des Trompetenfisches. Bemerkenswert war die Schläue, mit welcher der Säbelzahnschleimfisch all diese verschiedenen Jagdmethoden erfand. Bei den Malediven beobachtete ich einen Säbelzahnschleimfisch (*Runula*), der in der Nähe einer Putzstation auf Opfer lauerte, die er immer dann angriff, wenn sie gerade geputzt wurden und daher abgelenkt waren.

1970 beobachtete ich am großen Barriere Riff (Australien) Säbelzahnschleimfische (Runula) die sich in Lippfischschwärmen aufhielten. Sie sahen diesen sehr ähnlich und kamen als Lippfische getarnt an andere Fische heran, die sie dann aus nächster Nähe überfielen. Fast in jedem Lippfischschwarm sah ich einen oder zwei dieser Räuber.

Zwischen Jägern und Gejagten ist in einem Korallenriff ein ständiger Wettlauf im Gange. Durch immer neue Anpassungen im Körperbau und im Verhalten trachtet sich der Verfolgte dem Zugriff zu entziehen und fordert dadurch wiederum neue Anpassungen des Jägers heraus. So hat die natürliche Auslese ganz erstaunliche Beutefangtechniken herangezüchtet. Viele Raubfische verlegten sich aufs Lauern. Irgendwo unter einem Stein verborgen oder sichtgetarnt auf dem Sande liegend, warten sie darauf, daß ein Beutefisch in die Nähe kommt. Dann reißen sie ihr Maul auf und erzeugen zugleich durch Erweiterung ihres Rachens einen kräftigen Sog, der die Beute ins Maul reißt.

Einige von diesen Lauerern, die sogenannten Anglerfische, ködern ihre Beute. Regungslos sitzen die gut sichtgetarnten Tiere auf dem Grund oder zwischen den Tangen. Nur der erste Strahl der Rückenflosse, der weit auf die Stirn gerückt ist, bewegt sich auffällig hin und her und schwenkt den an seinem Ende befindlichen Köder, ein von Art zu Art verschieden geformtes Hautgebilde. Kleine Fische werden durch den vermeintlichen Wurm angelockt. Sind sie mit ihrem Kopf nahe genug herangekommen, reißt der Angler seine Angel zurück, öffnet das Maul und saugt seine Opfer ein. Er schnappt seine Beute nur, wenn sie mit dem Kopf zu seinem Maule steht, und er schätzt auch die Größe der Beute genau ab. Manche Fische schützen sich, indem sie durch besonders hohe Flossen einen größeren Körper vortäuschen.

Zu den Anglern gehören auch viele Tiefseefische. Sie haben das Angeln wohl unabhängig voneinander erfunden, da ihre Angeln, die sämtlich einen leuchtenden Köder tragen, einmal am Oberkopf, ein anderes Mal am Unterkiefer sitzen. Ein Tiefseeangler, den die dänische Galathea-Expedition ans Tageslicht brachte, läßt den Leuchtköder vom Dach des weit aufgerissenen Maules herabbaumeln. Die Beute wird ihm wohl direkt ins Maul spazieren. Der Fisch heißt *Galatheathauma axeli*; man fischte ihn aus 3590 Meter Tiefe vor der westamerikanischen Küste.

Wie so oft, sind solche »Erfindungen« nicht auf eine Tiergruppe beschränkt. Es angeln auch andere Tiere. Die im Südosten der USA lebende Geierschildkröte beispielsweise liegt ruhig mit geöffnetem Maul auf dem Grund ihres Wohngewässers und gleicht so einem veralgten Stein. Nur ihre rötliche, wurmförmige Zungenspitze ist in Bewegung, und die Fische fallen darauf herein.

Die meisten Riff-Fische beschleichen ihre Beute oder lauern ihr auf. Nur selten sieht man, daß ein Zackenbarsch oder ein

Anglerfisch: Der erste Rückenflossenstrahl ist zur Angel mit Köder umgewandelt.

Hai richtig jagt. Um dabei erfolgreich zu sein, muß er einen Riff-Fisch durch plötzlichen Angriff überraschen und ihm den Weg zu den schützenden Korallen abschneiden. Einmal sah ich z. B., wie Grauhaie einen Riffabhang der Malediven heraufgeschossen kamen. Sie schoben sich durch diesen überraschenden Angriff zwischen die Beutefische und das Riff und fingen einige der Abgesprengten. Im allgemeinen erwischt ein Barsch oder Hai, der über einem Riff dahinschwimmt, kaum einen der dort beheimateten Fische, die ja mühelos zu den Korallen hinabtauchen können. Gleitet ein Hai ruhig über das Riff, zeigen die Riff-Fische auch keinerlei Anzeichen von Furcht; nur die allernächsten tauchen zu den Korallen hinunter. Erst wenn er sein Tempo beschleunigt, nehmen sie Reißaus.

Auch bei den Fischen des freien Wassers können wir Lauerer und Jäger unterscheiden. Zu den lauernden Raubfischen gehören z. B. die großen Pfeilhechte und die Hornhechte, die regungslos knapp unter der Wasseroberfläche auf unachtsame Fische harren. Zahlreich sind die einzeln oder im Trupp jagenden Raubfische. Fängt man einen kleinen Riffbarsch, Lippfisch oder irgendeinen anderen Riffbewohner und läßt ihn vom Boot aus wieder frei, so daß er mehrere Meter tief zum schützenden Riff hinuntertauchen muß, dann schafft er das selten. Meist wird er unterwegs von einer Stachelmakrele oder einem Zackenbarsch gefressen. Ein einzelner Fisch wird im freien Wasser sehr leicht von einem Raubfisch eingeholt, fixiert und geschnappt. Aber einzeln schwimmen auch solche Fische nie ins freie Wasser hinaus. Sie schließen sich vielmehr zu Schwärmen zusammen, und da ist die Lage ganz anders. Aus dem Fischschwarm läßt sich die Beute nicht so ohne weiteres herausfangen. Das leuchtet zunächst nicht ein, man meint eher, wo viele sind, da braucht man doch nur ins volle zu stoßen, und schon hat man reiche Beute. Wer so denkt, übersieht jedoch, daß kein Raubfisch blindlings zustoßen kann. Er muß seine Beute vielmehr fixieren und ganz nahe herankommen, um sie dann, meist durch Saugschnappen, bei einigen langschnäbligen Hechten auch durch eine schnelle Seitwärtsbewegung des Kopfes, einzufangen. Dieses für den Beutefang unerläßliche Fixieren des Opfers wird dem Raubfisch durch den Schwarmverband erschwert. Kaum hat er einen einzelnen aufs Korn genommen, ist dieser schon wieder hinter anderen verschwunden. Der Raubfisch muß sich neu einstellen. Die vielen ständig durcheinander wirbelnden Zielpunkte erschweren das Zielen.

Der Konfusionseffekt wird dadurch verstärkt, daß die Schwarmfische sich bei Gefahr eng zusammenschließen, wobei die einzelnen oft auf und nieder wogen. Wer einmal versucht hat, einen bestimmten Fisch aus einem Schwarm zu schießen, weiß, wie schwer das ist.

Das Bestreben vieler Raubfische geht deshalb darauf aus, einzelne Fische vom Schwarm zu isolieren. Nie werde ich vergessen, wie ich das zum erstenmal sah. Wir tauchten damals gerade an einem Tankerwrack im Addu-Atoll. Über dem Wrack fischte ein großer Schwarm von silbrigen, etwa heringgroßen Füsilieren. Auf einmal tauchte ein Trupp von vielleicht 20 flinken, nicht ganz einen Meter langen Stachelmakrelen auf. Einige der Makrelen schoben sich unter den Schwarm, ihm den Weg zum schützenden Wrack abschneidend. Andere umkreisten ihn in ständig enger werdenden Ringen und drängten so den Fischschwarm dichter und dichter zusammen, zugleich auch immer weiter gegen die Wasseroberfläche. Es war eine unheimliche Mühle. An den fahrigen Bewegungen der Füsiliere sah man deutlich, wie sie zunehmend nervöser wurden. Zuletzt gegen die Wasseroberfläche gedrängt, versuchte da und dort einer in panischer Flucht aus der Todesmühle auszubrechen. Darauf hatten die Stachelmakrelen gewartet. Mühelos fingen sie jeden, der den Schutz des Schwarmes verließ. Es war geradezu dramatisch zu sehen, wie abgesprengte Füsiliere, nachdem sie wenige Meter ins freie Wasser ausgebrochen waren, sogleich wieder umdrehten und, meist vergeblich, zu dem eingekreisten Schwarm zurückstrebten.

Eine etwas andere Methode beobachtete ich 1960 vor den Guy-Fawkes-Klippen der Galapagos-Inseln, wo ich schon sechs Jahre vorher einige schöne Tauchstunden verbracht hatte. Ein großer Schwarm von Füsilieren *(Xenocys jessiae)* zog die Steilwand auf und ab und fischte Plankton. Zwischen ihnen und der Wand standen zwei große Zackenbarsche *(Mycteroperca olfax)*. Langsam, fast regungslos, schoben sie sich näher an den Schwarm heran, bis sie praktisch von den Fischen umflutet waren. Diese hielten zuerst Abstand und bildeten eine Art Vakuole um die Räuber. Aber langsam gewöhnten sie sich an deren Anwesenheit. Sie schwammen näher, und so geschah es, daß der eine oder andere Schwarmfisch zu nahe am Maul des Zackenbarsches vorbeikam. Der schnappte dann zu, schluckte, und nur ein paar langsam zu Boden rieselnde Silberschuppen verrieten etwas von dem Drama. Wenn ein Zackenbarsch schnappte, dann durchzuckte es den Schwarm wie ein elektrischer Schlag. Für kurze Zeit schwammen die Füsiliere daraufhin in enger Schwarmformation. Aber bald löste sich die Spannung, und der Vorgang wiederholte sich von neuem. Allerdings waren die Zackenbarsche nicht bei jedem Angriff erfolgreich; sie mußten viel Zeit und Mühe aufwenden.

Im Schwarm ist das Individuum zweifellos sicherer, als wenn es einzeln durch das freie Wasser zieht. Zum Konfusionseffekt kommt unter anderem noch, daß mehr Augen mehr sehen und eine Gefahr dadurch schneller wahrgenommen wird. Im übrigen ist ein solcher Schwarm ein völlig anonymer Verband; die Tiere kennen sich keineswegs persönlich. Sie werden nur dadurch zusammengeführt, daß jedes das Bestreben zeigt, sich einem Artgenossen anzuschließen und mitzuschwimmen, wobei der einzelne immer der Mehrheit oder dem schneller Schwimmenden folgt. Spezifische Auslöser (Flecken, Punkte, Spiegel und dergleichen) sichern den Zusammenhalt gleichartiger Tiere.

Die Eroberung des freien Wassers als Lebensraum ging mit Schwarmbildung sicher Hand in Hand. Fische, die Feinde haben, können im freien Wasser kaum überleben. Nur wenige Spezialisten machen da eine Ausnahme. So trifft man fliegende

Die Entwicklung der Spindelform bei im Schwarm schwimmenden Freiwasser-Fischen. Oben: Lutianus kasmira; Mitte: Lutianus biguttatus; unten: Caesio caerulaureus.

Fische oft auch einzeln oder in nur kleinen Trupps. Sie haben sich darauf spezialisiert, bei Gefahr aus dem Wasser zu springen und oft mehrere 100 Meter weit davonzusegeln. Dadurch machen sie es dem Raubfisch unmöglich, sie längere Zeit zu verfolgen. Außer solchen Spezialisten hat nur der Schwarmfisch im deckungslosen Milieu eine Chance.

Schon jene Fische, die zwar stets am Riff bleiben, aber dabei größere Strecken über unbekanntes Gelände wandern, tun dies sehr oft im Schwarmverband. Da nicht jeder um eine Zuflucht weiß, sind sie so sicherer. So verhalten sich z. B. viele Schnapper, wie der vagabundierende *Lutianus kasmira* und der *Lutianus biguttatus*. Diese Fische sind dann auch schlanker gebaut als ihre hochrückigen ortstreuen Verwandten. Von solchen Formen dürften sich schließlich die den Schnappern nahestehenden Füsiliere ableiten, die im Schwarm das freie Wasser eroberten und sich in weiterer Anpassung an diesen Lebensraum der Spindelform der Heringe annäherten. Ihr Farbkleid wurde zugleich unbunt silbrig.

Die Fischschwärme finden eine Parallele in manchen Vogelschwärmen. Der Raubvogel, der einen Star oder eine Ente aus einem Schwarm erbeuten will, hat die gleichen Zielschwierigkeiten wie ein Raubfisch beim Fischen aus dem Schwarm. Auch er bemüht sich daher, einen Vogel durch Scheinangriffe abzusondern, ehe er ihn schlägt.

So ranken sich Räuber und Beutetier in ihren Anpassungen aneinander empor in einem Wettlauf, der immer neue überraschende Lösungen zeitigt.

Wir füttern Haie

Vor immer neuen Riffen ankernd, folgen wir langsam der Kette der Malediven-Atolle nach Norden. Suadiva, Ari, Rasdu, Male, Fadiffolu, Miladummadulu – immer weiter wurden die Atollringe, in deren ausgedehnter Lagune nun Korallenpilze und Kleinatolle emporwuchsen. Bald dauerte es Stunden, bis wir an einem solchen Großatoll vorbeigesegelt waren. Eine winzige Insel reihte sich an die andere, verträumt und unbewohnt.

Neue Meeresabgründe taten sich auf, reicher zeigte sich das Fischleben, und gewaltiger wurden die steil abfallenden Riffwände mit ihren dunklen Klüften. Im Ari-Atoll haben wir es erlebt, daß uns Schwärme von Wimpelfischen und Füsilieren so dicht umgaben, daß uns jeder Ausblick genommen war. Furchtlos und neugierig umkreisten sie uns, die Eindringlinge aus einer anderen Welt. An den Außenabhängen dieser Riffe ging es oft steil hinab in ein uferloses Blau. Wolken blauer Drückerfische und Rötlinge standen über den Wänden, schreckhaft zwischen den üppigen Korallen und in den Spalten der Wände Schutz suchend, wenn wir eine raschere Bewegung machten. In 40 Meter Tiefe erfüllte ein gedämpftes blaues Licht die Meereslandschaft. Die Abgründe erschienen nicht mehr dunkelblau, sondern nächtlich schwarz. Großaugenbarsche, Husarenfische, Kardinalfische und andere das Dunkel liebende Fische, die sonst den Tag in Höhlen verbringen, sah man hier auch frei umherschwimmen.

Je weiter wir nach Norden kamen, desto zahlreicher wurden die Haie. Die erste Überraschung erlebten wir im Ari-Atoll, wo wir an einem unterseeischen Riffrücken an der Ostseite tauchten. Die etwa 8 Meter tief liegende Oberseite des Riffes war von einer starken Strömung wie leergefegt. Nur niedrige Korallentrümmer lagen umher. Der Abfall an der Außenseite verlor sich grundlos, und nur einige schwarze, verzweigte Korallenstöcke zierten ihn. Vor uns in diesem tiefblauen Wasser aber patrouillierten einige Grauhaie *(Carcharhinus menisorrah)* auf und ab. Jedes der Tiere war gut 2,5 bis 3 Meter lang. Zuerst waren es drei, dann kamen aber noch weitere heran. Neugierig betrachteten sie uns mit ihren lebendigen, kalten Augen, deren Beweglichkeit in einem seltsamen Gegensatz zu dem starren, maskenartigen Gesicht steht. Es war unheimlich, wie eindringlich diese wachen Augen uns festhielten und musterten.

Zwölf Grauhaie zählten wir zuletzt, dazu vier große Schwarzflossenhaie und eine Anzahl kleinerer Weißspitzenhaie. Die großen kamen in ständig enger werdenden Kreisen immer näher an uns heran, schließlich bis auf 2 Meter, und drehten erst ab, als wir sie durch eine Bewegung mit dem Stock erschreckten. So viele Haie auf einem Fleck hatten wir nur einmal vor der Schatzinsel Kokos im Pazifik gesehen. Aber das alles war erst der Auftakt, wir sollten die Haie bald noch näher kennenlernen.

Im Goha-Faro fanden wir am östlichen Außenriff das Wrack eines vor etwa 60 Jahren aufgelaufenen Dampfers. Bei Niedrigwasser ragte noch ein Teil der alten Maschine heraus, das Heck jedoch lag in größerer Tiefe. An einem ruhigen, sonnigen Tag schauten wir uns das Wrack an. Das auf der seichten Riffplatte liegende Vorderschiff war bereits durch den Wellenschlag völlig zertrümmert. Das Heck hing in etwa 30 Meter Tiefe über den Riffabhang, und hier, im stillen Wasser waren auch noch einige Schiffsräume erhalten geblieben. Wir waren in bester Laune. Die Besichtigung eines Wracks gehört ja mit zu den aufregenden Unternehmungen. Man schwimmt durch Räume, in denen einst Menschen lebten, durch Wandelgänge und über schief liegende Decken, neugierig und voll gespannter Erwartung. Und es gibt auch mancherlei zu entdecken, ganz abgesehen von dem seltsamen Reiz, der darin liegt, schwerelos durch Räume zu gleiten, die man sonst nur als bodenverhaftete Erdbewohner zu betreten gewohnt ist.

An den Decken der alten Schiffsräume fanden wir oft wunderschöne Muscheln mit zierlichen Fortsätzen. Dieses Wrack hier war über und über mit prachtvollen Zackenaustern bewachsen, auf denen sich dekorative Korallen festgesetzt hatten. Und es wimmelte von Fischen. Im Wrack selbst schlief ein harmloser Ammenhai. Als Hass ihn mit dem Haifischstock stupste, schwamm er eilig davon.

Wir durchstöberten das ganze Wrack. Da wir dort nichts Neues fanden, stiegen wir auch noch den Steilhang unter dem Wrack weiter ins Tiefe ab. Wir hatten uns mittlerweile so gut an die Tauchgeräte gewöhnt, daß wir uns wirklich schon als Fische unter Fischen fühlten.

So paddelten wir vergnügt ins Tiefe. Dabei begegneten wir einem großen Rochen, der langsam am Riffabhang entlang schwamm. Als er uns sah, verschwand er in einer Höhle. Hass, der ihn gerne filmen wollte, bedeutete mir, ich solle ihn herausjagen. So kroch ich zu dem Kerl hinein. Da er nicht wollte, sondern im Kreis über dem Höhlenboden schwamm, stupste ich ihn einmal kräftig mit meinem Stock, und da hatte er es so eilig, daß er zuerst mich und dann noch einen Korallenblock überrannte. Das Poltern lockte zwei große Grauhaie an.

Mit der ihnen eigenen Neugier folgten sie uns in gemessenem Abstand, als wir höher tauchten. Da überkam mich plötzlich die Lust, Haie einmal richtig in Aktion zu sehen. Ein großer, schöner Zackenbarsch kam mir in die Quere, und den harpunierte ich.

Ein Blick sagte mir, daß Hass meine Absichten verstanden

Grauhai (Carcharhinus menisorrah), am Riffabhang nach dem Köder suchend (Malediven).

hatte. Er übernahm die Rückendeckung, während ich den Fisch tötete und von der Harpune schnitt. Ich stopfte den blutenden Köder in ein Korallenloch; dann setzten wir uns auf den Riffabhang in der Nähe und sahen zu. Zu den beiden Haien hatte sich ein dritter gesellt, und dieses Trio schnüffelte nun mit der Schnauze wie Hunde auf einer Fährte knapp über dem Riff dahin. Bald hatte einer von ihnen den Fisch gefunden und packte ihn. Während er mit dem Bissen davonsauste, schüttelte er kräftig den Kopf und sägte so in Sekundenschnelle den Barsch entzwei. Dieses Sägen erregte die anderen in höchstem Grade. Sie folgten dem Davoneilenden und schnappten nach dessen Flossen. Schnell schoß ich einen zweiten Fisch und legte ihn etwa 2 Meter vor mir auf das Riff. Diesmal mühten sich schon fünf große Grauhaie und drei kleine Weißspitzen um den Köder. Noch während ich den Fisch von der Harpune löste, versuchten sie an ihn zu kommen, und ich mußte sie mit meinem Stock abweisen. Sie umkreisten uns erregt, und während sie über uns hinwegschwammen, schüttelten sie die Köpfe, als zersäbelten sie bereits ihre Beute im Geiste. Und kaum sägte einer wirklich am Köder, da durchzuckte es die anderen wieder wie ein Blitz, und sie schnappten wahllos nach allem, was sich links und rechts bewegte. Das wiederholte sich auch bei den folgenden Versuchen. Wir lernten, daß dies einer der besonders gefährlichen Augenblicke war, in dem sie auch uns angreifen würden, wenn wir nicht stillhielten. Unsere Haistöcke haben sich damals besonders bewährt.

Saßen wir ruhig, dann nahmen die Haie von uns kaum Notiz; der Köder lenkte sie ab. Nur zu mir verirrte sich manchmal einer, weil vom Zerlegen der Fische an meinen Händen frisches Blut und Fischschleim hafteten.

Einmal zersägte einer einen Bissen, während er über mich hinwegschwamm. Ich folgte mit meinen Blicken dem Davonschwimmenden, als eine heftige Bewegung über mir mich hochschauen ließ. Da sah ich gerade noch, daß ein anderer Hai über meinem Kopf die abgesägte Fischhälfte aufschnappte, die beinahe auf mich herabgesunken war. Das ernüchterte mich für diesen Tag, und wir brachen unsere Versuche zunächst einmal ab.

An Bord aber unterhielten wir uns lange über diese gelungene Fütterung. Das war endlich einmal eine Gelegenheit, das Haiabwehrmittel Kupferacetat zu erproben, über dessen Wirksamkeit die Ansichten auseinandergingen. Nach einigem Hin und

Her beschlossen wir, an den folgenden Tagen die Versuche zu wagen.

Haie gelten im allgemeinen als die Tiger der Meere. Die erste Frage an einen Taucher lautet deshalb meist: »Und was machen Sie, wenn ein Hai kommt?«

Die Frage ist gar nicht so einfach zu beantworten; denn es gibt mehr als 200 Haiarten, deren verschiedene Lebensweisen wir keineswegs kennen. Die meisten von ihnen sind wohl harmlos. Das gilt unter anderem auch für die Giganten dieses Geschlechtes, wie die bis zu 14 Meter langen Riesenhaie, die sich von aus dem Wasser gefilterten Kleinlebewesen ernähren. Ebenso harmlos sind die gewaltigen Walhaie. Sicher gefährlich sind dagegen Tigerhai, weißer Hai, Makohai, Blauhai, Hammerhai und noch einige weitere Arten aus der Gruppe der Menschenhaie, zu der auch die von uns hier beobachteten Grauhaie und Schwarzflossenhaie gehören.

Bis zum Zweiten Weltkrieg hat man sich nur wenig um die Haie gekümmert. Außer vereinzelten Schwimmern oder den seltenen Opfern von Schiffskatastrophen kam ja kaum jemand in Berührung mit diesen Räubern. Mit der Zunahme der Schiffs- und Flugzeugkatastrophen im Zweiten Weltkrieg, ferner auch des Badetourismus und des Tauchsports wurden die Haie zu einem Problem, mit dem man sich auseinandersetzen mußte. Als z. B. die »Nova Scotia« vor Südafrika torpediert wurde, fand man am anderen Morgen die beinamputierten Körper der Seeleute in den Rettungsgürteln. Sie waren von Haien getötet worden. Allein 1959 wurden 39 Menschen von Haien angegriffen, von denen 14 starben.

Das Problem der Haiabwehr beschäftigt die Behörden immer mehr. Wann greift ein Hai an? Welche Sinne leiten ihn dabei, und wie wehrt man ihn am besten ab?

Die Beobachtungen zeigen, daß Haie zunächst einmal Erschütterungen ausgezeichnet wahrnehmen. Wenn wir einen Fisch harpunierten, rief das Zappeln des Opfers mit Sicherheit einen Hai herbei. Wenn wir vom Boot aus ins Wasser sprangen oder den Anker auswarfen, waren Haie gleich zur Stelle, schwammen neugierig einen Bogen und verschwanden zumeist wieder. Erschütterungen werden mit dem Seitenliniensystem wahrgenommen, einem in die Haut des Hais eingebetteten Kanalsystem, das sich am Kopf verzweigt und über die Seiten des Fisches bis zur Schwanzwurzel hinzieht. Die mit Flüssigkeit gefüllten Kanäle sind durch kleinste Kanäle mit der Körperoberfläche verbunden, so daß Erschütterungen des Außenwassers auf die Flüssigkeit der Kanäle des Seitenliniensystems übertragen werden. Sinneszellen am Grunde der Seitenlinienkanäle mit haarartigen Fortsätzen nehmen diese Erschütterungen wahr und melden sie über Nervenfasern dem Zentralnervensystem.

Die meisten Haie sehen überdies gut. Da Zapfen in der Netzhaut fehlen, sind sie zwar farbenblind, aber Bewegungen und Hell- und Dunkel-Kontraste sehen sie vorzüglich. Eine hinter der Retina liegende lichtreflektierende Schicht ermöglicht es ihnen, auch in der Dämmerung und in der Tiefe das schwache Licht zu nutzen. Sind Haie erregt, dann kann eine Arm- oder Flossenbewegung des Tauchers einen Angriff auslösen.

Sehr empfindlich ist ihr Geruchssinn. Einmal harpunierte ich einen kleinen Fisch, streifte ihn aber nur. Mit dieser geringfügig blutenden Verletzung zog er sich in ein Wrack zurück. Eine Minute später kam ein schlanker Weißspitzenhai und folgte genau der Duftspur des verletzten Fisches bis ins Wrack hinein.

Nimmt ein Hai Blut wahr, dann sind seine Reaktionen völlig verändert. Er sucht unruhig umher, und auch Bewegungen, die er vordem nicht beachtete, lösen mitunter heftige Angriffe aus. Sitz des Geruchssinns sind zwei Riechgruben auf der Unterseite der Schnauze. Beim Hammerhai liegen sie weit voneinander am Ende der hammerartigen Verbreiterung des Schädels.

Wann greift nun ein Hai an? Kann man seine Angriffsstimmung vorher erkennen? Cousteau und Dumas verneinen das. Sie meinen, man könne bei einem Hai nie vorhersagen, was er im nächsten Augenblick tun werde. Das trifft jedoch nicht immer zu. Nach unseren Beobachtungen schütteln angriffslustige Haie im Vorbeischwimmen den Kopf: eine Bewegung, die uns schon lange bekannt war, die wir aber nicht zu deuten wußten, bis wir die gleiche Bewegung oft genug bei Haien sahen, die gerade einen Brocken entzweisägten. Das geschah mit der formal gleichen Bewegung. Der angriffslustige Hai schüttelt den Kopf in vorweggenommener Sägeintention, so wie unsereins vor dem Schaufenster einer Konditorei zu schlukken beginnt. Die Angriffe selbst erfolgen selten unvermittelt, es sei denn, der Hai ist bereits durch Blut hochgradig erregt. Dafür gibt es eine ganze Reihe von Beispielen. Der im Zentralpazifik abgeschossene Leutnant A. Reading trieb 16 Stunden neben seinem Funker in haiverseuchten Gewässern. Seinen dramatischen Bericht entnehme ich einer Arbeit von Llano:

»Nachdem ich zu mir gekommen war, erzählte mir A., daß das Flugzeug innerhalb von 2 Minuten gesunken sei und er daher keine Zeit gehabt habe, das Rettungsboot zu bergen. Er benützte unsere beiden Farbmarkierungen und hatte den Fallschirm neben sich. Er hatte nur kurze Hosen an...Bald verloren wir den Fallschirm und trieben aus der farbmarkierten Zone. Bereits nach kurzer Zeit (etwa einer halben Stunde) schwammen Haie um uns herum. A. und ich waren mit einer Schnur zusammengebunden, und das erschwerte das Vorankommen. Nach einer Stunde hörten wir ein Flugzeug, und ich sagte zu A.: ›Laß uns umherschlagen und spritzen, damit wir Aufmerksamkeit erregen!‹ Es blieb aber ohne Erfolg. Plötzlich sagte A., er habe gespürt, wie etwas gegen sein rechtes Bein gestoßen sei, und es schmerze. Ich sagte ihm, er solle auf meinen Rücken klettern und sein rechtes Bein aus dem Wasser halten; aber bevor er das tun konnte, hatten die Haie wieder angegriffen, und wir wurden für eine Sekunde unter Wasser gedrückt. Ich wußte, daß die Stunde geschlagen hatte; denn fünf Haie umgaben uns, und das Wasser war von Blut gerötet. Er zeigte mir sein Bein; die Bisse bedeckten nicht nur seinen ganzen rechten Fuß, sondern auch die linke Hüfte war arg zugerichtet. Er empfand aber keinen sonderlichen Schmerz, nur ich fühlte, wie sein Körper jedesmal, wenn ihn die Haie trafen, zusammenzuckte. Ich packte schließlich mein Fernglas und hieb damit nach den vorbeischwimmenden Haien. Innerhalb von Sekunden griffen sie neuerlich an. Wir wurden wieder untergetaucht, und diesmal wurde ich von A. getrennt. Ich bekam einen Schlag über mein rechtes Wangenbein von der Schwanzflosse eines vorbeischwimmenden Haies. Von diesem Augenblick an sah ich, wie A. von den Haien herumgestoßen wurde. Sein Kopf war unter Wasser, und sein Körper ruckte, wenn ihn die Haie trafen. Als ich abtrieb, schwammen noch immer Haie um mich herum; ich fühlte hin und wieder einen mit meinen Füßen. Um Mitternacht sah ich das Patrouilleboot und wurde gerettet, nachdem ich um Hilfe gerufen hatte.«

Dieser Bericht ist in mancher Hinsicht typisch. Viele Schiffbrüchige berichten, daß die Haie sich erst nach längerem Zögern zum Angriff entschließen, wenngleich es auch Ausnahmen von dieser Regel gibt. Ferner sind bekleidete Menschen besser geschützt als unbekleidete. Hat ein Hai einmal ein Opfer erkoren, dann bleibt er im allgemeinen dabei. Coppleson hat in einem Buch über Haiangriffe eine Reihe von Beispielen gesammelt. Kurz vor Weihnachten des Jahres 1948 wurde der dreizehnjährige Tony Latona im Rettungsgürtel an die Küste Kubas gespült, nachdem er 40 Stunden im Meer getrieben hatte. Er hatte mit seinem vierzehnjährigen Freund Bent Jeppsen auf dem dänischen Schiff »Grete Maersk« gespielt, als Jeppsen über Bord fiel. Um ihn zu retten, warf der andere Junge einen Rettungsgürtel über Bord und sprang selbst nach. Niemand an Bord bemerkte etwas von dem Unfall. So trieben die beiden etwa 2 Stunden im Meer, bis Haie herankamen. Ein Hai biß Jeppsen in den linken Fuß; der Junge schrie auf. Die weitere Erzählung Latonas ist bei Coppleson wörtlich wiedergegeben:

»Wir stießen und stießen mit den Beinen und trieben die Haie weg. Ich sagte Jeppsen, daß das Blut im Wasser die Haie verrückt machen würde, und riet ihm, die Hose auszuziehen und um den verwundeten Fuß zu binden, um die Blutung zu stillen. Wir sahen keine Haie, aber sie mußten sich in der Nähe aufgehalten haben, denn als Jeppsen die Hose nach einer Stunde verlor, waren die Haie ein paar Minuten später da. Wir vertrieben sie, aber sie kamen alle 15 Minuten wieder. Jeppsen verlor Blut und wurde schwächer. Dann biß ihn ein Hai noch einmal in denselben Fuß. Er sagte, daß es ihn schmerze. Die Haie kamen nun öfter zurück, immer weniger auf unsere Abwehr achtend. Bald traf einer Jeppsen unter dem Arm. Er schrie auf, als er verletzt wurde. Ein anderer Hai zerfetzte sein Bein. Jeppsen schrie auf und ging unter.

Beim Untergehen rief er: ›Mein Fuß!‹ Kämpfend und schreiend kam er nochmals hoch. Das war das letzte, was ich von ihm sah. Ich sah Blut im Wasser. Ich setzte mich in den Rettungsring und paddelte mit meinen Händen, bis ich dazu zu müde wurde...«

Nur selten haben sich von Haien Angegriffene selbst retten können. Einige berühmte Fälle sind von Coppleson erwähnt, so jener des eingeborenen australischen Perltauchers, der von einem Hai zuerst am Kopf und dann im Nacken gepackt wurde. Als er fühlte, wie sich die Kiefer um seinen Hals schlossen, drückte er dem Hai mit beiden Fäusten so lange fest die Augen ein, bis dieser ihn losließ. Dann schwamm er trotz seiner fürchterlichen Wunden zum Boot und wurde gerettet.

Die Sterblichkeit ist bei von Haien Verletzten im allgemeinen sehr hoch. Die Säge der scharfen, spitzen Zähne reißt fürchterliche Wunden.

Hat ein Hai einmal einen Badenden gefressen, dann kann ihm das zur Gewohnheit werden, ähnlich wie wir das auch von Großkatzen kennen. Gefährlich sind Haie auch in Gebieten, wo sie normalerweise große Säugetiere wie Robben jagen.

Was kann man nun tun, wenn man angegriffen wird? In der Karibischen See hat Hass entdeckt, daß ein unter Wasser ausgestoßener lauter Schrei einen angreifenden Hai verjagt. Darauf kam er ganz zufällig, nachdem er mit Jörg Böhler an der Nordküste von Curaçao einen Zackenbarsch harpuniert hatte.

»Wir schwammen hoch«, schreibt er, »und hatten die Oberfläche noch nicht erreicht, als sich plötzlich etwas ganz und gar Ungewöhnliches zutrug. Drei Haie tauchten in der Ferne auf und kamen direkt auf uns los, so unglaublich schnell, daß wir ihre wildpeitschenden Schwänze nicht sehen, aber dafür deutlich hören konnten. Der Anblick dieser anstürmenden Kolosse war so schreckenerregend, daß wir keiner Bewegung fähig waren. Einer von uns stieß einen gellenden Schrei ins Wasser aus. Und dieser Schrei hatte eine erstaunliche Wirkung! Wie von einem Zauberwort zurückgeschlagen, riß es alle drei Haie knapp vor uns wieder herum, und sie jagten davon, ebenso schnell, wie sie gekommen waren. Einer allerdings, ein gut drei Meter langer, längsgestreifter Bursche, machte wieder kehrt und stürmte abermals auf uns zu. Aber diesmal schrien wir bereits zu dritt im Chor, und das hat ihn endgültig in die Flucht geschlagen.«

Diese Methode hat unter anderen drei deutschen Seeleuten, die 1943 vor der Westküste Afrikas trieben, das Leben gerettet. Allerdings reagieren nicht alle Haie mit Flucht. Als Hass später im Mittelmeer angreifende Haie durch Schreie verscheuchen wollte, mußte er zu seiner Überraschung feststellen, daß dies hier nicht half. Die Tiere waren durch die dort übliche Dynamitfischerei absolut unempfindlich gegen Geräusche. Im Gegenteil, Lärm lockte sie sogar herbei.

Hass hat ferner betont, daß man sich einem Hai gegenüber so verhalten muß, wie ein Dompteur gegenüber seinen Raubtieren. Man darf nicht davonlaufen bzw. davonschwimmen; denn Flucht löst bei Raubtieren immer Verfolgung aus. Am besten stellt man sich oder schwimmt sogar im Gegenangriff auf den Angreifer zu. Das hilft, denn auch ein Hai hat Feinde und dementsprechend ein ausgeprägtes Fluchtverhalten. Raubfische stellen den kleineren Fischen nach, aber auch die großen sind nicht sicher. Bei den Azoren fanden wir im Magen eines 16 Meter langen Pottwales unter anderem drei unzerteilt verschluckte Haie. Der längste von ihnen maß 3,10 Meter.

Hat ein Taucher überdies einen Stock mit einer Eisenspitze, so kann er sich gut wehren. Der Haistock soll allerdings nicht zu lang sein, sonst kann man ihn nicht schnell genug gegen den Wasserwiderstand bewegen. Auch soll die Eisenspitze glatt, ohne Widerhaken sein; sonst verliert man unter Umständen seine Waffe. So ausgerüstet und mit einer Deckung durch Felsen im Rücken ist der Taucher praktisch sicher. Gefährlich wird es nur, wenn er auftauchen will und erregte Haie um ihn sind, denn dann kann ihn einer von hinten überraschen. Ohne Rückendeckung ist man ziemlich hilflos. Das erlebte ich einmal, als ich bei der Kokos-Insel im Pazifik von fünf großen Hammerhaien angegriffen wurde. Ich hatte gerade das Boot verlassen, da sah ich die Haie unter mir vorbeischwimmen, einschwenken und auf mich loskommen. Zum Glück war ich dem Boot so nahe, daß ich zu ihm flüchten konnte. Hier hätte der Haistock kaum geholfen.

Bei dem empfindlichen Geruchssinn der Haie lag es nahe, an chemische Haiabwehrmittel zu denken. Man versuchte verschiedene und glaubte schließlich, in Kupferacetat ein wirksames Abwehrmittel gefunden zu haben. Mit einem blauen Färbemittel und einer weiteren Chemikalie versetzt, die eine allzu schnelle Auflösung des Kupferacetates verhindert, wird es seit 1945 in Beuteln der Notausrüstung von Fliegern und Seeleuten der USA beigefügt. Sporttaucher, die sich auf diese Mittel verließen, bemerkten jedoch bald, daß sie wenig halfen. So beschreiben Cousteau und Dumas, wie sie vor der afrikanischen Küste von drei zudringlichen Haien belästigt wurden, die ganz unbekümmert durch die Kupferacetatwolken schwammen.

Hier im Goha-Faro hatten wir nun eine einmalige Gelegenheit, eigene Erfahrungen zu sammeln. Nachdem die erste Fütterung so gut geklappt hatte, zogen wir am anderen Morgen gleich wieder los. Wir saßen kaum am Riff, da waren die Haie auch schon da und schwammen sichtlich erwartungsvoll vor uns auf und ab. Ich schoß wieder einen Zackenbarsch und mußte schnell arbeiten, um den Köder von der Harpune zu lösen; sie hätten ihn sonst mit dem Harpunenschaft gefressen. Wir legten den Köder in unserer Nähe auf die Korallen und photographierten die Haie. Das wiederholten wir ein paarmal und beobachteten sie dabei. Was uns zunächst einmal überraschte, war die erstaunliche Wendigkeit der Haie. Hatte einer im Darüberschwimmen den Köder geortet, dann konnte er seinen Körper herumreißen und den Köder packen oder auch die Vorwärtsfahrt abbremsen, indem er die sonst nur als Tragfläche dienenden Brustflossen richtig hochkantete. Auch das Maul war sehr beweglich, und die Kiefer konnten, wie die Aufnahme zeigt, beim Ergreifen der Beute vorgestreckt werden. Erstaunlich leicht beschleunigten sie mit wenigen lässigen Schwanzschlägen ihr Tempo. Hatte ein Hai den Köder gepackt, dann schwamm er eilig ins freie Wasser davon, verfolgt von seinen Gefährten. Die Geschwindigkeit ließ sich schlecht abschätzen, aber 60 bis 80 Stundenkilometer mochten die Tiere schon erreichen. Die bisher gemessene Maximalgeschwindigkeit betrug für einen Makohai 56 Stundenkilometer, doch sollen andere Haie ohne weiteres Kriegsschiffe überholt haben, die mit einer Geschwindigkeit von 40 Knoten (rund 74 Stundenkilometer) fuhren.

Gleich zu Beginn bemerkte ich artbedingte Unterschiede im Verhalten der Haie. Die Grauhaie und die Schwarzflossenhaie waren weniger geschickt, wenn es darum ging, einen Köder aus einer Vertiefung im Riff herauszuholen. Die schlanken Weißspitzenhaie dagegen schlüpften gewandt auch in Spalten und Löcher und holten sich den Köder, selbst wenn man ihn in einer Höhle versteckte. Offenbar suchten sie so auch normalerweise ihre Nahrung, während die anderen mehr über dem Riff und im freien Wasser zu jagen pflegen.

Mit den Haien schwammen einige Begleitfische. Bei einem der uns schon bekannte Schiffshalter, mit einem anderen schwamm ein kleiner Trupp von Lotsenfischen, und zwar meist um die Körpermitte des Haies gruppiert. Diese quergestreiften Fische sollen nach Meinung der Seeleute den Hai zu seiner Beute führen. Das ist ein Irrglaube, der auf einer an sich richtigen Beobachtung beruht. Wir haben es nämlich des öfteren erlebt, daß Lotsenfische ihren Hai vorübergehend verließen und zu uns schwammen. Sie kehrten dann meist gleich wieder zum Hai zurück. Es sah so aus, als wollten sie uns auf die Möglichkeit, sich uns anzuschließen, prüfen, ähnlich wie das der schon erwähnte Schiffshalter bei unserem Ingenieur Hirschel getan hatte. Der Lotsenfisch findet in der Nähe der Raubfische vor allem Schutz. Ob die Haie auch einen Vorteil von ihm haben, weiß man noch nicht.

Grauhai beim Aufnehmen des Köderfisches (Malediven).

Über unserem Haiwrack lebte auch ein Schwarm gut einen Meter langer Regenbogenmakrelen, die sich ebenfalls von Zeit zu Zeit an die Haie heranmachten. Kam einer vorbei, dann schwammen die Fische schnell von hinten an ihn heran und scheuerten sich geschickt an dessen Rücken. Die rauhe Haut der Haie ist ja auch vorzüglich dazu geeignet, lästige Hautparasiten abzustreifen. Wir haben diese Gewohnheit der Regenbogenmakrelen auch in der Karibischen See beobachtet.

Riffbewohnende Fische scheuern sich meist an Steinen, wie das auch unsere Aquarienfische tun. Fische des freien Wassers, wie eben diese Regenbogenmakrelen, haben dazu selten Gelegenheit, und da wagt man sich selbst an den Hai, wenn es gar zu arg juckt.

Das Bedürfnis, sich zu kratzen, scheint bei vielen Fischen recht groß zu sein. Heyerdahl und andere berichten, daß Haie sich an Flößen oder Rettungsbooten scheuern. Von Mantas erzählt man, daß sie sich an ankernden Fischerbooten scheuern, wobei sie mitunter die Ankerkette entlang fahren, sogar den Anker heben, hängenbleiben und dann erschreckt mit dem Boot im Schlepp davonsausen.

Am Nachmittag wiederholten wir die Fütterung nach der bewährten Methode. Die Lage wurde allerdings zuletzt etwas unübersichtlich, weil 14 größere Haie und mehrere kleinere uns umtummelten. Mehrere Male kam mir einer beim Photographieren zu nahe, und ich mußte ihm mit der Kamera auf die Schnauze schlagen.

Die Haie erwarteten uns auch am folgenden Morgen, und wir gingen daher gleich zu den Versuchen über. Dem nächsten Köderfisch steckte ich ein Beutelchen mit Kupferacetat ins Maul. Für einen Augenblick störte das die Haie. Einer schwamm in die blaue Wolke, wich aber sogleich aus, und die anderen machten ebenfalls einen Bogen. Aber dann lockte der Blutgeruch doch zu stark. Der erste kam wieder zurück, schwamm in die Kupferacetatwolke und schnappte vergeblich nach dem Fisch, wobei das Beutelchen Kupferacetat zu Boden fiel. Köder und Haiabwehrmittel lagen nun nebeneinander auf dem Boden. Beim nächsten Angriff packte der Hai den Köder und verschlang ihn, obgleich ihm die konzentrierte Kupferacetatlösung noch aus Maul und Kiemen »rauchte«.

Die weiteren Versuche ergaben das gleiche Bild. Die Haie waren zwar etwas vorsichtiger, aber ihre Gier nach dem blutenden Fisch überwog alles. Das Kupferacetat unterdrückte nicht einmal ihre Neugier, denn sie umschwammen uns auch, wenn wir die Kupferacetatbeutel am Körper trugen. Es ist wohl nur die Scheu vor Neuartigem, die sie kurze Zeit zögern läßt. Das haben neuere Versuche von P. W. Gilbert bestätigt, der Haie in großen Gehegen untersuchte. Das Färbemittel erwies sich bei seinen Versuchen wirksamer als Kupferacetat. Die Haie mieden zunächst die dunkle Wolke. Als Haiabwehrmittel dürfte Kupferacetat daher nur von geringem Wert sein. Der Angriff wird vielleicht etwas hinausgeschoben; viel wirksamer wäre es aber, wenn sich der Schiffbrüchige aktiv wehren könnte. Ein kurzer Stock mit Spitze und eine Taucherbrille würden das ermöglichen. Im übrigen sollten sich Schiffbrüchige in den Rettungsringen ruhig verhalten und nicht durch Strampeln und Schlagen aufs Wasser die Angriffslust der Haie erregen.

Der vierte Tag war zugleich unser letzter Tauchtag im Goha-Faro. Jeder von uns holte sich als Andenken eine schöne korallenbewachsene Zackenauster vom Wrack; dann fütterten wir die Haie ein letztes Mal. Hass filmte das ganze Gewimmel. Wenn ich mir diese Bilder heute ansehe, keimt eigentlich kein Wunsch nach Wiederholung in mir auf. Aber schön war es doch, und wir genossen den Tag im vollen Bewußtsein der Einmaligkeit unserer Situation. Wenn ich die Augen schließe, sehe ich sie vor mir, diese stromlinienförmigen Tiere, die mit so mühelosen

Schwanzschlägen das Wasser durchschneiden. Ich sehe den kalt musternden Blick des sonst maskenhaft starren Gesichts. Es geht eine seltsame Faszination von diesen Geschöpfen aus, und ich verstehe jetzt, weshalb Hass sie zu den schönsten des Meeres zählt.

Pfauenkaiserfisch (Pygoplites diacanthus) am Sanganib-Riff.

Der Pfauenaugenbarsch (Cephalopholis miniatus) in einer Höhle. Nahe dem Höhleneingang noch einige Korallen. Vor dem Fisch eine Lederkoralle, unter ihm ein Rötling. Die Höhlenwand ist mit roten Schwämmen bewachsen (Malediven).

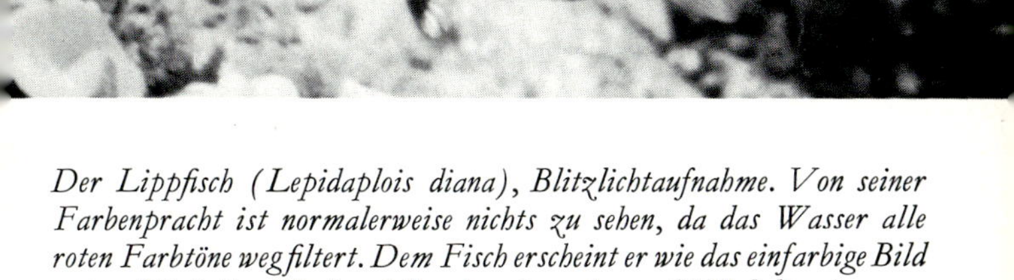

Der Lippfisch (Lepidaplois diana), Blitzlichtaufnahme. Von seiner Farbenpracht ist normalerweise nichts zu sehen, da das Wasser alle roten Farbtöne wegfiltert. Dem Fisch erscheint er wie das einfarbige Bild unten. Die hellen Flecken fallen dann besonders auf (Malediven).

Großaugenbarsch (Priacanthus arenatus). Diese Dunkelheit liebende Form ist rot gefärbt, was sie normalerweise gut tarnt (Hawaii).

Der Pfauenaugenbarsch (Cephalopholis argus), in einer Korallenhöhle lauernd. Beispiel für körperauflösende Zeichnung. Am Höhlendach wachsen rote Schwämme.

Kaninchenfische (Siganus) beim Abweiden eines Felsens. In der körperauflösenden Musterung befindet sich ein auffallender gelber Fleck, der sicherlich ein Signal für den Artgenossen darstellt (Pulau Jarak).

Goldstreifenschnapper (Lutianus kasmira) (Malediven).

Dicht gedrängt standen die Husarenfische (Myripristis murdjan) im Inneren der Höhlen des Miladummadulu-Atolls. Viele schwammen rückenabwärts.

Zu den Inseln der Geister

Die farbenprächtig bewachsenen Höhlen des Miladummadulu-Atolls bildeten einen schönen Abschluß der ersten Etappe unserer Expedition. Zwei Tage tummelten wir uns in den Höhlen, die von Schwärmen roter Husarenfische und unzähligen Langusten bevölkert wurden; der Abschied von diesem Taucherparadies fiel uns schwer. Am 21. April, genau vier Monate nach unserer Ankunft in den Malediven, lichteten wir Anker und segelten nach Ceylon, das wir vier Tage später erreichten. Unser Schiff wurde hier überholt, neuer Proviant gefaßt und ein Teil der Mannschaft ausgetauscht. Dr. Scheer und ich nützten diese Zeit für Landexkursionen und Tauchabstiege an der Ostseite der Insel.

Die große bergige Insel hat viele Gesichter. Kokoshaine wachsen in den feuchten Niederungen der Westseite, Reisfelder bedecken in malerischen Terrassen die Berghänge, in den höheren Lagen gibt es auch Teeplantagen. Wo die Berge nicht kultiviert sind, wachsen üppige Regenwälder. Weite Teile der Insel aber, vor allem im Südosten und im Norden, sind trocken und erinnern in ihrem Bewuchs an die Savannen Afrikas. Hier sind große Nationalparks und Wildschutzgebiete angelegt, in denen 1959 noch etwa 17000 Elefanten, 11400 Büffel, 10000 Sambar-Hirsche, 44000 Axis-Hirsche, 1500 Leoparden, 2000 Bären, 28000 Wildschweine, 2700 Pfaue und eine große Zahl anderer Vögel lebten. Von den insgesamt 65610 Quadratkilometern Bodenfläche der Insel sind 1619 Quadratkilometer Nationalparks und Schutzgebiete, 606 Quadratkilometer strenge Schutzgebiete und 815 Quadratkilometer Wildschutzgebiete. In der dreieinhalbmal so großen Bundesrepublik Deutschland dagegen umfassen die Naturschutzgebiete nur 596 Quadratkilometer.

Dennoch steht es um den Ceylon-Elefanten nicht gerade zum besten. Da die Nationalparks hauptsächlich in den Trockengebieten liegen, wandern die Tiere zur Trockenzeit oft in die vom Menschen kultivierten feuchten Regionen und werden dort dann verständlicherweise getötet. Umgekehrt dringen bisweilen Hausrinder und domestizierte Wasserbüffel in die Nationalparks ein und vermengen sich mit dem Wildbestand. Die Abwanderung des Großwildes sucht man neuerdings durch die Anlage von Tränken zu unterbinden.

Die Bevölkerung der Insel bekriegte sich zur Zeit unseres Besuches. Die dunkelhäutigen Tamilen, die etwa ein Drittel der zehn Millionen Einwohner Ceylons ausmachen, protestierten gegen den Versuch der hellhäutigen Singhalesen, Singhalesisch zur alleinigen Amtssprache zu machen. Die Singhalesen überpinselten die Aufschriften der Tamilen, und die Tamilen übertünchten das Singhalesische. Zuletzt zündete man sich gegenseitig die Läden und Häuser an. Im wesentlichen beteiligte sich der städtische Pöbel beider Seiten an diesen Ausschreitungen. Auf dem Lande ging es friedlicher zu. Da sah man nach wie vor Tamilen und Singhalesen in buntem Durcheinander in den Bächen baden und Wäsche waschen, und manchmal lag mitten in der munteren Schar auch ein großer Arbeitselefant auf der Seite und ließ sich abschrubben, wobei er seinen Rüssel wie einen Schnorchel übers Wasser hielt. Die Arbeitselefanten, die man wild fängt und zur Arbeit abrichtet, gehören auch heute noch zum Straßenbild Ceylons.

Ein friedliches Nebeneinander beider Volksgruppen erlebten wir auch anläßlich der Einweihung eines Hindu-Tempels. Der österreichische Honorarkonsul M. Silva Wimalakirti hatte ihn seinen in den Teeplantagen arbeitenden Tamilen gestiftet, obgleich er selbst Buddhist aus altem singhalesischem Geschlecht war. Er hatte uns dazu eingeladen, und so erlebten wir eine Hindu-Kirchweih. Es ging bei ihr genauso lustig zu wie bei uns. Zuerst stutzte der Hindu-Priester, als er auch Europäer ankommen sah, aber als Gäste des Stifters hieß er uns willkommen. Wir verbeugten uns voreinander mit gefalteten Händen, wurden bekränzt und bekamen einen roten Punkt auf die Stirne. Dann schritten wir auf den Tempel zu, während ein als Frau verkleideter Tänzer mit einer geschmückten Laube auf dem Kopf in wilden Sprüngen zur Musik einer Flöte und dreier Trommeln vor uns her tanzte. Tamilen und Singhalesen säumten als Zuschauer den Weg. Vor dem Tempel hatte man einen Torbogen errichtet und die Treppen mit weißen Tüchern belegt. Feuerwerkskörper krachten, als Herr Wimalakirti das Band vor dem Tempeleingang durchschnitt, und unter Trommelwirbel, Pfeifen und Klatschen betraten wir barfuß den kleinen Tempel. Dort lagen Kokosnüsse, Bananen, Schüsseln mit Reis und andere Landesprodukte als Opfergaben auf dem Boden. Öllampen brannten, und Räucherstäbchen glimmten.

Rechts und links standen in Wandnischen je eine einfache bemalte Gipsfigur; eine unter ihnen stellte Ganesch dar. In der Nische vor uns stand eine größere verhüllte Statue, die der Priester enthüllte. Es war eine schöne, aus schwarzem Granit gemeißelte Göttin. Wir bekamen noch einmal den Segen und einen gelben Punkt auf die Stirn und spendeten als symbolische Gabe ein Silberstück für den Sockel der Statue. Danach mußte Herr Wimalakirti eine Kappe von der Tempelspitze ziehen. Die Spitze wurde anschließend geschmückt und mit Weihwasser besprizt. Bei Trommeln und Flöten tanzte der Priester mit seiner Gemeinde um den Tempel. Zuletzt schmückte er die Granitstatue. Er bemalte ihre Augen und Lippen, behing sie mit Seidentüchern und gab ihr ein Reisbüschel in den Arm. Jeder von uns entzündete ein Öllämpchen.

Mittlerweile hatte sich die Bevölkerung in langen Reihen vor dem Tempel auf den Boden gesetzt, die Männer auf der einen Seite, Frauen und Kinder ihnen gegenüber. Jeder bekam von uns ein Päckchen Curry-Reis und die Kinder eine Süßspeise. Ein Maultrommelspieler gesellte sich zu den Trommlern und Flötisten, und zwei Männer vollführten zu dieser Musik Schautänze. Mit Gesten des Drohens schritten sie aufeinander los – jede Bewegung schien genau festgelegt –, und schließlich unterwarf sich einer im Verlauf dieses getanzten Zweikampfes. Auch beim folgenden Stockfechten schien jede Bewegung vorgeschrieben. Gegen Abend mischte sich das Schrillen der Zikaden in den Chor der Instrumente, und mir fiel auf, daß beides etwa im gleichen Rhythmus pulsierte.

Von den vielen alten Kulturstätten Ceylons machten die Fresken von Sigirija auf mich den größten Eindruck. Vor 1500 Jahren erbaute ein singhalesischer König seine Burg auf dem 200 Meter hohen Felsen. Er hatte allen Grund dazu, sich dorthin zurückzuziehen, hatte er doch seinen Vater gestürzt und fürchtete jetzt die Rache seines Bruders. Den Felsen selbst schmückte er zur Erbauung des Berggeistes und, um ihm den Schutz der Burg nahezulegen, mit vielen gemalten Frauengestalten, von denen heute noch einundzwanzig erhalten sind. Sie schweben auf Wolken, die ihren Unterkörper halb verhüllen. Der nackte Oberkörper ist mit Geschmeiden reich verziert, und ein prächtiger Haarschmuck krönt das Haupt. Zierliche Hände halten Blumen oder streuen sie aus; dunkelhäutige hübsche Dienerinnen reichen hellhäutigen Damen Blumenschalen. Die hauptsächlich in Rötel, ockergelben und grünen

Erdfarben ausgeführten Fresken leuchten noch heute in frischen Farben.

Durch die Jahrhunderte sind viele Besucher an diesem Felsen vorbeigezogen. Unter oft großen Mühen haben sie den Felsen erklettert, um die Wolkendamen zu bewundern. Und was sie dabei empfanden, das schrieben sie in zierlicher singhalesischer Schrift in eine Wand am Fuße des Felsens. S. Paranavitana hat diese Sgraffiti 1956 entziffert. Die reizenden Verse preisen die Schönheit dieser Felsenmädchen, deren Anmut die Stürme der Jahrhunderte überdauerte.

Drei Monate genossen wir das Gastrecht auf der Insel, die man mit Recht die Perle des Ostens nennt. Die Unruhen zwischen den Tamilen und Singhalesen verzögerten unsere Abreise etwas. Am 24. Juli segelten wir schließlich von Ceylon ab und erreichten nach sechs Tagen die Nikobaren.

Die nord-südlich verlaufenden Faltengebirge Burmas gabeln sich im Süden des Landes in zwei parallel verlaufende Gebirgsketten. Die östliche bildet die Halbinsel von Malaya, die westliche verläuft im Abstand von etwa 600 Kilometern parallel dazu. Von dieser Bergkette ragen nur die höchsten Gipfel, also die Inselkette der Andamanen und weiter im Süden die Nikobaren, aus dem Meer. Die Kette findet in den indonesischen Inseln ihre natürliche Fortsetzung.

Der Nikobaren-Archipel bedeckt mit seinen 19 Inseln zusammen rund 1600 Quadratkilometer Land. Von den 12000 Einwohnern, die man 1952 zählte, sind rund 10000 Nikobarer. Nach einer Zählung im Jahre 1931 verteilen sich diese Menschen folgendermaßen auf das Inselgebiet: 7492 leben auf der nördlichen Insel Kar Nikobar. Es folgen die Inseln Chowra (615), Camorta (548), Teressa (437), Katchal (317), Nankauri (201) und Bompoka (105). Die Inseln Trinkat, Pulo Milu, Klein-Nikobar und Kondul sind jede von weniger als 100 Menschen bevölkert. Die südlichste Insel, Groß-Nikobar, die etwas größer ist als alle übrigen Inseln zusammengenommen, ist nach Schätzungen von nur 300 Menschen bewohnt. Sie ist jedoch die interessanteste. Hier leben außer den malaiischen Nikobarern (etwa 100) noch die praktisch unerforschten Schom Pen (etwa 200), von denen wir noch mehr hören werden. Sie bevölkern auch das Landinnere von Groß-Nikobar, während die Nikobarer auf allen anderen Inseln nur die Küstenregion bewohnen und das bewaldete Inselinnere meiden.

Die Nikobarer betreiben Landwirtschaft, wobei die Kultivierung der Kokospalmen im Vordergrund steht. Vom Eigenverbrauch werden etwa ein Drittel verzehrt, zwei Drittel an die Schweine verfüttert. Eine große Anzahl von Nüssen wird von den nördlichen Inseln, vor allem von Kar Nikobar, exportiert; 1949 waren es 15 Millionen Nüsse.

Aus der Frucht der Schraubenpalme *(Pandanus)* gewinnt man durch Kochen ein mehliges Mus. Getreide und Mais werden nicht kultiviert. Auf Kar Nikobar und Kamorta führte man Ananas, Bananen und Zitrusfrüchte ein. Als Haustiere halten die Nikobarer Schweine und Hühner, Fischfang wird auf allen Inseln eifrig betrieben.

Von den »Segnungen« der Zivilisation blieben die Inseln durch eine lange Zeit verschont. Auf Kar Nikobar ist jedoch bereits europäische Kleidung eingeführt, und viele tragen Schuhe. Von alldem ist jedoch auf der Insel Groß-Nikobar nichts zu spüren. Hier leben noch Menschen, die nie mit der Zivilisation in Berührung kamen, wie wir selbst zu unserer großen Überraschung erlebten.

Der Name Nikobaren leitet sich vom Sanskritwort Wakkawaram – Land der Nackten – ab. Die erste verläßliche Schilderung von Land und Leuten verdanken wir Dampier. 1711 versuchten französische Jesuiten die Einwohner von Kar Nikobar zu bekehren, mußten diese Bemühungen aber bald wieder einstellen, da sie von außen keinerlei Hilfe bekamen. 1778 besuchte Wilhelm Belts mit dem österreichischen Schiff »Joseph und Theresia« die Nikobaren. Im Auftrag der Kaiserin Maria Theresia sollte er Pflanzungen anlegen, doch scheiterte das Unternehmen an dem ungesunden Klima. Auch der gleichzeitig von den Dänen unternommene Versuch, auf Nankauri eine Missionsstation der Mährischen Brüder einzurichten, schlug fehl. Von den 25 mährischen Brüdern, die sich 1778 um die Seelen der Eingeborenen bemühten, starben die meisten innerhalb kurzer Zeit; 1787 verließ der letzte überlebende Missionar die ungesunde Insel.

1831 versuchten die Dänen die Insel Camorta zu missionieren. Dänemark nahm die Inseln zugleich formell in Besitz. Das Experiment wurde bereits drei Jahre später aufgegeben, und 1837 verschwand die Kolonie. Dänemark gab die Hoheitsansprüche auf, und 1846 holte die dänische Korvette »Galathea« die beim Siedlungsversuch hinterlassenen Flaggen und Flaggenstöcke ab. Von da ab wurden die Inseln von England verwaltet, bis sie mit der Unabhängigkeit Indiens an die Inder fielen.

1858, genau 100 Jahre vor unserem Besuch, bereiste die österreichische Fregatte »Novara« die Nikobaren. Die Expedition vermaß das ganze Inselgebiet, und noch die heutigen englischen Admiralitätskarten basieren auf diesen Messungen. 1899 kam das deutsche Expeditionsschiff »Valdivia« und 1951 die zweite dänische Galathea-Expedition in dieses Gebiet.

Mit großer Spannung sahen wir am Morgen des 30. Juli dem Auftauchen der südlichen Nikobaren-Inseln Klein-Nikobar, Kondul und Groß-Nikobar entgegen. Dunkle Wolken, aus denen da und dort schwarze Regenstreifen niederstürzten, hingen über den scharfen, bewaldeten Bergrücken. In den Tälern brodelten Nebelschwaden. Die See lag vor uns wie flüssiges Blei. Es sah aus, als würde hier nie die Sonne scheinen. Aber als wir um 11 Uhr vormittags im Kanal zwischen Groß-Nikobar und Kondul unseren Anker auswarfen, strahlte die Sonne auf dampfende Urwälder, und das Meer leuchtete in blauem Glanz.

Wir freuten uns auf die Tauchabstiege an diesen unerforschten Küsten und auf die Exkursionen landeinwärts. Vor allem hofften wir auch auf die interessante Begegnung mit Naturvölkern, deren kulturelle Eigenart noch nicht durch europäischen Einfluß gelitten hatte. Wir sollten auch in dieser Hinsicht nicht enttäuscht werden, zunächst allerdings erlebten wir eine unangenehme Überraschung.

Von der im Norden unseres Ankerplatzes liegenden Insel Kondul her näherte sich ein Auslegerboot mit zwei Segeln. Ein freundlicher Anblick, und wir warteten freudig erregt auf den ersten Kontakt mit uns unbekannten Menschen. Diese Stimmung schlug jedoch schnell um, als dem Boot drei unrasierte indische Soldaten in schmutzigen Khakiuniformen entstiegen. Sie entsicherten ihre Gewehre und kletterten mit finsteren Mienen an Bord. Eine unfreundliche Begrüßung. Sie fragten uns, was wir eigentlich hier wollten, und wir berichteten von unserer Forschungsfahrt, wechselten aber angesichts der völligen Verständnislosigkeit gleich das Thema und erzählten von einem tatsächlich eingetretenen Motorschaden, der eine Weiterreise unmöglich mache.

Für den Besuch der Nikobaren benötigt man nämlich eine eigene Bewilligung der Indischen Regierung. Da wir ursprünglich nach Indonesien wollten und uns erst im letzten Augenblick wegen der dort herrschenden Unsicherheit für die Nikobaren

Die Geisterpfähle am Landungsplatz von Kondul.

entschieden hatten, war es nicht mehr möglich gewesen, diese Erlaubnis einzuholen. Dr. Hass hatte jedoch unseren Besuch beim Indischen Konsulat angemeldet und gebeten, man möge die Regierung informieren und um Unterstützung dieser Expedition bitten. Offenbar war dies nicht bis zu den hiesigen Behörden durchgedrungen. Zum erstenmal war uns ein Motorschaden hochwillkommen!

Die Soldaten machten es sich im Decksalon bequem. Lotte Hass servierte Limonade und zeigte Presseartikel über die verschiedenen Etappen unserer Fahrt. So konnten wir die Herren wenigstens davon überzeugen, daß wir keine illegalen Fischer waren, sondern eine zoologische Expedition. Das Eis schmolz ein wenig, und sie sicherten umständlich ihre Gewehre. Wir boten Zigaretten an, die der Führer dieser Gruppe zunächst ablehnte, dann aber doch nahm. Und das ermunterte seinen Begleiter, uns zu erzählen, daß seine Frau gerade ein Kind bekäme, ob er nicht eine Flasche Whisky haben könne. Er bekam sie, das Tauwetter griff um sich. Nur der Führer der Gruppe lehnte Alkohol ab. Er forderte uns auf, die Militärstation am Ufer der Insel zu besuchen. Wir könnten dort dem Chef der kleinen Telegraphenstation unser Anliegen unterbreiten und auch Telegramme aufgeben. Bevor wir loszogen, erbat er sich dann doch eine Flasche Gin.

Der Chef der kleinen Station kam uns am Ufer entgegen. Er war sauber gekleidet und benahm sich höflich und korrekt. Vor seiner Wohnbaracke bot er uns Tee an, und wir erzählten ihm von unseren Aufgaben. Er bedauerte, daß wir ohne ausdrückliche Bewilligung weder filmen noch sammeln könnten, erklärte sich jedoch bereit, Telegramme zur Einholung einer solchen Erlaubnis weiterzuleiten. Freundlicherweise ließ er uns ohne Bewachung an Bord zurückkehren. Wir hatten den Eindruck, daß er uns ganz gerne geholfen hätte, doch hinderte ihn daran der Respekt vor seiner vorgesetzten Behörde.

Wir suchten uns für die Reparatur der Maschine einen ruhigen Ort, begreiflicherweise der Militärstation nicht allzu nahe, und verankerten die »Xarifa« im Ganges-Hafen an der Nordküste Groß-Nikobars.

Der Platz war zauberhaft. In weitem Bogen dehnte sich ein gelbbrauner Sandstrand, hinter dem sich als unüberschaubare Kulisse ein mächtiger Urwald aufbaute. Im Osten und Westen war die Bucht von vorspringenden Felsriegeln eingefaßt, die sich landeinwärts zu grünen Hügeln aufbauten. Hier konnte der Blick bis ins nebelverhangene Hinterland wandern. Vor dem östlichen Felsriegel mündete der breite Jubilee-Fluß.

Wir tauchten, beobachteten und sammelten hier vier Wochen, immer wieder bei der Militärstation anfragend, ob denn schon Nachricht für uns eingetroffen wäre. Und da man uns zuletzt doch freundlicher als vorher entgegenkam, konnten wir auch das kleine Dorf der Nikobarer auf Kondul besuchen. Wir nützten dazu den ersten Sonntag.

Der Landungsplatz war durch vier mehrere Meter hohe Stöcke markiert, die mit Krausen aus Blattbüscheln geschmückt waren. Aus Beschreibungen wußten wir, daß diese Pfähle der Abwehr böser Geister dienen sollten, die offenbar recht schreckhaft sein müssen. Am Ufer lag ein mehrere Meter langer Einbaum mit einseitigem Ausleger, und etwa 50 Meter landeinwärts stand eine Pfahlbauhütte. Sie ruhte auf über 2 Meter hohen Pfählen und sah aus wie ein riesiger Bienenkorb. Kokospalmen wuchsen malerisch im Umkreis.

Kaum waren wir an Land, da begann es auch schon zu regnen. Kein Mensch zeigte sich, und da ein Leiterchen zum Hütteneingang führte, stiegen wir ein. Der Raum war unbewohnt, Büschel verdorrten Grases schmückten die Pfähle am Eingang,

Festhaus auf Kondul.

und Palmwedel hingen in regelmäßigen Abständen frei vom Dach in den Raum. Im Hintergrund der Hütte befand sich eine offene Feuerstelle, über der gebündelt rauchgeschwärzte Schweineschädel und -unterkiefer hingen, vermutlich die Trophäen zahlreicher Feste. Auf dem Bretterboden standen runde unverzierte Tongefäße, und auf kleinen Regalen an der Wand lagen Fischspeere, Trommelschlägel und Kopfschmuck für die Tänzer, breite geflochtene Stirnbänder aus Bast, die in der Mitte durch einen roten umlaufenden Stoffstreifen verziert waren. Rechts und links ragte eine Gerte hoch, jede mit einer roten, schwarzen und zuoberst weißen Quaste geschmückt. – Wir waren offenbar im Festhaus des Dorfes. Schön geschnitzte Pfähle stützten das überaus sorgfältig geflochtene korbartige Dach. In die niedrigen Bretterwände waren quadratische, herzförmige und kleeblattförmige Gucklöcher eingesägt. Wir saßen eine gute halbe Stunde in der Hütte und schauten auf das von Regenböen gepeitschte Meer. Von jedem Palmwedel rieselte ein Wasserfaden auf den Boden, würziger Geruch entströmte der Erde.

So unvermittelt wie der Regen begonnen hatte, hörte er auch wieder auf. Die Sonne schien, und über den dampfenden Boden wanderten wir zur Siedlung. Auch hier glichen die meisten Hütten umgekehrten Bienenkörben, deren jeder am höchsten Punkt etwa 4 Meter erreichte, bei einem Hüttendurchmesser von etwa 6 Metern. Auch diese bienenkorbartigen Wohnhütten standen auf übermannshohen Pfählen, und der Eingang war nur über eine Leiter oder durch einen eingekerbten Baumstamm zu erreichen. Diese Bauweise ist offenbar sehr alt. Wir finden sie auch bei den Schom Pen, dagegen fehlt sie auf dem Festland von Malaya. Dort haben die Pfahlbauten einen rechteckigen Grundriß, und eine Variante dieser Bauweise kam auch hier vor: Zwischen den Korbbauten gab es einzelne Pfahlbauten mit rechteckigem Grundriß und schwerem, tief herabreichendem Blätterdach.

Im Morast unter den Pfahlbauten wühlten schwarze hochbeinige Schweinchen in friedlicher Gesellschaft zahlreicher Hunde und Hühner. Ein wohlbeleibtes Mädchen saß vor einem kleinen Holztrog, aus dem sich jedes Schweinchen ein Stück Kokosnuß holen durfte. Mit einer Gerte in der Hand wachte sie darüber, daß keines mehr nahm. Sie war so vertieft in dieses Geschäft, daß sie uns gar nicht bemerkte. Erst das Hundegebell verriet uns.

Die Dorfbewohner kamen jetzt neugierig und etwas scheu herbei. Sie waren alle untersetzt bis dicklich. Die rundlichen Gesichter hatten einen kindlichen Ausdruck. Die Männer trugen einen Stoffstreifen, den sie um die Lenden geschlungen und zwischen den Beinen durchgezogen hatten. Das Ende des Streifens baumelte hinten frei nach. Diese Tracht ist alt; bereits die ersten Berichte beschreiben die Nikobarer als »geschwänzt«. Die Frauen und Mädchen trugen lange Wickelröcke aus bunten indischen Baumwollstoffen und eine kurze Bluse.

Wir verteilten Zigaretten, die sie alle gerne nahmen; selbst die kleinen Kinder qualmten munter mit. Lotte Hass schenkte einer Frau einen Lippenstift, doch diese wußte damit zunächst nichts anzufangen, und so schminkte Lotte die Frau. Sie strahlte und begann nun ihrerseits die umstehenden Frauen und Kinder zu schmücken. Bald waren die Dorfbewohner schön und bunt und sehr vergnügt.

Wir gaben nun durch Zeichen zu verstehen, daß wir ganz gerne eine der Wohnhütten besucht hätten, und das wurde uns jetzt auch ohne weiteres gestattet. Vor dem Pfahlrundbau steckte eine bemalte armlose Holzfigur im Boden. Die drohend aufgerissenen Augen waren mit Perlmutter ausgelegt,

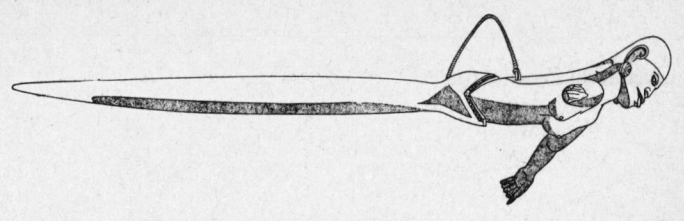

Fetisch (»Iwi-Schreck«) der Nikobarer, eine Frau darstellend, die von einer Schlange verschlungen wird (auf Kondul gesammelt).

und um den Hals trug der Geisterschreck eine Krause aus Blättern.

Im Hütteninnern mußten wir uns zuerst an die Dunkelheit gewöhnen. Vor der glosenden Feuerstelle schabte eine dicke Frau mit einer Muschelschale das Fleisch von den Fasern einer gekochten Pandanus-Frucht. Es roch wie säuerliches Apfelmus. Im übrigen sah es in der Hütte wie in einer mittelalterlichen Apotheke aus. Unter dem Dach hingen Kräuterbündel, halbe Kokosnußschalen, gebündelte Unterkiefer von Schweinen und eine geschnitzte Frauengestalt mit Flügeln und Perlmutteraugen, die geradezu im Dunkel leuchteten. Nicht weit davon hing die Holzfigur einer nackten Frau, deren Unterleib von einer Schlange umschlungen wurde. Je mehr sich das Auge an die Dunkelheit gewöhnte, desto mehr von diesen merkwürdigen Kunstgegenständen entdeckten wir. In allen Winkeln und Ecken standen und hingen Holzfiguren von Männern, die drohend Waffen schwangen, von Frauen, die beschwörend und abweisend die Hände hoben, und von Hunden. Alle hatten Perlmutteraugen; die Iris war durch ein schwarzes Harz- oder Wachskügelchen markiert. Einige der Figuren waren teilweise bemalt. An jeder klebte ein wenig eingetrocknetes Blut. Wie wir später erfuhren, erhalten die Figuren erst durch Hühnerblut ihre magische Kraft.

Die Fetische sahen ganz verschieden aus. Manche stellten möglichst naturgetreu drohende Menschen dar. Andere dagegen zeigten grotesk verzerrte Gesichter mit Schweinsohren, und manche der nackten Figuren trugen einen Zylinderhut. Diese Kopfbedeckung der englischen Kapitäne des vergangenen Jahrhunderts hat die Nikobarer offenbar nachhaltig beeindruckt, denn das Motiv taucht immer wieder auf den Darstellungen auf. Alten Berichten zufolge liefen die Nikobarer der nördlichen Inseln mit Rock und Zylinderhut herum, wenn sie sich besonders vornehm geben wollten, und sie zahlten viele Kokosnüsse für solch geschätzten Besitz.

An einer Wand hing ein Brett, auf dem in mehreren Zeilen Darstellungen aus dem täglichen Leben eingraviert waren: zuoberst eine Hütte auf Pfählen, ein Auslegerboot und eine Kokospalme, darunter, durch eine horizontale Linie getrennt, vier Männer und drei Frauen im Profil, die sich an den Händen hielten und tanzten. In der folgenden Zeile waren zwei Schweinchen

Votivtafel der Nikobarer mit Darstellungen aus dem Alltag, flankiert von zwei Iwi-Schrecks, einen drohenden Mann und eine drohende Frau darstellend. Am Brett unter der Votivtafel hängt ein geschnitzter Kugelfisch. Die dunkelgrau gehaltenen Stellen der Votivtafel sind schwarz, die hellgrauen rot gefärbt (auf Kondul gesammelt).

zu sehen, die aus einem Trog fraßen, und zuunterst schön säuberlich nebeneinander Delphin, Hai, Goldmakrele, Muräne und andere Meeresfische. Die Linien und die Flächen der Figuren waren rot und schwarz gefärbt. Zerschlissene Blätter schmückten die Votivtafel an beiden Seiten, und unter ihr hing ein Brett, auf dem zwei geschnitzte Fische lagen.

Nach langem Handeln gelang es mir, diese Votivtafel mit den geschnitzten Fischen und noch vier andere Fetische, unter anderem die Frau mit der Schlange, zu erwerben. Ich zahlte mit Zigaretten. Auch die anderen Hütten waren mit Fetischen vollgestopft, doch trennten sich die Bewohner nur ungern von ihnen. Wir hatten in der ersten Hütte Glück gehabt.

Die fliegenden Figuren kamen wiederholt vor, und auf den Votivtafeln waren meist die gleichen Motive abgebildet, doch wechselte die Darstellungsart. Eine Tafel jüngeren Datums zeigte in der obersten Zeile ein Dampfschiff und zwei indische Soldaten, die auf Stühlen um einen Tisch sitzen. Die Darstellungen aus dem täglichen Leben überwogen auf den Votivtafeln, doch gab es auch abweichende Motive. Auf drei kreisrunden aneinandergefügten Holzplatten war beispielsweise je eine Spinne mit Netz gezeichnet.

All diese verschiedenen Figuren und auch die Votivtafeln dienen dazu, die Geister abzuwehren. Man fürchtet vor allem die Seelen der Verstorbenen, die sogenannten Iwis, die körperlos durch die Gegend irren und heimtückisch danach streben, wieder in einen Körper einzudringen. Dort gerät der Iwi dann allerdings in Konflikt mit dem schon ansässigen, und der Betroffene wird krank. Durch die geschnitzten Iwi-Schrecks versucht man die herumschwirrenden Geisterchen abzuschrecken. Man verwendet dazu vor allem Frauengestalten, denn die nehmen früher die bösen Absichten wahr.

Die Votivtafeln wenden sich an die gutmütigeren Iwis. Die bunten Darstellungen sollen den Blick des Iwi fesseln und ihn so von seiner ursprünglichen Absicht, einen Körper heimzusuchen, ablenken.

Die Furcht vor den Geistern beherrscht das ganze Leben dieser Menschen, und man ergreift eine Menge vorbeugender Maßnahmen, um die Geister gar nicht erst herauszufordern. Stirbt ein Familienmitglied, dann zeigt man dem Sterbenden seine Habe, und alles, wonach er greift, legt man ihm auf sein Grab, damit es ihm im Jenseits nützen möge: eine Vorstellung, die ja weit verbreitet ist. Früher gab man den Toten sogar ihren ganzen Besitz mit, heute noch einen beträchtlichen Teil davon. Auf einem frischen Grab am Rande der Siedlung lagen Eimer, Äxte, Körbe, Matten und Löffel. Letztere sind ein besonders geschätzter Besitz. Man verwendet sie als Schmuck und Statussymbol.

Stellt man sich mit den Toten gut, dann bleiben sie in bestimmten Teilen der Insel, die nur der Medizinmann besuchen darf. Er allein kann die Geister der Verstorbenen sehen und mit ihnen sprechen und ist daher ein wichtiger Vermittler zwischen den Lebenden und den Toten. Manchmal übernimmt auch eine Frau diese Rolle.

Zu den vorsorglichen Maßnahmen gehört es, daß man sich von Zeit zu Zeit beim Medizinmann nach dem Befinden und den Wünschen der Verstorbenen erkundigt. Ein derartiges Gespräch mag sich so anhören:

»Sag, hast du von meinem verstorbenen Bruder etwas gehört?« – »Komisch, daß du gerade heute nach ihm fragst, ich bin ihm nämlich vor einer Stunde begegnet. Es geht ihm recht gut in den Sümpfen, nur hätte er ganz gerne wieder einmal ein gutes Schweinernes gegessen und ein frisches Pandanusmus; – ja, und eine warme Matte könnte er bei dem Wetter auch ganz gut gebrauchen. Ich bring ihm das gerne.«

So werden die Geister zu aller Zufriedenheit versorgt. Und auch der Medizinmann bekommt eine Kleinigkeit für seinen freundlichen Dienst ab. Und wenn auch der eine oder der andere etwas Skepsis entwickelt, weil die Schweinchen der Medizinmänner tiefe Einschnitte in den Ohren tragen, wie sonst nur gestohlene Tiere, denen man die Erkennungsmarken herausschnitt, so fügt er sich dennoch den Bräuchen: man weiß ja doch nie genau, ob an der Geschichte nicht etwas dran ist. Mit Geistern soll man lieber nichts riskieren.

Recht unangenehm ist, daß man seinen Iwi auch verlieren kann. Man geht spazieren, legt sich gemütlich unter einen Baum und schläft ein. Da erlebt man, während man schläft, wie man auf Jagd auszieht oder zu einer Nachbarinsel hinüberreist und sich mit Freunden unterhält: kurz, man führt im Schlaf ein zweites Leben. Jeder hat schon einmal geträumt, und die Nikobarer erklären dieses Erlebnis damit, daß eben ihr Iwi unterwegs ist, wenn der Körper ruht. Wird nun der Schläfer plötzlich geweckt, dann kann es passieren, daß sein Iwi nicht rechtzeitig zurückkommt. Der Betroffene muß das nicht sofort merken, aber nach ein bis zwei Tagen erkrankt er, und da ist es schon ein

Glück, daß man einen Medizinmann hat, der die Iwis sehen und wiederfinden kann. Allerdings hütet er sich, bei aussichtslosen Fällen einzugreifen, denn häufiger Mißerfolg kann ihm den Kragen kosten. Ein guter Medizinmann muß auch ein guter Diagnostiker sein.

Um seine Iwis richtig zu sehen, muß sich der Medizinmann zuerst einmal am vergorenen Kokospalmensaft berauschen. Dann erst begibt er sich auf die Jagd. Sie ist keineswegs einfach, denn der Iwi verkriecht und versteckt sich, und hat man ihn endlich ausgemacht, dann sucht er verschreckt das Weite. Es ist eine aufregende Jagd, und die Zuschauer sehen, wie der Medizinmann emsig hin und her springt; den Iwi selbst können sie ja leider nicht wahrnehmen. Dann endlich erwischt er ihn, wickelt ihn in Blätter und bringt ihn zurück.

Da sich die Iwis gern in Winkeln und Ecken verstecken, muß man an solchen Orten besonders aufpassen. Hat zum Beispiel einer eine Grube gegraben, dann fegt er sie anschließend sorgfältig aus und schlägt mit Palmwedeln in alle Ecken, um seinen eventuell dort versteckten Iwi aufzuscheuchen.

Der Geisterglaube durchdringt das ganze Leben. Hat eine Mutter eine schwierige Geburt, dann ist wahscheinlich der Iwi des Kindes irgendwo festgeklemmt. Alle Dorfbewohner heben dann die Gegenstände hoch, mit denen sie in den letzten Tagen umgingen. Selbst die Boote am Ufer werden gelüftet, und hat einer gar ein Netz geknüpft, dann öffnet er es Knoten für Knoten, um den vielleicht festgeknüpften Iwi zu befreien. Damit aber so etwas gar nicht erst passiert, darf der Kindesvater eine bestimmte Zeit vor der Niederkunft seiner Frau nichts knüpfen oder stellen. Auch sonst muß er sich vor und nach der Geburt schonen, als würde er selbst ein Kind bekommen.

Am gefährlichsten aber sind die fremden Iwis, unter denen es recht renitente Burschen geben soll. Sie lauern an bestimmten Orten, und muß man an solchen Stellen vorbei, dann zieht man sich am besten ganz aus, damit sie nicht in die Falten des Gewandes schlüpfen. Zum Glück sind die meisten recht schreckhaft und sehen auch schlecht, so daß schon ein paar Palmblätter zur Tarnung des Hütteneingangs genügen. Besonders hartnäckige Iwis vertreibt man durch einen geschnitzten Iwischreck.

Ein- bis zweimal im Jahr veranstaltet der Medizinmann Großjagden auf unverbesserliche Iwis. Nach einem Zechgelage sieht er sie in den Lüften herumschwirren, und dann speert er sie mit einer besonderen Lanze. Die übrigen Festteilnehmer sehen auch davon leider nichts, obgleich sie eifrig mitzechen. Sie hören aber, wenn die getroffenen Iwis quieken. – Vorlaute Jugendliche behaupten übrigens, daß man das Geräusch mit einem Betelblatt im Mund nachahmen kann. – Einen Teil der Geister fängt der Medizinmann. Er sperrt sie in Käfige und übergibt sie auf einem eigenen Geisterschiff den Wellen. Sie treiben dann aufs Meer hinaus und sind für immer unschädlich. Angesichts solcher Verfolgung ergreift schließlich die restlichen Iwis eine wilde Panik. In ganzen Scharen flüchten sie von der Insel, von den ermunternden Zurufen des Medizinmanns begleitet.

Der Beruf des Medizinmanns ist jedoch, wie gesagt, nicht ohne Risiko. Ist er nicht allzu erfolgreich, dann kann es geschehen, daß man ihn auf allgemeinen Beschluß ins Jenseits befördert. Ein solcher Teufelsmord hatte sich nach Angaben der hier stationierten Inder drei Jahre vor unserem Besuch auf Kondul zugetragen. Man brachte die Medizinfrau auf eine andere Insel. Dort mußte sie an zehn mit Messern bewaffneten Männern vorbeilaufen, und jeder stach einmal zu. Ohne Abwehr fügte sich die Frau in dieses grausige Schicksal. Auch unverbesserliche Diebe werden auf Beschluß der Dorfgemeinschaft von einigen Burschen in oft brutaler Weise erschlagen. Von solchen vereinzelten Gewalttaten abgesehen, sind die Nikobarer jedoch ein ausgesprochen friedliches und freundliches Völkchen, was jeder Besucher hervorhebt. Es ist zum Beispiel bezeichnend, daß bei Bootswettfahrten keine Mannschaft die andere zu schlagen sucht. Man rudert zwar aus Leibeskräften, bis man einen gewissen Vorsprung erreicht hat, aber dann wartet man auf die Zurückgebliebenen.

Von Seeigelfischen und anderen seltsamen Schlammbewohnern

Vom zoologischen Standpunkt aus war unser neues Arbeitsgebiet ebenfalls eine Fundgrube. In der weiten Flußmündung mischten sich Salzwasser und Süßwasser, und in den Mangrovenwäldern lebte eine besondere, uns neue Tierwelt. Auf den schlammigen Uferbänken tummelten sich Schlammspringer, jene fast zu Landtieren gewordenen kleinen Fische. Die sandigen Küstenstreifen bevölkerte eine muntere Gesellschaft von Krabben, während die Felsriegel am Rande der Bucht eine wiederum ganz andere Lebensgemeinschaft aufwiesen, auf die wir noch näher eingehen werden.

Im Wald gleich hinter dem Strand floß ein kleiner Süßwasserbach, in dem es von Fischen wimmelte. Ich fing hier Süßwasserfische und Einwanderer aus dem Meere. Ganz in der Nähe entdeckten wir die Nesthaufen der Großfußhühner, die ihre Eier nicht mehr selbst bebrüten, sondern das Geschäft der Gärungswärme überlassen. Sie scharren Laub und Erde auf große Haufen und legen darin ihre Eier ab. Die Hügel haben oft mehrere Meter Durchmesser und sind bisweilen mannshoch. Sie sind das Werk vieler Tiere. Scheer beobachtete, wie zwei dieser braunen Vögel zusammen arbeiteten. Einer scharrte rückwärtsgehend die Erde aus der Umgebung des Haufens heran, ein anderer glättete die Oberfläche des Hügels.

Die Brut wird bei dieser Art nicht weiter verteidigt. Die ausschlüpfenden Jungen sind bereits weit entwickelt; sie können fliegen und gehen allein auf Nahrungssuche. Die großen Warane graben die Eier aus.

In den Zweigen der Bäume tummelten sich grüne, rotköpfige Papageien und die prächtige Nikobarentaube. Hin und wieder tauchte auch ein Trupp Makkaken auf und Spitzhörnchen, die auf den ersten Blick an Eichhörnchen erinnerten. Sie sprangen wie jene in den Zweigen umher und zuckten bei Erregung nach Art der Eichhörnchen mit dem buschigen Schwanz in vertikaler Richtung.

Die langgestreckte Schnauze und das Gebiß erinnern dagegen an Insektenfresser, zu denen man die Spitzhörnchen auch stellte. Es hat sich jedoch gezeigt, daß sie verschiedene äffische Merkmale besitzen, weshalb man sie neuerdings zu den Primaten

Seeigelfische (Siphamia versicolor) eine Sandboden-Anpassung durch Symbiose. Der Seeigel neigt seine Stacheln in Pyramiden zusammen, so daß die Fische ihn säubern können (Groß-Nikobar, s. a. S. 115).

zählt. Auch ihr Verhalten spricht dafür, so unter anderem die relativ freie Verwendung der Hand zum Greifen und Halten, ferner die Art, wie sie ihr Fell mit den unteren Schneidezähnen durchkämmen.

Ebenso vielseitig wie das Land erwies sich der Meeresboden. Tauchte man von den Felsriegeln aus, dann kam man in üppige Korallenriffe, und an einigen Stellen bedeckten Seeanemonen in großer Zahl die Felsen: eine einmalige Gelegenheit, die mit ihnen lebenden Anemonenfische zu studieren.

Einen besonders interessanten Lebensraum entdeckten wir durch Zufall. Etwa eine Woche nach unserer Verlegung in den Gangeshafen fiel unserem Maschinisten ein Filtersatz über Bord. Ich hatte gerade Maske und Flossen bei der Hand und tauchte schnell nach. Das Wasser war trüb und gar nicht recht einladend, aber als ich den Grund in 10 Meter Tiefe erreichte, bot sich mir ein überraschender Anblick. Auf dem leicht gewellten Schlickboden lagen in Gruppen zahlreiche rotbraune Seeigel *(Diadema)*, deren stachellose Felder leuchtend blau gefärbt waren. Mit jedem dieser Seeigel schwamm ein Schwarm von kleinen Kardinalfischen *(Siphamia versicolor)*. Solange sie bei ihm blieben, hatten sie die gleiche rotbraune Farbe. Die Fischchen pickten am Wirt herum, als wollten sie ihn säubern. Und der Seeigel neigte die Stacheln, die Spitzen zu Gruppen zusammengefaßt, so daß die Fische gut an seine Oberfläche herankamen. Bei Gefahr versteckten sich die Fischchen zwischen den Stacheln. Die Kardinalfischchen waren nicht auf bestimmten Seeigeln zu Hause, sie wechselten mitunter ihren Wirt.

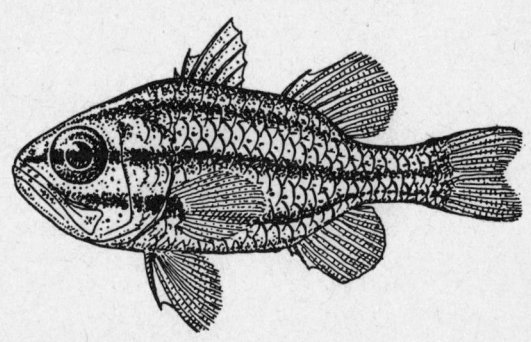

Der Seeigel-Kardinalfisch Siphamia versicolor (s. a. Abb. S. 114.).

Ich fing einige Seeigel samt ihren Begleitern und beobachtete sie im Aquarium. Abends verließen die Fische ihren Schutz und schwammen frei im Wasser umher. Sie wechselten dann die Farbe und bekamen silbrige Längsstreifen. Tagsüber versteckten sie sich wieder bei den Seeigeln. Nur in ihrem Schutz können sie auf der deckungslosen Schlickfläche überleben. Eine ähnliche Gemeinschaft hat man kürzlich am Barriereriff entdeckt. Dort lebt der Kardinalfisch *Siphamia zaribae* mit dem Seeigel *Diadema setosa* zusammen. Auf den Stacheln des Seeigels fand man als weiteren Gast die Garnele *Stegopontonia commensalis*. Sie ist ganz dunkel, hat helle Längsstreifen und sitzt auf den Stacheln, wo sie durch ihr Kleid ganz vortrefflich getarnt erscheint. Man fand sie immer paarweise. Durch Abel wurden Seeigelfische auch aus dem Roten Meer bekannt.

Da und dort hatten Kieferfische senkrechte Röhren von 3 bis 4 Zentimeter Durchmesser gegraben. Aus jedem schaute ein rundlicher Kopf mit großem Maul und Glotzaugen. Ich versuchte einen solchen Fisch zu fangen, aber der zog sich gleich in

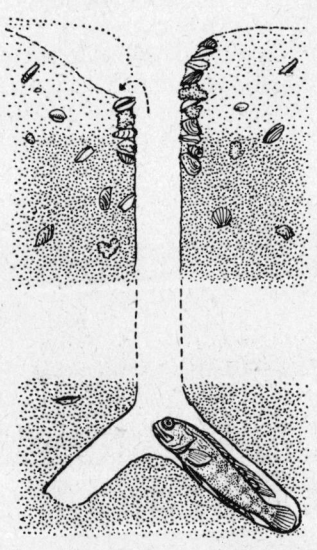

Der Kieferfisch am Grunde seiner gegabelten Wohnröhre, deren oberer Teil durch eingebaute Muscheln, Seedollars und dgl. befestigt ist. Wie die Röhre aus dem Trichter hochgebaut wird, ist links eingezeichnet.

seine tiefe Röhre zurück. Ich grub nach und stellte fest, daß der obere Abschnitt der Röhre wie ein Brunnenschacht mit Korallentrümmern, Bruchstücken von Seeigelpanzern und anderen Muscheln befestigt war. Langsam wühlte ich mich tiefer, und als ich schließlich bis zur Schulter im Boden steckte, da zwickte mich der Fisch in die Finger, und ich hatte ihn. Wie sich später herausstellte, war es eine neue Unterart, die wir *Gnathypops rosenbergi annulata* nannten.

Beim Röhrenbauen gräbt der Fisch ein Loch, indem er den Schlick maulweise wegschafft. Da die lockere obere Schlickschicht nachsackt, entsteht zunächst ein Trichter, bis der Fisch auf festeren Grund kommt. Findet er ein Steinchen, dann legt er es am Rand seiner Wohnröhre ab und fügt es durch Stoßen mit der Schnauze und durch seitliches Schieben fest ein. Ausgehobenen Schlick spuckt er über den Rand des Loches. So wächst am Grunde des ausgehobenen Trichters ein gemauerter Schacht in die Höhe, während der Trichter selbst durch ausgehobenen Schlick etwa in gleichem Maß aufgefüllt wird. Auch Steinchen, die der Fisch in der Umgebung seines Baues findet, fügt er ein, und nachdem wir einige Zeit hier vor Anker gelegen hatten, waren die obersten Lagen der Wohnröhren fein säuberlich aus den Kapseln von Bierflaschen gemauert.

Es war ganz lehrreich, dem Fisch beim Wohnröhrenbau zuzusehen. Wann immer er mit einem Maul voll Sand im Baueingang erschien, hielt er an und schaute aufmerksam in die Runde. Dann spuckte er den Sand schnell über den Rand der Röhre und sicherte gleich wieder nach allen Seiten. Legte man ihm ein Steinchen etwa 10 Zentimeter vor den Baueingang, so sicherte er, huschte schnell hin, zog das Steinchen ein Stück zur Röhre, ließ es aber gleich wieder liegen, sicherte noch einmal von seiner Wohnröhre aus und holte es. Auch wenn er etwas am Röhrenrand einfügte, sicherte er wiederholt zwischendurch: ein Hinweis darauf, wie sehr die Fische außerhalb ihres Baues gefährdet sind.

Wir versuchten sie zu angeln. Sie packten den Köder aber nur ganz vorsichtig, und kaum spürten sie den Ruck, da ließen sie los, und jede weitere Mühe war darum vergeblich. Sie nahmen den Köder nur noch am äußersten Zipfel und trugen ihn weg. Zuletzt bliesen sie mit einem Wasserstrahl nach ihm, so daß der Köder munter über dem Loch tanzte. So bliesen sie übrigens auch nach anderen lästigen Dingen, die zu nahe kamen, wie zum Beispiel nach den borstigen Seemäusen.

Links: die Wanderkoralle (Heteropsammia) mit dem Sternwurm (Aspidosiphon). Rechts: die Ablegerkoralle (Goniopora) mit einem bereits aufgeblähten Ableger. Die Polypen haben ihre Fangarme eingezogen.

Da und dort steckten große Steckmuscheln im Sand. Über ihnen stand regelmäßig ein Pärchen kleiner Riffbarsche, die bei Gefahr in die klaffende Muschel flüchteten. Wo solche Muscheln fehlten, suchten sie auch in Grundelbauten Schutz, doch sah ich sie nie selbst an einer Zuflucht bauen.

Im Laufe der Zeit sammelte sich allerlei unter unserem Schiff an: alte Kartoffeln, Konservendosen, Säcke, Flaschen und anderer Abfall, und es bildete sich auf der öden Schlickfläche eine Art Oase. Die Riffbarsche, die sonst pärchenweise über Steckmuscheln fischen, standen nun auch über jeder Konservendose. Über der Öffnung eines alten Benzinkanisters schwamm ein blaugelb gefärbter Jungbarsch, und um die alten Säcke wimmelte es von jungen Seebadern, Riffbarschen, Zackenbarschen und Lippfischen. Die Seeigel wurden immer zahlreicher, ebenso die Schnecken. Unter dem Anker hatte sich eine große Krabbe eingenistet, und auf ihm saßen wie Blüten mehrere Rotfeuerfische.

Wir entdeckten ferner im Laufe der Zeit noch eine Reihe von weiteren Sandanpassungen. Dr. Scheer fand eine halbkugelförmige, faustgroße Koralle mit großen grünlichen Polypen, die sich durch Ableger vermehrt. Im Magenraum eines Polypen entwickeln sich einige Larven zu Polypen mit eigenem Kalkskelett. Dieses Skelett verwächst nicht mit dem Mutterstock. Ist es etwa erbsengroß, dann blasen sich die Polypen des Ablegers durch Wasseraufnahme auf. Die entstehende walnußgroße Blase reißt ab und wird durch die Strömung verfrachtet. So verbreitet sich die Ablegerkoralle *(Goniopora)* über den Sandboden, den sie anders gar nicht besiedeln könnte, da es kaum feste Gegenstände gibt, an denen sich die Larven festsetzen können.

Eine Koralle dieser Zone hat sogar das Laufen gelernt. Diese pfenniggroße Wanderkoralle *(Heteropsammia cochlea)* schiebt sich langsam über die Sandflächen und kann sich auch aus dem Sande befreien, wenn sie einmal verschüttet wird. Sieht man genau hin, dann entdeckt man am Grunde der Koralle einen länglichen Fuß. Der zieht und schiebt den Polypen. Das Merkwürdige an der Geschichte ist nun, daß dieser Fuß gar kein Bestandteil des Polypen ist, sondern ein Sternwurm *(Aspidosiphon)*, der sich bis auf eine kleine Öffnung vom Kalkskelett des Polypen umwachsen ließ. Er genießt den Schutz und hat auch so einen Nutzen.

So waren auch die öden Schlammflächen unter dem Schiff ein Zoologenparadies, und wir entdeckten auf solchen Böden noch manch seltsamen Bewohner. Schöner war es allerdings in den Korallengärten um die Felsklippen.

Anemonenfische

Der Felsriegel im Westen der Ganges-Bucht sah unter Wasser stellenweise wie ein Blumengarten aus. In einer Tiefe von 3 bis 8 Metern bedeckten ganze Felder von zart fleischfarbigen Seeanemonen die Felsen. Und so, wie sich Blumen im Winde beugen und wiegen, so wogten auch die Tentakel der Anemonen in der Meeresströmung.

Der Stamm der Anemonen war fleischig und etwa 20 Zentimeter hoch; die entfaltete Tentakelkrone erreichte bei den meisten einen Durchmesser von rund 40 Zentimetern. Es gab mehrere Arten. Die häufigste *(Radianthus ritteri)* hatte weiße abgerundete Tentakelenden und wuchs oft in dichten Feldern auf dem Gestein. Zwei weitere Arten saßen bevorzugt zwischen Felsspalten auf dem Boden, in die sie sich ganz zurückziehen konnten. Die eine Art *(Radianthus kuekenthali)* sah Ritters Anemone ähnlich, doch verjüngten sich die zart weiß geringelten Tentakel gegen die Spitze zu. Die andere *(Discosoma)* hatte eine flach auf dem Boden ausgebreitete, mit kurzen Tentakeln bewachsene Tentakelscheibe, die bis zu einem Meter Durchmesser erreichte.

Die meisten Riff-Fische mieden diese schönen Blumentiere, und das mit gutem Grund. Ein kleiner Riffbarsch, den ich fing und probeweise zwischen die Tentakel einer Anemone steckte, wurde sofort von den Fangarmen festgehalten und genesselt. In wenigen Augenblicken hatte das Gift der Nesselzellen das Opfer getötet. Gefährliche Blumen sind es, die ihrem Besucher mit tödlicher Umarmung drohen, und dennoch haben sie Freunde.

Fast jede Anemone war von kleinen Fischen bewohnt. Auf Ritters Anemone lebte der gelb-weiß geringelte Clownfisch *(Amphiprion percula)* oder der nah verwandte Weißrücken-Anemonenfisch *(Amphiprion akallopisus)*. Die anderen beiden Anemonenarten wurden vom schwarz-weiß gebänderten Anemonenfisch *(Amphiprion xanthurus)* bewohnt. Immer nur eine Art besiedelte meist paarweise und mit einigen wenigen Jungtieren eine Anemone.

Ungestört fischten sie über der Anemone Plankton, wobei sie sich meist nicht weiter als einen Meter von ihr entfernten. Bei Gefahr flüchteten sie schnell zwischen die Tentakel. Sie konnten sich fest an die Tentakelkrone anschmiegen, sich heftig in ihr bewegen, ja sogar mit ihresgleichen kämpfen, nie hat die Anemone sie genesselt.

Was schützt sie vor den gefährlichen Nesselbatterien? Sind sie immun? Schützt sie ein besonderer Stoff? Oder werden sie gar von ihrer Anemone persönlich gekannt? Über alle diese Möglichkeiten hat man in letzter Zeit viel diskutiert, und die Beobachtungen verschiedener Forscher widersprechen einander zum Teil. Verwey, einer der ersten Beobachter, meinte, die Fische würden sich wohl durch das Fressen der Anemonententakel immunisieren. Wie können aber die kleinen Fische, die ja zunächst im freien Wasser leben, den ersten Kontakt herstellen, wenn sie nicht von vornherein geschützt sind?

Ein anderer Forscher meinte, die Anemone würde ihre Fische persönlich kennen und ihnen deswegen nichts tun. Aber das übersteigt wohl die Fähigkeit, die wir einer Anemone zuschreiben können. Wieder andere vermuteten, daß die Anemone ihren Symbionten am Verhalten erkennt.

Angesichts der großen Anemonenfelder beschloß ich, diesen Fragen nachzugehen. Es bot sich Gelegenheit, sowohl im Freien wie auch an Bord in Aquarien zu experimentieren.

Zuallererst prüfte ich die Reaktionsfähigkeit der von den Anemonenfischen bewohnten Anemonen und stellte dabei fest, daß sie alle einen Fisch nesseln und festhalten konnten, nur den sie normalerweise bewohnenden Anemonenfischen taten sie nichts, auch wenn ich sie von einer Anemone auf eine andere setzte. Die Möglichkeit, die Anemone könnte einen Anemonenfisch an seinem spezifischen Verhalten erkennen, konnte ich ausschließen, indem ich Anemonenfische festhielt und mit ihnen kräftig über die Tentakel strich. Auch bei dieser unnatürlichen Bewegung wurden sie nicht genesselt. Andere Fische wurden dagegen sofort gepackt, auch wenn sie eine Tentakelspitze nur sacht berührten.

Verfütterte ich Stücke von Anemonenfischen, dann klebten die Tentakel an der Wundseite fest, nicht jedoch an der Hautseite. Das erlaubt zwei mögliche Deutungen. Entweder fehlt in der Hautseite ein das Nesseln auslösender Stoff, oder die Tiere besitzen einen schützenden Hautschleim. Ein solcher könnte den auslösenden Stoff maskieren oder auch direkt auf die Nesselzellen wirken, indem er deren Entladung hemmt.

Weitere Versuche ergaben, daß ein intakter Anemonenfisch nicht in jeder x-beliebigen Anemone Zuflucht finden kann.

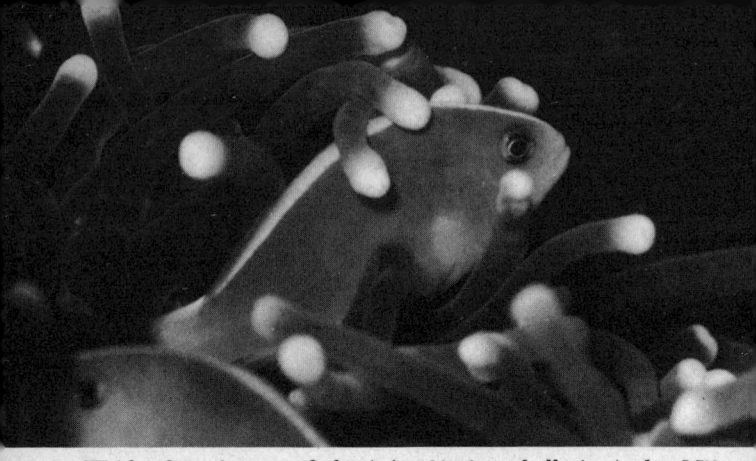

Weißrücken-Anemonenfische (Amphiprion akallopisus) der Nikobaren in einer Radianthusanemone.

Setzt man einen Clownfisch oder einen Weißrücken-Anemonenfisch in ein Aquarium zu Kuekenthals Anemone, die normalerweise nie von ihnen bewohnt wird, dann meiden sie diese. Selbst wenn man sie scheucht und wenn sonst keinerlei Deckung vorhanden ist, weichen sie jeder Berührung mit den Tentakeln aus. Steckte ich sie gewaltsam in die Anemone, dann wurden sie genesselt. Sie haben demnach durchaus das Nesseln auslösende Eigenschaften, und es ist anzunehmen, daß ein besonderer Hautschleim sie schützt, ob durch Maskierung oder durch Einwirkung auf die Entladungsschwelle der Nesselkapseln, muß noch festgestellt werden.

Während ich in den Nikobaren arbeitete, veröffentlichten die Forscher Davenport und Norris eine bemerkenswerte Arbeit. Auf Grund ihrer sorgfältigen Versuche entwickelten sie unabhängig von mir die Ansicht, daß ein Hautschleim die Fische schützt. Wenn sie zum Beispiel einen Glasstab, der Nesseln auslöste, mit dem Schleim eines Anemonenfisches überzogen, dann reagierte die Anemone nicht mehr.

Die Schutzstoffhypothese wurde jedoch in jüngster Zeit von einigen Zoologen abgelehnt. Hackinger sah in seinen Anemonen auch Lippfische und andere Nicht-Anemonenfische Schutz suchen und meint, die Fische würden die Anemone in irgendeiner Weise präparieren. Allerdings gibt er nicht an, um welche Anemonen es sich handelt. Auch Blösch meint, die Fische würden ihre Anemonen gewissermaßen »zähmen«, denn seine Anemonen nesselten auch Anemonenfische, nachdem sie längere Zeit allein gehalten waren. Sie duldeten jedoch zugesetzte Anemonenfische, wenn sie vorher mit anderen Anemonenfischen zusammengelebt hatten. Ähnlich meint auch Graefe, durch den dauernden Kontakt des Fisches mit der Anemone ermüde deren Reaktionsbereitschaft. Dazu kommt seiner Ansicht nach noch, daß dem Anemonenfisch gewisse das Nesseln auslösende Stoffe fehlen sollen. Das Hauptgewicht der Angewöhnungsreaktion bei dieser Partnerschaft läge jedoch bei der Anemone. Das auffällige Wippschwimmen der Anemonenfische soll dabei von Bedeutung sein, denn dadurch werde die Anemone dauernd massiert. Sie soll sich dabei spezifisch an Fische einer bestimmten Größe gewöhnen.

Hierzu müssen wir bemerken, daß dieses so charakteristische Wippschwimmen fast nur im Aquarium zu sehen ist, und zwar vor allem dann, wenn die Fische allein gehalten werden. Abel, der das ebenfalls ausdrücklich hervorhebt, meint, das Wippschwimmen sehe eher wie eine Manegebewegung aus. Auch ich glaube, daß es eine Art »Flucht am Ort« ist. Der Fisch weiß nicht wohin und pendelt zwischen Flucht zum Boden, wo er normalerweise in der Anemone Schutz findet, und Wegschwimmen. Im Freien konnte ich die Fische durch sehr heftiges Scheuchen dazu bringen, daß sie in ihrer Anemone wippten.

Zum Teil werden sich die Widersprüche wahrscheinlich daraus erklären, daß die verschiedenen Autoren verschiedene Arten von Anemonenfischen und von Anemonen untersuchten. Oft sind sie leider nicht in der Lage, die Artennamen anzugeben, so daß eine Überprüfung schwer ist.

Grundsätzlich ist es durchaus möglich, daß zwei Mechanismen am Werke sind: ein Schutzstoff und die Gewöhnung der Anemone. Nur hat letztere bei den von mir und Davenport untersuchten Symbiosen sicherlich eine sehr geringe Bedeutung. Bei Anemonen, die jedoch von vornherein nur schwach nesseln, wie zum Beispiel bei jenen, die Hackinger untersuchte, kann dies anders sein. Allerdings liegt das Anemonenfisch-Problem gerade dort vor, wo es sich um heftig nesselnde Arten handelt.

Nachdem ich das Vorhergehende niedergeschrieben und zum Druck gegeben hatte, berichtete mir Herr Blösch brieflich von den neuesten Ergebnissen seiner Untersuchungen, die er mittlerweile veröffentlicht hat. Er hat jetzt mehrere Anemonenarten untersucht und kann sie nach ihrem Verhalten in vier Gruppen einteilen:

a) Anemonen, die alle Anemonenfischarten anfangs nesselten.
b) Anemonen, die alle Anemonenfischarten sofort dulden.
c) Anemonen, die den Clownfisch *(Amphiprion percula)* sofort dulden, andere Arten aber nesseln.
d) Anemonen, die den Anemonenfisch *Amphiprion xanthurus* sofort dulden, andere Arten aber nesseln.

Die unter a genannten Arten gewöhnen sich an die Anemonenfische, und haben sie sich an einen gewöhnt, dann dulden sie auch andere. Hier also liegt das Schwergewicht der Angewöhnungsreaktion bei der Anemone. Die übrigen Versuche zeigten jedoch, daß die Fische einigen Anemonen gegenüber durch einen Schutzstoff geschützt sind, der im Falle c und d sehr spezifisch wirkt. Auch nach langer Isolierung von ihrer Anemonenart werden diese Anemonenfische nicht genesselt, und ein Angewöhnungsverhalten ist in diesen Fällen nicht erforderlich. Mit anderen Worten: es gibt sowohl die Angewöhnungsreaktion seitens der Anemone als auch den Schutzstoff der Anemonenfische, wie wir das eben noch als Vermutung aussprachen.

Bemerkenswerterweise nehmen jene Anemonen von Blösch, die sich an einen Fisch erst gewöhnen müssen, anemonengewöhnte Fische, die von einer gleichartigen Anemone stammen, schneller an, als solche, die noch keinen Kontakt mit einer Anemone hatten. Blösch konnte nachweisen, daß sich die Fische mit Stoffen ihrer Anemone »parfümieren«, die auf gleichartige Anemonen hemmend wirken. Bekanntlich nesseln ja Anemonen ihresgleichen normalerweise nicht, wohl aber Anemonen fremder Arten.

Auf ähnliche Weise schützt sich nach den neueren Untersuchungen von Schlichter der Anemonenfisch *Amphiprion bicinctus*, indem er sich mit dem Schutzstoff der Anemone imprägniert. Einen angeborenen Nesselschutz besitzt er nicht.

Der Wiener Zoologe E. Abel hat kürzlich im Mittelmeer eine Anemonen-Fisch-Symbiose entdeckt. In der Wachsrose *Anemona sulcata* fand er die Anemonengrundel *Gobius bucchichii*. Auch sie ist durch einen Schutzstoff geschützt. Kratzt man die schützende Schleimschicht an einer Stelle ab, dann wird der Fisch dort genesselt.

Hier wie dort erwächst dem Anemonenfisch ein eindeutiger Vorteil durch diese Partnerschaft: Er ist durch die nesselnden

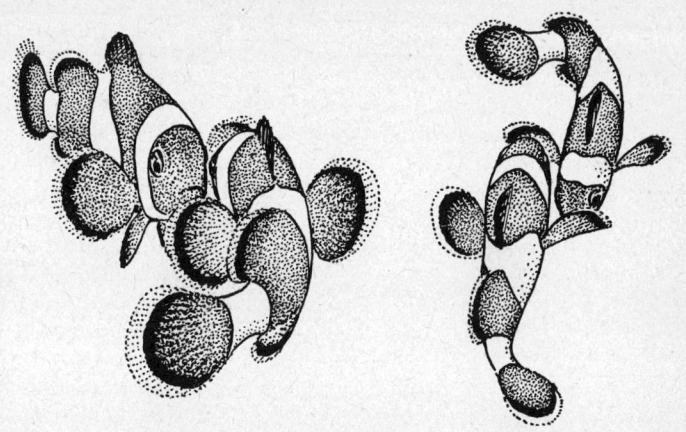

Die Pariertechnik kämpfender Clownfische (Amphiprion percula).

Tentakel vor Freßfeinden geschützt. Ob auch die Anemone davon einen Nutzen hat, ist noch umstritten. Fest steht, daß die Anemone auch ohne Anemonenfisch gut auskommt. Man trifft auch im Freien fischlose Anemonen an, dagegen sah ich dort nie einen Anemonenfisch der Gattung *Amphiprion* ohne Anemone. Die Fische sind nämlich recht unbeholfen, und wenn man sie in einiger Entfernung von ihrer Anemone entläßt, dann werden sie auf dem Weg nach Hause sehr schnell von einem Raubfisch geschnappt.

Bis zu einem gewissen Grad können die Anemonenfische ihrer Anemone wohl dienlich sein. Ich beobachtete, daß sie nekrotische Tentakelspitzen abbissen, und auch, wie sie Sand von der Anemone fegten. Im Aquarium – nie aber im Freien – hat man ferner gesehen, daß sie Futterbrocken zur Anemone schleppen. Da sie normalerweise über der Anemone nach Plankton fischen, dürften sie im Freien kaum an größere Futterbrocken herankommen.

Die Anemonenfische verteidigen ihre Anemone auch gegen fremde Fische anderer Arten. Kämpfen zwei Clownfische miteinander, dann beginnt das mit einem Drohduell. Mit metallisch harten »tack tack tack«-Rufen schwimmen die Kämpfenden einander entgegen. Die Lautäußerung erinnert fast an ein entferntes Maschinengewehrfeuer. Weicht der andere nicht, dann kommt es zum Kampf, der auf der Tentakelkrone ausgetragen wird. Ein Fisch macht plötzlich kehrt und peitscht mit einigen kräftigen Schwanzschlägen einen Wasserstrom gegen den Kopf des Gegners. Dann dreht er sich wieder um und droht weiter. Schwanzschläge können auch ausgetauscht werden, wenn die Partner nebeneinander stehen. Zuletzt versuchen die Fische einander in die Seite zu rammen und zu beißen. Der Gegner fängt jedoch die Vorstöße mit der gefächerten kräftigen Brustflosse auf. Er verwendet sie wie einen Schild, und durch diese hochentwickelte Pariertechnik trägt auch dieser Kampf ausgesprochen turnierhafte Züge.

Außer den eigentlichen Anemonenfischen gibt es eine Reihe von Fischen, die sich zwar nicht zwischen den Tentakeln der Anemone verstecken dürfen, jedoch gelegentlich in deren Nähe Schutz suchen. Der kleine Büschelbarsch *Cirrithichthys aprinus* sitzt gerne in der Nähe von Anemonen und flüchtet bei Gefahr zu deren Stamm. Gegen das Nesseln ist er nicht geschützt.

Ähnlich verhält sich bei den Nikobaren der Dreifleck-Korallenbarsch *(Dascyllus trimaculatus)*. Im Roten Meer sucht die gleiche Art jedoch Schutz zwischen den Tentakeln und verhält sich darin wie ein typischer Anemonenfisch. Er wird hier nicht genesselt. Im Wingate- und Sanganib-Riff vor Port Sudan sah ich ganze Wolken winziger Dreifleckbarsche über den Anemonen stehen und bei Gefahr zwischen die Tentakel flüchten. Die meisten waren nur einen Zentimeter lang, einige 3 bis 4 Zentimeter. Man konnte sie auch passiv über die Tentakel führen, ohne daß sie Schaden litten. Allerdings durfte man sie nicht mit dem Netz fangen, denn die schützende Schicht war offenbar dünn und leicht verletzbar. Ich fing sie daher in Plastiksäckchen. Überraschend ist, daß sich diese Art in zwei verschiedenen geographischen Gebieten verschieden verhält. Vielleicht stellt sich bei genauer Untersuchung heraus, daß sie auch morphologisch nicht ganz gleich sind. Auf jeden Fall führen sie uns vor, wie ein Anemonenfisch aus einer zunächst nur losen Assoziierung entstehen kann.

Seltsamerweise habe ich in der Karibischen See und bei den Bermudas bisher keine Anemonenfische beobachten können. Die Gattungen *Amphiprion*, *Premnas* und *Dascyllus* fehlen, obgleich die Meere, wie oben erwähnt, bis in jüngere geologische Zeiten in Verbindung standen. Ich sprach bereits oben die Vermutung aus, daß sie bei der eiszeitlichen Auskühlung ausstarben. Die freie ökologische Nische wurde bisher von keinem Fisch besetzt. Auf den großen Anemonen der Bermudas

(Condylactis gigantea und *Anemona bermudensis)* fand ich jedoch kürzlich eine kleine bisher nicht bekannte Garnele der Gattung *Periclimenes*. In einer Anemone wohnten meist zwei erwachsene und hin und wieder auch einige kleine Garnelen. Die zierlichen, transparenten Geschöpfe waren überraschend schön mit weißen und violetten Linien gezeichnet. Zwei auffallende violette und

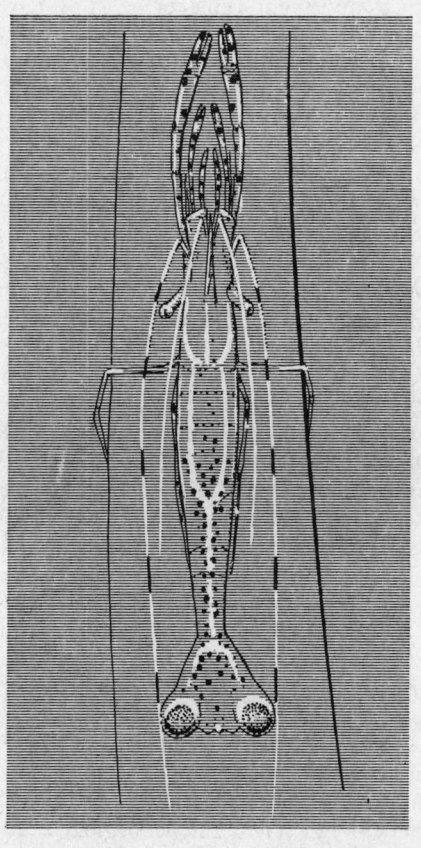

Schreckstellung der neu entdeckten Anemonengarnele Periclimenes anthophilus. Alle gezeichneten Körperanhänge werden parallel zum Körper gehalten. Mit dem durchscheinenden vorletzten Schreitbeinpaar hält sich das Tier am Anemonententakel fest.

zur Hälfte weiß gerandete Augenflecke schmückten die Schwanzflosse. Ungestört krochen sie auf den Tentakeln der Anemone herum und zupften mit dem kleineren Scherenpaar etwas von deren Oberfläche ab. Ich vermute, daß sie von dem fraßen, was die Anemone fing. Im Aquarium weideten sie auch auf dem Boden neben der Anemone.

Erschreckt klammert sich die Garnele mit dem vorletzten Schreitbeinpaar an einen Tentakel an. Die davorliegenden Schreitbeine und die Scheren streckt sie nach vorne, das letzte Schreitbeinpaar nach hinten. Ebenso legt sie die Fühler nach hinten über den Rücken. Nur das vorletzte Schreitbeinpaar, mit dem sich die Garnele festhält, tanzt aus der Reihe, und dies ist zum Unterschied von den anderen Schreitbeinen durchsichtig und ohne Musterung, so daß man es kaum sieht. Alle gemusterten Körperteile liegen parallel zueinander. In dieser Schreckstellung wiegt sich das Tier nach den Seiten, eine Bewegung, die man auch von vielen Zweiglein und Blätter nachahmenden Insekten kennt, die auch ähnliche Stellungen einnehmen. Bei der Bewegung könnte es sich um ein Nachahmen der Tentakelbewegung handeln.

Wenn die Garnele auf der Anemone umherklettert, verkürzen sich die Tentakel, oder sie krümmen sich, und einmal sah ich, daß einer auch einen Fühler nesselte. Das geschah aber nur, als ich die Garnele zu einer Anemone setzte, die bereits zwei Tage ohne Garnele war. Sie zeigte eine Zeitlang auch Intentionen, die Arme über die Garnele zu legen, doch entwand sich das Tier geschickt. Legte sich ein Tentakel über die Fühler, so schüttelten sie diese kräftig, und die Fangarme zogen sich zurück. Pistolenkrebschen, die ich in die Anemonen setzte, wurden sogleich gefangen und festgehalten.

Die Anemonengarnele hat sicher großen Vorteil von dem gewährten Schutz, und ich sah auch keine einzige ohne Anemone im Riff. Läßt man sie von ihrer Anemone entfernt aus, dann werden sie sehr schnell von den Riff-Fischen gefressen. Die Anemone hat keinen ersichtlichen Vorteil von ihrem Gast.

Daß Meerestiere bei Nesseltieren Schutz suchen, ist eine verbreitete Erscheinung. Viele Fische begleiten Schirmquallen und Staatsquallen, so die Erntefische *Peprilus* und *Poronotus*. Von den Freiwasserfischen der oberen Meeresschichten stellen nach Mansueti jedoch nur die Stachelmakrelen *(Carangidae)*, die Quallenfische *(Nomeidae)*, die Erntefische *(Stromateidae)* und die *Centrolophiden* Quallenbegleiter. Manche, wie die Lotsenfische, begleiten die Qualle nur als Jungtier. Sie und die Erntefische vergreifen sich an ihrem Wirt und fressen von ihm. Was alle diese Quallenbegleiter vor dem Genesseltwerden schützt, weiß man nicht. Mansueti vermutet, auch sie hätten Schutzstoffe.

Kleine Wunder um Strand und Lagune

Jener schmale Streifen um Inseln und Kontinente, wo Meer und Land einander begegnen, ist von einer ganz besonderen Lebensgemeinschaft besiedelt. Ihre Zusammensetzung wechselt, je nachdem, ob die Küste felsig, sandig oder verschlammt ist, und je nach Heftigkeit der Brandung und der Höhe des Gezeitenhubes. Wer an sandigen Küsten lebt, muß sich eingraben können, wer eine stark bebrandete Felsenküste bewohnt, muß sich festheften können und durch Panzerung dem Wellenschlag entgegenwirken.

Die Gezeitenzone ist mit Ebbe und Flut drastischen Wechseln ausgesetzt. Was eben noch von kühlen Fluten bedeckt war, kann nun für Stunden der Sonnenglut ausgesetzt sein. Das muß ein Organismus ebenso ertragen können wie einen plötzlichen Regenfall. Für ein Meerestier, das normalerweise an ganz gleichförmige Bedingungen mit geringen Temperaturschwankungen gewöhnt ist, bedeutet das eine ungeheure Umstellung. Man würde erwarten, daß dieser Lebensraum daher nur spärlich besiedelt ist, aber gerade das Gegenteil ist der Fall. Selbst über der Gezeitenzone, deren Grenze durch den Hoch- und Niedrigwasserpegel bestimmt wird, gibt es Meerestiere, obgleich diese Spritzwasserzone nur bei Wellengang und bei Springfluten befeuchtet wird und oft tagelang trocken liegt. Diese Zone wird allerdings nur von sehr wenigen widerstandsfähigen Tieren bewohnt.

In der Ganges-Bucht von Nord-Nikobar hatte ich alle verschiedenen Lebensräume vor mir. An die vorgeschobenen Steinriegel im Osten und Westen brandeten die Wellen, die Bucht hatte einen Sandstrand, der gegen die Flußmündung zu verschlammte und in einen üppigen Mangrovenwald überging. Bei ablaufendem Wasser ging ich hier sehr gerne spazieren, und da man beim westlichen Felsriegel das Boot gut verankern konnte, begannen meine Exkursionen meist dort.

In der Spritzwasserzone dieses Felsriegels lebte nicht allzuviel. In den Mulden und Spalten der sonnendurchglühten Felsen saßen jedoch Seepocken und kleine Schnecken. Die Seepocken schienen tot. Ließ man aber etwas Wasser über die Felsen rinnen, dann öffneten sich nach einer Weile die Schalenklappen. Rankenartige Füßchen breiteten sich netzartig aus und zogen sich mit einer Greifbewegung wieder ein. Das wiederholte sich in gleichmäßigem Rhythmus, solange das Wasser floß. So fischten sie Kleinlebewesen, und kam kein Wasser mehr, dann schlossen sie wieder ihre Schale.

Die Seepocken dieser Region sind äußerst widerstandsfähig. Ein italienischer Forscher hielt einmal 100 Seepocken *(Chthamalus stellatus)* trocken auf seinem Schreibtisch. Alle zwei bis drei Monate steckte er sie für ein bis zwei Tage ins Wasser. Von insgesamt 1036 Tagen waren sie nur an 59 Tagen untergetaucht. Dennoch starben jährlich nicht mehr als zehn bis zwölf Tiere.

Die Seepocken sind kleine Krebstiere, was man den erwachsenen zunächst gar nicht ansieht. Man würde sie bei oberflächlicher Betrachtung eher für irgendein Muscheltier halten. Die Larve gleicht jedoch durchaus jenen anderer niederer Krebse. Sie schwimmt frei im Wasser umher, macht einige Häutungen durch, bis sie etwa wie ein Muschelkrebschen aussieht. Ihr Körper ist dann von einer zweiklappigen Schale bedeckt. Die Cyprislarve verläßt das freie Wasser und sucht auf festem Grund nach einem Platz zum Festsetzen. Sie prüft den Boden mit den Fühlern und bevorzugt eine rauhe Unterlage. Auch ein chemischer Reiz scheint eine gewisse Rolle zu spielen, denn dort, wo schon einmal Seepocken saßen, siedeln auch andere gern. Schabt man die Seepocken von der Unterlage, dann wird dieser Fleck bald wieder besiedelt, selbst wenn es nach menschlichem Ermessen daneben genausogut ginge. Das ist eine sehr zweckmäßige Anpassung, denn dort, wo schon andere lebten, kommt man sicher auch selbst durch.

Die Tiere heften sich mit dem Drüsensekret des ersten Fühlerpaares fest und verändern ihre Form. Das mit dem Kopf festsitzende Tier scheidet einen Kranz von sechs miteinander verfugten Mauerplatten ab. Diese Mauerkrone ist unten durch eine verkalkte Basisplatte abgeschlossen. Nach oben kann sich das Tier durch zwei Paar in die Mauerkrone eingesenkte Schalenklappen abschließen. Zwischen ihnen streckt es seine Fangbeine vor.

Am oberen Rand der Gezeitenzone bildeten die Seepocken einen breiten Gürtel. Sie waren größer und gehörten einer anderen Art an als jene der Spritzwasserzone. In der Gezeitenzone wimmelte es von verschiedenartigen Schnecken. Besonders zahlreich war die rundliche, 2 bis 3 Zentimeter lange Schnecke *Nerita polita*. Sie waren überraschend vielfältig gemustert. Da gab es rein weiße neben grauen und einfarbig schwarzen Schnecken, weiß und schwarz gesprenkelte, braune mit roten Längsbinden, rotbraune mit schwarzen Längsbinden, graue mit weiß eingefaßten schwarzen Binden und viele andere mehr. Ob diese Vielfalt eine Anpassung ist?

Als ich die Schnecken aufsammelte, griff ich anfangs nur nach den gebänderten, bis ich auch die gescheckten und danach die einfarbigen bemerkte. Die hatte ich nämlich zunächst für Steinchen gehalten. Ich kann mir vorstellen, daß es irgendeinem Schnecken fressenden Vogel ähnlich ergeht. Die Vielfalt der Muster könnte es ihm erschweren, das Suchen zu rationalisieren. Er kann sich ja nicht auf eine bestimmte Sorte einstellen.

Die uferbewohnenden Schnecken sind besonders interessant, weil sie uns verschiedene Stufen der Landtieranpassung vorführen. In England hat man die Schnecken der Gattung *Littorina* genauer untersucht. Man findet auf dem gleichen Uferstreifen mehrere Arten, jede in einer bestimmten Zone. In der untersten Gezeitenzone, die nur bei tiefster Ebbe trocken liegt, lebt *Littorina littorea*. Sie ist noch ganz Meeresschnecke, und ihren Eiern entschlüpft eine Larve, die sich frei im Meerwasser entwickelt. Etwas höher in der Gezeitenzone lebt *Littorina obtusata*. Sie entwickelt noch eine Larve, doch ist ihre Entwicklungszeit erheblich abgekürzt. Die nahe der Hochwassergrenze lebenden Uferschnecken *Littorina rudis* und *Littorina neritoides* schließlich haben überhaupt keine freien Larvenstadien. Sie sind vielmehr lebendgebärend. Die Gezeitenregion ist in dieser Beziehung eine Brücke zum Land. Auch manche Krabben sind von hier aus landeinwärts vorgedrungen, ebenso Asseln, ja sogar einige Fische, die wir gleich näher kennenlernen werden.

Umgekehrt dringen auch Landtiere gegen das Meer vor. Allerdings sind es nur wenige Arten. Von dem großen Heer der Insekten gelang es nur einigen »Außenseitern«, hier Fuß zu fassen. Verwandte der Wasserläufer sind zu Meerläufern (*Halobatos*) geworden. Selbst auf der hohen See tummeln sie sich an der Oberfläche. Sie sind aber Luftatmer geblieben, und ihre Eier verankern sie auf treibenden Vogelfedern.

Höchst bemerkenswert sind einige Meeresmücken, deren Larven sich im Meere entwickeln. Bei den Vertretern der Gattung *Clunio* und *Pontomyia* bleiben sogar die fertigen Weibchen im Meer. Sie besitzen keine Flügel, nur winzige, oft stummelförmige Beine und erinnern in ihrem Aussehen eher an eine Made als an eine Fliege. Sie werden unmittelbar nach dem

Schlüpfen an der Wasseroberfläche befruchtet, legen ihre Eier und sterben. Die ebenfalls kurzlebigen Männchen der genannten Gattung sehen noch wie Fliegen aus, allerdings sind ihre Flügel bereits reduziert. Ohne einzusinken, stehen sie mit ihren Beinen auf der Wasseroberfläche und treiben sich mit ihren Flügeln voran. Die Männchen von *Clunio* schwirren mit ihren kurzen Flügeln wie ein kleines Flugboot dahin. Bei den Männchen der Gattung *Pontomyia* sind die Flügel zu schmalen Rudern um-

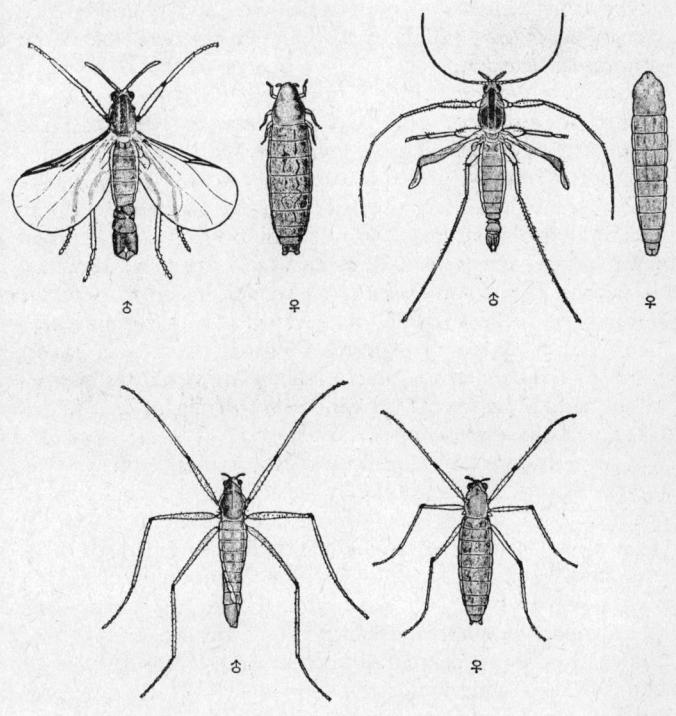

Die flugunfähigen Meeresmücken. Oben links: Clunio tsushimensis, deren geflügeltes Männchen (♂) wie ein Flugboot über die Wasseroberfläche gleitet. Rechts: Pontomyia natans, deren Männchen (♂) mit den paddelförmigen Flügeln rudern; ihr mittleres Beinpaar ist verkürzt, damit es den Flügeln nicht im Wege ist. Die Weibchen (♀) beider Arten haben weitgehend verkümmerte Gliedmaßen. Unten: Die an Wasserläufer erinnernde Tethymyia aptena (aus H. Hashimoto, 1962).

gewandelt, mit denen die Fliege richtig auf der Wasseroberfläche dahinpaddelt. Damit ihr dabei das mittlere Beinpaar nicht im Wege ist, ist dieses verkürzt. Es dient in erster Linie dazu, die Weibchen festzuhalten.

Wieder einen anderen Weg der Anpassung haben die Meeresmücken der Gattung *Tethmyia* beschritten. Hier sind Männchen und Weibchen gleich gut entwickelt. Beide sind aber völlig flügellos. Sie erinnern entfernt an Wasserläufer und laufen mit ihren langen Beinen auf dem Wasser und den nassen Uferfelsen umher. Einzelheiten sind aus den beigefügten Abbildungen zu ersehen, die einer vorzüglichen Arbeit des Japaners Hashimoto entnommen wurden.

Alle diese Meeresfliegen gehören der Gruppe der Zuckmücken an, und man fragt sich, weshalb gerade diese eine Fliegengruppe einen solch eigenwilligen Weg beschritt. Einige besondere Voranpassungen dürften ihr das ermöglicht haben. Zunächst entwickeln sich auch bei uns die Larven der Zuckmücke unter oft extremen Umweltbedingungen, zum Beispiel im Faulschlamm unserer Gewässer. Man kann sich vorstellen, daß solche Arten von Faulgewässern der Inseln in brackige Gewässer und zuletzt ins Salzwasser vordrangen. Inselinsekten zeigen ferner oft ein reduziertes Flugvermögen, und das ist sicher eine Voraussetzung für das Leben an einer Küste, wo die Gefahr, aufs Meer hinaus verweht zu werden, groß ist.

Auch eine Lungenschnecke *(Siphonaria)* ist in die Gezeitenzone vorgedrungen. Sie wurde äußerlich zu einer Napfschnecke. Wie die echten Napfschnecken *(Patella)* hat sie ein hütchenförmiges Gehäuse und einen breiten Fuß, mit dem sie sich am Gestein festhält. Die Ähnlichkeit erstreckt sich jedoch nicht allein auf die Gestalt. Die »falschen« Napfschnecken sind ebenso ortstreu wie die richtigen. Nach ihren Weidegängen kehren sie immer wieder zu einer bestimmten Stelle zurück, wo sich ihre Schale jeder Unebenheit der Unterlage anfügt. Nur das ermöglicht es diesen Schnecken, sich fest genug der Unterlage anzuschmiegen und so der Austrocknung bei Ebbe zu widerstehen. Auf kalkiger Unterlage fräsen sie oft eine Sasse ins Gestein. Das sieht man vor allem auf großen Siphonarien-Schalen deutlich, die oft von Jungen bewohnt werden.

Die Tiere einer bebrandeten Felsenküste haben solcherart in Anpassung an den Lebensraum eine Reihe Ähnlichkeiten erworben. Sie sind oft bauchseitig abgeplattet und heften sich fest durch Kittsubstanzen, Haftsohlen oder, wie die Stachelhäuter, durch zahlreiche Saugfüßchen. Viele sind gepanzert, so der Panzerseeigel *(Podophora)*, dessen Stacheln zu einem kurzen schützenden Pflaster umgewandelt sind.

Ganz andere Lebensbedingungen konnten wir an der Sandküste gleich neben dem Felsriegel studieren. Hier gab es keinerlei Anheftungsmöglichkeiten und keine Spalten und Höhlen, in denen sich die Organismen verbergen könnten. Schutz fand nur, wer sich schnell vergraben konnte. Dann allerdings war er auch vor Austrocknung gut geschützt, und Nahrung gab es immer genügend, denn jede Welle spülte eine Unzahl Kleinlebewesen an Land. Diese Zone haben vor allem die Krabben erobert.

Bei Ebbe wimmelte der Sandstrand der Ganges-Bucht von den kaum daumennagelgroßen Kugelkrabben *Dotilla sulcata*. Sie kamen bei fallendem Wasser aus ihren Löchern und begannen sofort zu fressen. Mit ihren kleinen Scheren, die sie geschlossen wie Löffel benutzten, schaufelten sie in schneller Folge Sand zwischen das dritte Kieferfußpaar. Wenige Sekunden nach Freßbeginn erschien an der Oberkante des dritten Kieferfußes, also auf dem »Kopf« des Tieres, ein sich schnell vergrößernder Sandtropfen. Nach 15 bis 20 Einschaufelbewegungen faßte eine Schere von hinten den Sandtropfen und wischte ihn unter den Körper, wo er von den letzten Schreitbeinen übernommen und weiter nach rückwärts befördert wurde. Etwa alle 10 Sekunden wurde eine Pille abgelegt.

Altevogt hat den Mechanismus des Nahrungserwerbs kürzlich bei einer verwandten Art genauer untersucht. Mit Hilfe besonderer Borsten des dritten Kieferfußpaares trennen sie den Sand von den organischen Bestandteilen. Das mit der Fraßpille austretende Atemwasser strömt über den Rücken der Tiere nach hinten. Dabei belädt es sich von neuem mit Sauerstoff. Unter dem Tier tritt es durch die Kiemenöffnung ein und kommt durch den Kiemenraum schließlich wieder in die Aussiebkammer, wird wieder zum Ausschlämmen benutzt und so fort im Kreislauf. Da der Sand selbst feucht ist, geht kaum etwas von diesem Atemwasser verloren.

Bald nach Eintritt der Ebbe war der ganze Sandstrand mit winzigen Sandkügelchen, den abgelegten Fraßpillen der Kugelkrabben, übersät, und zwar in einer überraschend regelmäßigen Anordnung: Die Fraßpillen lagen in mehreren konzentrischen Ringen um das zentrale Wohnloch der Krabbe.

Eine breite gerade Straße, die senkrecht zu diesen Wällen vom

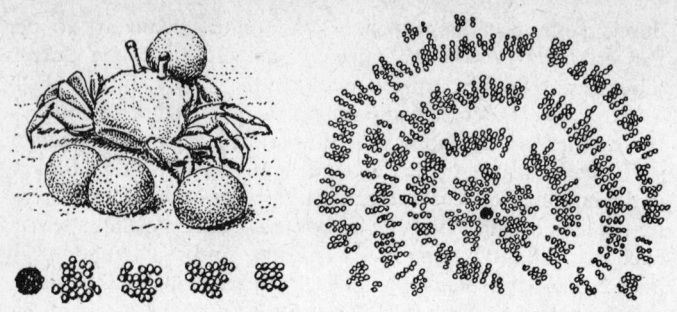

Die Kugelkrabbe Dotilla sulcata. Links oben: fressend. Eine Fraßpille wächst gerade auf der Stirn des Tieres, drei weitere sind hinter ihm abgelegt. Darunter: Muster der abgelegten Pillen zu Beginn der Freßtätigkeit und daneben die auf diese Weise entstandenen Ringwälle.

Wohnloch wegführte, blieb frei. Diese Ringburgen fesselten die Aufmerksamkeit des Ehepaares Hass. Viele Stunden lagen sie mit der Kamera vor diesen winzigen Wesen auf dem Bauch, beobachtend, filmend und in der Sonne bratend. Das Ergebnis war ein hochinteressanter Film, der kürzlich im Rahmen der Encyclopaedia cinematographica des Göttinger Instituts für den Wissenschaftlichen Film veröffentlicht wurde.

Beim Fressen läuft die Krabbe im Seitwärtsgang geradlinig vom Wohnloch fort. Die abgelegten Fraßpillen schiebt sie hinter sich, und zwar immer in Gruppen, zwischen denen ein ziemlich regelmäßiger Abstand eingehalten wird. Bemerkt die Krabbe eine Fraßpille, die zufällig einmal zwischen zwei solchen Gruppen liegt, dann schiebt sie diese mit den Laufbeinen zur einen oder anderen Gruppe. Hat sich die Krabbe etwa einen halben Meter vom Baueingang entfernt, dann huscht sie zurück und beginnt von neuem. Ihr Gesicht ist immer der unbeweideten Fläche zugewandt, die Fraßpillen schiebt sie hinter sich vor die Gruppen der zuletzt abgelegten. So beackert das Tier den Sandboden um sein Wohnloch, und die Fraßpillen formen zuerst eine vom Wohnloch wegführende Reihe, die sich mit dem Fortschreiten der Freßtätigkeit zu Ringwällen auswächst. In diesen Ringwällen werden ein bis zwei breite Radiärstraßen ausgespart. Wozu dient nun das schöne Muster?

Unsere Beobachtungen weisen darauf hin, daß sich die Krabben auf diese Weise Fluchtwege freihalten. Schnitt man ihnen den kürzesten Weg zum Wohnloch ab, dann flitzten sie einen Viertel- oder Halbbogen in einer Ringstraße entlang zur Radiärstraße, die dem Loch am nächsten liegt. Auf dem Wege liegende Kügelchen würden die Tierchen beim Flüchten erheblich behindern.

Die Kugelkrabben fraßen die meiste Zeit während der Ebbe. Nur wenn ein Nachbar zu nahe kam, unterbrachen sie diese Tätigkeit und drohten, indem sie wie ein Trommler mit der Außenseite der Scheren gegen den Boden klopften und zwischendurch beide Scheren gleichzeitig drohend hochhoben. Vor dem Einsetzen der Flut gruben sie ihr Wohnloch tiefer und verschwanden in ihm, die Öffnung mit einem Sandpfropf schließend. Sie halten so Luft im Bau und überdauern in dieser Luftblase die Flut. Woran sie merken, daß die Flut kommt oder wann wieder Ebbe ist, hat man noch nicht untersucht.

Gegen die Mangrovenzone zu sah man auch Winkerkrabben. Sie siebten den Sand nach dem gleichen Prinzip durch wie die Kugelkrabben, nur erschien die Fraßpille an der Basis der Mundwerkzeuge. Sie legten die Pillen ferner nicht so schön geordnet ab, vielleicht weil sie weniger davon produzierten. Zum Unterschied von den Kugelkrabben ist ihr Aussiebmechanismus nämlich viel wirksamer. Während jene nach Altevogt nur 12 bis 16 Milligramm Eiweiß aus einem Gramm Sand heraussieben, bekommen die Winkerkrabben 40 bis 63 Milligramm aus der gleichen Sandmenge. Da sie also weniger lang zu fressen brauchen, bleibt ihnen auch mehr Zeit zu anderer Beschäftigung, und die besteht bei den Männchen vor allem in eifriger Balz. Mit ihrer auffällig vergrößerten Winkschere lenken sie die Aufmerksamkeit der Weibchen auf sich. Sie heben und senken sie in gleichmäßigem Rhythmus, und nähert sich ein Weibchen, dann nimmt die Winkfrequenz zu. Kommt es heran, dann läuft er ihm voran in sein Wohnloch und lädt so zum Nachfolgen ein, worauf es sich bisweilen auch einläßt.

In dem am Strand angeworfenen Seegras und anderen Pflanzenresten tummelten sich Strandflöhe, die in Größe und Gestalt an unsere Seitenasseln erinnern. Sie halten sich stets im Strandanwurf auf. Setzt man sie landeinwärts, dann flüchten sie zur See, und setzt man sie ins Meer, dann flüchten sie heraus. Diese Richtungstendenzen sollen nach Papi und Pardi übrigens bei italienischen Strandflöhen angeboren und nach dem Standort verschieden sein. Tiere, die in ihrer Heimat ostwärts zum Meer flüchten, bleiben bei dieser Richtung auch dann, wenn ihr

Fluchtweg sie am neuen Ort nur noch weiter landeinwärts führt, und im Laboratorium aufgezogene Nachkommen verhalten sich ebenso. Als Kompaß benützen sie die Sonne, deren Wanderung sie mit einer »inneren Uhr« verrechnen. Erst dieser Mechanismus ermöglicht es, die tägliche Richtungsänderung zu kompensieren und die Sonne als Kompaß zu nützen. Eine Sonnenkompaß-Orientierung wurde übrigens bei einer ganzen Reihe von Tieren wie Bienen, Vögeln und Fischen nachgewiesen. Die Entdecker des erstaunlichen Phänomens waren v. Frisch und G. Kramer. Kramers gekäfigte Stare flatterten zur Zugzeit stets in die gleiche Richtung: im Herbst nach Süden und im Frühjahr nach Norden. Lenkte er nun die Sonnenstrahlen durch Spiegelung um einen bestimmten Betrag ab, dann änderte sich die Richtungstendenz der Vögel um den gleichen Betrag. Die Richtung wurde unabhängig von der Tageswanderung der Sonne beibehalten. Nun dressierte Kramer Stare darauf, ihr Futter in bestimmter Richtung zu suchen. Sie mußten dabei die Sonne zur Orientierung nützen, da es sonst in der Versuchsanordnung keinerlei Anhaltspunkte gab, nach denen sich die Tiere hätten richten können. Als die Dressur gefestigt war, prüfte er sie zu verschiedenen Zeiten in einem Kellerraum unter einer künstlichen, feststehenden Sonne. Hier bewirkte nun der innere Verrechnungsmechanismus, daß die Wahlrichtung der Vögel in gesetzmäßiger Weise wechselte. Sie verhielten sich so, als würde die feststehende Sonne wandern, und kompensierten dementsprechend.

Wo die Brandungswellen das Sandufer bespülten, lebten zahlreiche Maulwurfskrabben. Mit dem Vorderende zum Meer orientiert, lagen diese 2 bis 3 Zentimeter langen Tierchen, den gewölbten Rückenschild nach unten, im Sand vergraben. Spülte eine Welle ans Ufer, sah man nichts von ihnen, lief sie aber ab, dann streckten auf einmal Hunderte dieser Krebschen ihre beiden gefiederten Fühler aus dem Sand und fischten Kleinlebewesen aus dem abströmenden Wasser. Kam die nächste Welle, dann zogen sie ihre Fühler ein und verzehrten ihre Beute.

So war auch der Ufersand voller Leben, und ging man erst mit dem Mikroskop auf Suche, was Gerlach immer tat, dann nahmen die Überraschungen kein Ende, denn selbst zwischen den Sandkörnern in dem vom Wasser gefüllten feinen Lückensystem lebt eine eigene Tiergemeinschaft, die A. Remane vor vielen Jahren entdeckt hat. Es handelt sich meist um langgestreckte kleine Tiere aus den verschiedensten Tiergruppen, die

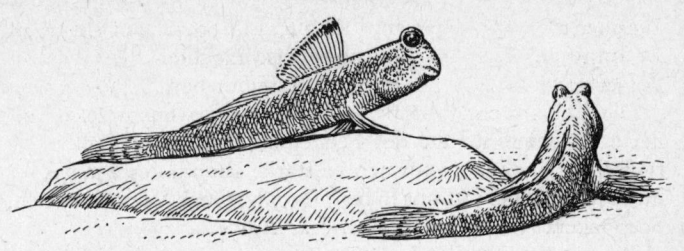

Schlammspringer (Periophthalmus gracilis) an Land. Das linke Tier droht durch Aufrichten der ersten Rückenflosse.

zum Teil recht abweichende Formen bilden. Manch neuen Organisationstypus haben er und seine Mitarbeiter im Sand gefunden. »Es konnte hier im 20. Jahrhundert noch einmal die Begeisterung über eine neue Welt organischer Formen erlebt werden, die den Plankton- und Tiefseeforschern des vorigen Jahrhunderts« einen so mächtigen Impuls gegeben hat«, schrieb Remane. P. Ax hat kürzlich ein schönes Bändchen darüber veröffentlicht.

Bei den Mangroven begann das Reich der Schlammspringer. Diese glotzäugigen Fischchen sind zu halben Landtieren geworden. Sie saßen am Ufer, kletterten um die Mangrovenwurzeln und suchten Krebschen, Insekten und anderes. Der Vorderkörper ruhte auf den kräftigen Brustflossen, auf denen sie auch dahinrobbten. Der Schwanz half nach, und mit seiner Hilfe konnten die Tiere auch kleine Sprünge ausführen. Scheuchte man sie ins Wasser, dann schwammen sie, den Kopf über Wasser haltend, an der Oberfläche dem nächsten Uferstreifen zu. Sie konnten sich auch in einer Serie von Sprüngen auf der Wasseroberfläche fortbewegen, wenn sie es eilig hatten. Störte sie eine Fliege, dann schlugen sie mit der Brustflosse nach ihr, und sie wischten sich mit der Flosse auch über die Augen.

Von Zeit zu Zeit krochen sie zum Wasser, steckten das Maul in die Fluten und pumpten ihre Kiemenhöhle voll. Es sah aus, als würden sie trinken. Auch wälzten sie sich, seitlich überkippend, im Wasser oder im nassen Sand und befeuchteten so die Haut, wie wir es bereits von anderen uferbewohnenden Fischen hörten. Auf Java und Sumatra gibt es einen Schlammspringer, der eine trockene Haut besitzt und dies nicht mehr nötig hat. Obgleich die Schlammspringer kein Übergangsglied zu den

Lurchen sind, kann man sie doch gut als Modell einer Landtierwerdung ansehen. In ähnlicher Weise mochten die Quastenflosser der Steinkohlenzeit in der Uferregion herumspaziert sein.

Die Lebensgemeinschaft auf den Mangrovenwurzeln erinnerte in vielem an die der Felsregion, allerdings fehlten die typischen Anpassungsformen an starke Brandung, wie wir sie im Panzerseeigel vor uns haben. Es gab jedoch Uferschnecken, Seepocken, Krabben und zahlreiche Austern.

Bei Flut tauchten wir öfter zwischen den Mangroven der Flußmündung. Das Wasser war dann klar, und für kurze Zeit stand es still. Vor den Mangroven im freien Wasser lauerten Hornhechte und Halbschnabelhechte, und häufig begegnete uns ein Trupp von Stachelmakrelen und Meeräschen. Auf dem Schlickboden fand ich unsere alten Freunde, die emsig baggernden Garnelen mit ihren wachsamen Grundeln.

Im Dickicht der Stelzwurzeln schwammen Rotfeuerfische langsam wie Segelschiffe umher. Seebader, Kaninchenfische, Wimpelfische und selbst die langschnäuzigen Pinzettfische (*Forcipiger*) kamen bei der Flut aus dem Riff zu Besuch. Zahlreiche Grundeln, Schleimfische, Kardinalfische, Argusfische, Schwärme des Silberflossenblattes und ein dunkler Mangroven-Riffbarsch mit orangerotem Bauch und gelblicher Schwanzflosse gehörten zu den häufigen ortsansässigen Fischen. Vereinzelt traten auch Schützenfische auf. Sie wurden um so zahlreicher, je weiter man in die Flußmündung eindrang. Als wir einmal den Fluß hinauffuhren, fanden sie bis in die Süßwasserzone hinein.

Manch einer wird diesen Fisch aus einem Verslein und einer Skizze von Wilhelm Busch kennen:

> Der Spritzefisch ist ein
> Gar listiger Geselle.
> Gib acht und hüt dich fein,
> Leichtsinnige Libelle!

So schreibt er und zeichnet einen Fisch, der mit einem Wasserstrahl eine Libelle aus der Luft schießt.

Daß es so einen Fisch aber wirklich gibt, wird manchen vielleicht überraschen. Die kleinen Fischchen jagen wirklich Insekten, die über dem Wasser leben, und holen sie durch gezieltes Spucken herunter. Lüling, der das kürzlich näher untersuchte, berichtet, daß erwachsene Schützenfische von 20 Zenti-

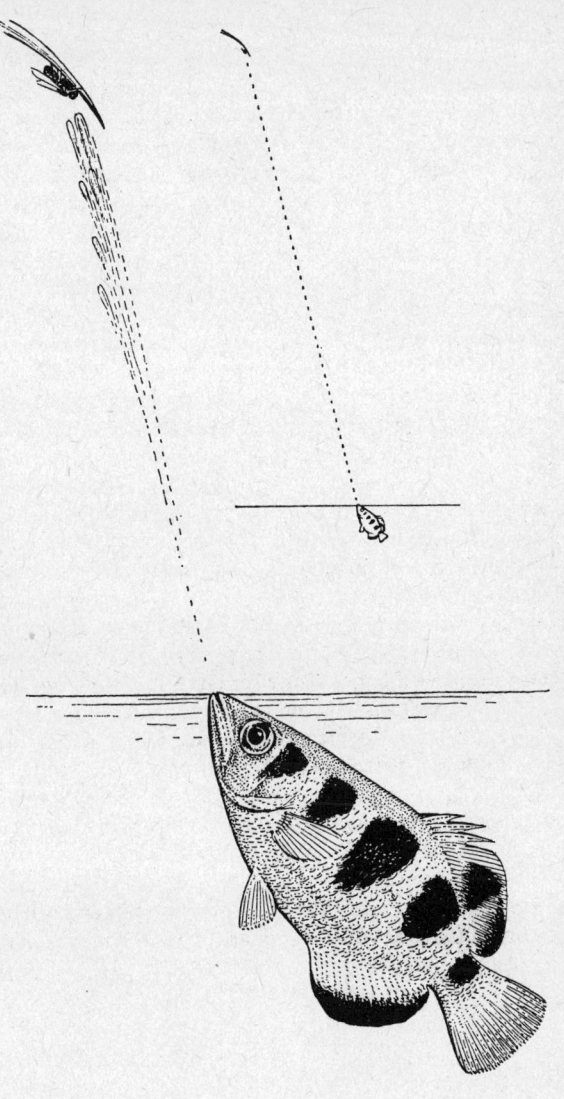

Nach Insekten spuckender Schützenfisch (Toxotes jaculatrix). Der Fisch soll noch auf das Zehnfache seiner Körperlänge gezielt spucken können, was in der kleineren Skizze dargestellt ist.

meter Länge bis zu 1,50 Meter hoch spucken; 3 Zentimeter lange Jungfische spucken 20 Zentimeter hoch. Der Fisch lauert normalerweise knapp unter der Wasseroberfläche. Sieht er ein Insekt, dann schwimmt er so nahe wie nur möglich heran, fixiert die Beute beidäugig und stellt sich möglichst steil unter ihr auf: je steiler er steht, desto geringer ist die Brechung des Lichtes, und er braucht nichts zu kompensieren. Nun nimmt er Wasser in die Mundhöhle und preßt es durch plötzliches Ausdrücken der Kiemendeckel zwischen der angepreßten Zunge und einer Rinne im Munddach aus dem Maul. Die Oberkieferspitze durchstößt dabei die Wasseroberfläche. Die Kraft ist erheblich, und eine Schabe wird durch einen solchen Beschuß leicht von der Unterlage, auf der sie sitzt, abgehoben. Der Fisch spuckt nach Insekten, die auf vertikalen Flächen sitzen, so, daß der Wasserstrahl etwas unterhalb auftrifft und die Beute abhebt. Bleibt sie weiter sitzen, dann schießt er einige Male hintereinander.

Unmittelbar nach dem Schießen ist der Fisch ganz darauf eingestellt, aufs Wasser Fallendes zu schnappen, und nimmt dann auch blindlings Ungenießbares, wenn man es ihm vorwirft.

Wie dieses Verhalten sich im Laufe der Stammesgeschichte entwickelt hat, weiß man nicht. Eine Reihe von Fischen, die im Sande oder zwischen Pflanzen ihre Nahrung suchen, blasen durch einen Wasserstrahl die oberste Sandlage oder Pflanzenteile weg und legen dabei Beutetiere frei. Das tun zum Beispiel Igelfische. Wir haben zwei Igelfische in unserem Institut, die an der Oberfläche gefüttert werden. Wenn wir uns dem Becken nähern, kommen die zahmen Tiere in Futtererwartung herauf und spucken dabei in ihrer Freßerregung ungezielt Wasser über die Oberfläche. Ein bodenbeweidender Fisch, der zum Fressen an der Oberfläche übergeht, könnte das Spucken gewissermaßen als Voranpassung mitbringen und hier weiterentwickeln. Aber wie immer sich auch der Schützenfisch entwickelt haben mag, daß es ihn gibt, gehört zu den vielen kleinen Wundern um uns.

Unsere Begegnung mit den Schom Pen

Wenn sich der Vorhang der Regenwolken lichtete, dann konnten wir von unserem Ankerplatz über die Flußmündung und den östlichen Felsriegel hinweg die grünen Hügelketten von Groß-Nikobar sehen. »Dort leben die Schom Pen«, erzählten uns die Inder, »ein wildes Volk, das keine Besucher duldet. Wir haben versucht, durch Geschenke den Kontakt herzustellen, und was wir ihnen hinlegten, das holten sie auch nachts ab. Aber wenn wir folgen wollten, dann vertrieben sie uns mit ihren Holzspeeren. Vor zwei Jahren wollten einige von uns trotzdem in das Gebiet eindringen, aber von denen kam keiner zurück.«

Die Schom Pen sind ein praktisch unbekanntes, scheues Völkchen, das nur auf Groß-Nikobar lebt. Man schätzt die Bevölkerung auf 300 Seelen. Zum Unterschied von den Nikobarern bewohnen sie auch das Innere der Insel, und sie gehören nach spärlich vorliegenden Berichten auch anderen Rassen an. Man vermutet, daß es sich bei diesem Völkchen um Überreste einer einstigen weddiden Urbevölkerung handelt, die von den später ankommenden malaiischen Nikobarern verdrängt wurden. Nur zwei Wissenschaftler haben bisher über kurze Begegnungen mit den Schom Pen berichtet, und das liegt lange zurück.

Die erste Erwähnung der Schom Pen verdanken wir dem dänischen Pastor Rosen, der 1831-1834 auf Kamorta lebte: »Im Inneren von Groß-Nikobar soll eine wilde Völkerschaft, wahrscheinlich von höherem Althertum als die übrigen, wohnen. Die Nikobaresen betrachten sich als jenen Wilden sehr überlegen und vergleichen sie mit Affen. Sie sollen keine Kleider tragen, keine Häuser besitzen, wie Thiere in dichten Wäldern wohnen, den Anblick der Menschen scheuen und ihre Schlupfwinkel nie verlassen, außer um Lebensmittel zu suchen, die sie zuweilen aus den Hütten am Strande rauben, wenn diese verlassen sind.«

Die Mitglieder der Galathea-Expedition fanden 1845 eine frisch verlassene Siedlung, als sie den Galathea-Fluß hinauffuhren. Als erstem Europäer gelang es Roepstorff, den Kontakt mit den Schom Pen herzustellen. Er besuchte mit einigen Nikobarern das Nikobarerdorf Laful im Gebiet des Ganges-Hafens und traf dort einen jungen Schom Pen. »Es war ein

Mongole mit kleinen schiefen Augen, seine Nase war gerade, aber unten flach, sein Mund weniger hervorragend als bei den Strandbewohnern, die Zähne klein und wohlgeformt, aber schwarz. Das Haupthaar war wild und ungekämmt und über den Augen abgeschnitten. Er zeigte sich anfangs bereit, ihn zu der Siedlung zu führen, zögerte aber dann und versprach schließlich, in vier Tagen wiederzukommen. Während wir sprachen, kam ein Schwein heran, und er erzählte uns, daß dieses Schwein ihm den ganzen Weg, von seiner Wohnstätte an, wie ein Hund gefolgt sei und überall mit ihm gehe.«

Im Oktober 1880 besuchte Roepstorff neuerlich den Ganges-Hafen und stellte wieder über die uferbewohnenden Nikobarer den Kontakt mit einem Schom Pen her. Diesmal begegnete ihm ein ganz anderer Typ: »Sobald ich ihn erblickte, war ich sicher, Papua-Blut vor mir zu haben. Sein Haar war üppig, buschig und leicht gekräuselt *(curled)*, bedeckte gleichmäßig den Kopf und wuchs nicht, wie bei den Negritos, in Büscheln. Sein Antlitz war angenehm, besonders wenn er lächelte, Stirne hoch, Nase wohlgeformt, die Oberlippe ragte merklich hervor, Unterlippe klein, Zähne schwarz, aber nicht groß, wie die der Strandbewohner. Ein Zahn war lose, der Mann war indessen nicht zu bewegen, ihn herzugeben. Seine Hautfarbe war kupferbraun, heller als die unserer Führer aus Groß-Nikobar und Nankauri.« Erst im März des folgenden Jahres drang Roepstorff bis zu einer Siedlung vor. Mit einem Boot fuhren er und sein Führer zuerst von der Nikobarersiedlung Laful aus etwa 1,5 Meilen flußaufwärts. Nach einem anschließenden Landmarsch von einer halben Meile gelangten sie in eine Bananenpflanzung, wo er den papuaähnlichen Mann wiedersah, außerdem aber einen Mann von »mongolischem« Aussehen. Sonst war niemand da, und auch die beiden liefen davon. Nach einer Weile kam aber der Papuaähnliche wieder, und reich beschenkt versprach er auch die Seinen zu holen. Er kam mit einer Frau, zwei Männern und einem Jüngling zurück. Leider rief man Roepstorff unmittelbar danach wegen eines Bootsunfalls weg, und es kam zu keiner weiteren Begegnung.

Im Jahre 1884 besuchte der Engländer E. H. Man wie Roepstorff das Dorf Laful, dessen Bewohner mit dem nächsten Schom Pen-Dorf auf freundlichem Fuße standen. Der Dorfhäuptling erklärte sich bereit, ihn zu den Schom Pen zu führen. Sie ruderten eine halbe Stunde den Fluß hinauf und bestiegen dann einen Hügel. Sie erreichten in 330 Meter Höhe ein Plateau mit einer Lichtung, auf der zwei Pfahlbauten nebeneinander standen. Beide hatten die Form von Bienenkörben und ruhten auf etwa 3 Meter hohen Pfählen. Die Bewohner hatten sich versteckt, kamen aber hervor, und es gelang ihm, zwei Brüder zu überreden, mit nach Nankauri zu kommen, von wo er sie reich beschenkt wieder heimbrachte. Man erarbeitete bei dieser Gelegenheit ein kleines Vokabular und photographierte einige Schom Pen.

Einer der beiden Schom Pen namens Ateo begleitete Man auf einer weiteren Exkursion. Man wollte mit seiner Hilfe den Kontakt mit anderen Schom Pen im Süden der Insel herstellen. Sobald Ateo jedoch die Absicht merkte, wurde er sehr unruhig, und als das Boot den Galathea-Fluß hinauffuhr, sprang er, geradezu in Panik, über Bord und mußte gewaltsam zurückgeholt und gefesselt werden. So groß war seine Furcht vor fremden Stammesgenossen!

Man entdeckte bei diesen Kontakten, daß auch die Schom Pen Boote herstellen, und zwar nicht nur für den eigenen Gebrauch, sondern auch als Tauschobjekt für die Nikobarer. Die Boote sollen von jenen der Nikobarer nicht verschieden sein. Die Schom Pen fischen auch an der Küste.

Bei einer weiteren Exkursion besuchte Man wieder die Siedlung hinter dem Ganges-Hafen und lud noch einmal eine Gruppe von Eingeborenen nach Nankauri ein. Der Versuch mißglückte, da sich die Besucher in die Wälder flüchteten und mit einem kleinen Boot auf eigene Faust heimkehren wollten. Sie kamen nie an, und das hat wohl das angebahnte Vertrauen der Zurückgebliebenen erschüttert. Man war der letzte, der mit diesen Menschen etwas näher bekannt wurde.

Wir wollten diese Schom Pen allzugerne kennenlernen, und da wir gerade im Ganges-Hafen ankerten, dachten wir zunächst einmal daran, von unserem Liegeplatz aus landeinwärts vorzudringen. Wir nahmen nur eine Vogelflinte mit, um durch unsere Waffenlosigkeit die ängstlichen Schom Pen zu beschwichtigen, und gingen auch nur zu zweit.

Den ersten Versuch, auf dem Landwege ins Inselinnere vorzudringen, gaben wir sehr schnell auf. In den Wäldern war es dunkel und tropfnaß. Die lehmigen Steilhänge waren so glitschig, daß wir immer wieder ausrutschten, und die Palmen, an denen man sich hätte festhalten können, hatten unglaublich lange Stacheln. Es gab Unannehmlichkeiten in Potenz, und bereits auf dem ersten Hügel waren wir völlig zerstochen und lehmverschmiert und hatten keinen einzigen trockenen Faden am Leib.

Kapitän Becker und ich versuchten es wenig später auf dem Jubilee-Fluß, der in unsere Bucht mündete. Wir nahmen dazu unser kleines Klepperboot und fuhren zeitig am Morgen mit auflaufender Flut los. Der Meeresspiegel wogte bleiern träge, aber unter Wasser schien allerlei los zu sein, denn immer wieder durchstießen Fische in eiliger Flucht die Wasseroberfläche, manchmal einzeln, manchmal in ganzen Schwärmen. Die Raubfische frühstückten wohl gerade. Im Fluchtverhalten der Gejagten fielen mir einige artliche Besonderheiten auf. Die Meeräschen flüchteten meist in Gruppen mit einer Serie schneller Kopfsprünge. Die Halbschnabelhechte dagegen beendeten ihren Luftsprung nicht, indem sie Kopf voran wieder eintauchten. Wenn sie an Geschwindigkeit verloren, sanken sie zuerst mit der Schwanzflosse ins Wasser, wedelten sogleich wieder mit ihr, gewannen Geschwindigkeit und erhoben sich von neuem über Wasser. Aus solchen Oberflächenläufern haben sich die fliegenden Fische entwickelt, die in die Luft springen, die Flossen ausbreiten und dahinsegeln. Verlieren sie an Geschwindigkeit, so sinken sie ebenfalls zuerst mit der Schwanzflosse zum Wasser und nehmen neuen Anlauf.

Ist der Wind günstig, dann können sie sich mehrere Meter über den Wasserspiegel erheben und mehrere hundert Meter weit segeln. Sie halten beim Flug die Brustflossen wie Tragflächen zu den Seiten gestreckt. Das gelegentlich beobachtete schnelle Vibrieren dieser Flossen ist kein aktives Schlagen, sondern eine durch Luftwirbel hervorgerufene Bewegung. Mit den Brustflossen schlagend kann nur der südamerikanische Beilbauchfisch fliegen. Dieser Süßwasserfisch hat dazu eine gewaltige Brustmuskulatur. Breder sah diese Fische auffliegen, wenn er sie mit einem Netz gegen das Ufer drängte. Sie flogen immer nur vom Ufer weg gegen den freien Wasserspiegel, und zwar stets geradlinig. Man hörte das Summen ihrer schnell schlagenden Brustflossen.

Im Aquarium gehaltene Beilbauchfische fliegen nie. Da sie im Flug nicht steuern können, verhindert diese angeborene Hemmung, aus kleinen Tümpeln zu springen, ein Unglück.

Ich ruderte die ersten zwei Stunden, während Becker mit einer Schrotflinte auf den Knien um sich sah. Hin und wieder fluchte er, dann war ein besonders schöner Reiher oder ein anderer Vogel davongeflogen, bevor er sein Gewehr angelegt hatte.

Im übrigen brummte er unentwegt »Junge – Junge« in seinen dichten Bart. Die Landschaft übertraf auch an Üppigkeit alles, was ich bisher gesehen hatte. Stelzwurzelige Mangrovenbüsche säumten das Ufer, und dahinter schloß sich ein Hochwald von Mangrovenbäumen an. Sie standen dicht nebeneinander, und als wir einmal hineinliefen, machte uns die Stille doch beklommen. Es gab keinerlei Unterwuchs, und man stolperte im Halbdunkel über Wurzeln, unter denen das Wasser gurgelte.

Der Fluß war in zahlreiche Arme aufgespalten, und wir fürchteten, uns in dem Labyrinth zu verirren. Manchmal rückten die Pflanzenwände so dicht von beiden Seiten an uns heran, daß wir kaum paddeln konnten, und stellenweise schlossen sich die grünen Lauben über unseren Köpfen.

Die Flut drückte Wasser in den Fluß, und so kamen wir ganz gut voran. Bald säumten Nipa-Palmen die Ufer. Die langen gefiederten Wedel schienen direkt aus dem Wasser zu wachsen. Hin und wieder sprang ein Hornhecht aus dem bereits brackigen Wasser, und einmal sah ich besonders günstig ganz nahe am Ufer zwei Schützenfische. Nach einigen vergeblichen Versuchen, sie vom Boot aus zu fangen, stieg ich ins Wasser, das mir bis zu den Schultern reichte, schob mein Netz unter den einen und hatte ihn. Während ich ihn verstaute, ruderten wir an einer Schlammbank vorbei. Ein schleifendes Geräusch ließ uns aufschauen, und wir sahen gerade noch ein vielleicht 5 Meter langes Estuarienkrokodil die Böschung hinunterrutschen und im Fluß verschwinden. Die Lust, weiter im trüben Fluß zu fischen, verging mir gründlich, denn diese Krokodile sind als sehr gefährlich bekannt. Jetzt, nachdem wir auf dieses Tier aufmerksam geworden waren, sahen wir da und dort eines, am Ufer schlafend oder wie ein Baumstamm im Seichten treibend. Wenn wir vorbeifuhren, dann tauchten sie völlig geräuschlos unter.

Fünf Kilometer von der Mündung waren wir bereits in reinem Süßwasser. Wir mußten jetzt gegen die Strömung rudern, doch kamen wir noch gut voran. Der Fluß war nur mehr 4 bis 5 Meter breit und 2 Meter tief. Zu beiden Seiten war er von einer hohen lehmigen, mit Farnen und einer Art Bambus bewachsenen Uferböschung eingefaßt. Streckenweise ging es auch durch Wald, doch wuchsen hier keine Mangroven. Zweimal versperrte uns ein Urwaldbaum den Weg, und wir mußten das Boot über das Hindernis wuchten. Nach sieben Stunden zügigen Ruderns verwehrten uns ein entwurzelter Bambusstrauch und dichtes Gestrüpp die Weiterfahrt. Wir waren vielleicht 20 Kilometer von der Flußmündung entfernt und hatten keine Spuren von Menschen gesehen. Wir stärkten uns mit einer Dose Kondensmilch und Sardinen und gingen ein Stückchen zu Fuß weiter, Becker mit der Flinte und ich mit Netz und Eimer zum Fischfang. Wir hatten Jagdglück. Becker schoß ein Spitzhörnchen und mehrere Vögel für Dr. Scheer, und ich sammelte in einem Süßwasserbach 15 verschiedene Arten von Süßwasserfischen: eine interessante Ausbeute. Damit war Kapitän Becker jedoch nicht zufrieden. Er mußte auch etwas für sein Schiff haben, und als wir an einer kerzengraden schlanken Palme vorbeikamen, fällte er sie. Wir nahmen dieses hinderliche Trumm in Schlepp und brachten es mit viel Mühe auch auf die »Xarifa«, wo es für den Rest der Reise auf dem Vorderdeck herumlag. Die Schom Pen hatten wir nicht gesehen, aber auch ohne sie war dieser Ausflug ein besonderes Erlebnis.

Länger als vier Wochen konnten wir die Reparatur nicht hinauszögern, und da bis dahin noch immer keine Bewilligung von der indischen Regierung eingetroffen war, beschlossen wir, uns offiziell zu verabschieden. Wir gaben vor, einige Wochen auf hoher See zu fischen und danach wiederzukommen. Unser eigentlicher Plan war aber, in einem ungestörten Winkel dieser Inselgruppe unsere meeresbiologischen Arbeiten fortzusetzen. Hier lebten wir ja in dauernder Furcht vor einem Militärboot, das unsere Sammlungen und Filme beschlagnahmen könnte.

Die unbewohnte Insel Tillanchong im Norden der Inselgruppe schien uns ein geeigneter Platz, aber zuerst wollten wir doch noch die Ostseite von Groß-Nikobar besuchen. So verlegten wir unseren Standort in die Pigeon-Bucht und blieben dort über Nacht.

Zeitig am anderen Morgen rief uns Dr. Scheer an Deck. Er zeigte auf einen Eingeborenen, der in einem Auslegerboot langsam im weiten Bogen das Schiff umkreiste. Wir winkten, und da kam er zaghaft näher. Es war ein junger, kräftig sonngebräunter Mann mit malaiischem Gesichtsschnitt. Das lange, ungekämmte Haar war mit einem Stück Bast über der Stirn zusammengebunden, und in den Ohren steckten nach vorne zugespitzte Holzpflöcke. Bis auf einen schmalen, um die Lenden geschlungenen und zwischen den Beinen durchgezogenen Stoffstreifen war er nackt. Um den Hals trug er ein dünnes, enganliegendes Kettchen aus kleinen runden, in der Mitte durchbohrten Perlmutterblättchen. Wir reichten ihm ein paar Angelhaken über Bord, und er gab uns einige handtellergroße Blätter.

Da diese jedoch kein Betelpfeffer waren, halte ich das ganze für eine symbolische Gabe. Die ganze Zeit über zeigte er keine Regung; Angst und Beherrschung zeichneten sein Gesicht. Schneller als er gekommen war, strebte er dem Ufer zu.

Etwa 20 Minuten später kam er mit zwei erwachsenen Männern zurück, die ebenso bekleidet und geschmückt waren wie er. Der vorderste lachte uns freundlich an, und die anderen lächelten, doch merkte man, daß sie dadurch nur ihre Angst überdeckten. Sie hatten den Jüngling offenbar zuerst einmal probeweise losgeschickt, und nachdem wir ihm nichts angetan hatten, kamen auch sie. Aber ganz wohl war ihnen noch nicht zumute. Wir luden sie durch Gesten ein, an Bord zu kommen, und sie folgten und kletterten mit langsamen, unsicheren Bewegungen die Leiter hoch.

Dabei taten sie aber, als wäre dies alles überaus lustig. Sie lachten betont hahaha, nickten uns dabei dauernd aufmunternd zu und rieben sich mit der flachen Hand über den Bauch. Wir lachten ebenso und kamen auf dieser Basis zu einer ersten Verständigung. Sie fürchteten sich schrecklich und schwitzten vor Aufregung. Aber das Lachen löste die Spannung. Wieder durch Gesten luden wir sie ein, auf dem Achterdeck Platz zu nehmen. Wachsam und betelkauend folgten sie uns, und wir setzten uns nebeneinander nieder. Wir plauderten, ohne einander zu verstehen, und doch war es eine richtige Unterhaltung und Kontaktnahme.

Auf einmal begann der jüngste mein Hemd an der Seite anzufassen und den Stoff mit Daumen und Zeigefinger reibend zu prüfen. Ich gab es ihm. Zum erstenmal strahlte er über das ganze Gesicht. Er zog es gleich an, aber falsch herum, so daß die Knöpfe auf dem Rücken saßen. Wir halfen ihm, und dabei fiel auf, daß selbst ein so einfacher Vorgang wie das Zuknöpfen eine eigene Technik erfordert, die gelernt sein will. Aus dem Verhalten unseres neugewonnenen Freundes mußten wir schließen, daß diese Erfindung offenbar noch nicht bis in diesen Winkel der Erde vorgedrungen ist.

Da die Nikobarer auf Kondul gerne rauchten, boten wir auch diesen hier Zigaretten an. Aber wie groß war unsere Überraschung, als sie gar nichts damit anzufangen wußten. Sie steckten die Zigarette in den Mund und wollten darauf herumkauen, was wir noch rechtzeitig verhinderten. Wir zeigten daraufhin, wie man das macht, und boten Feuer an. Nun hielten sie die Zigarette in die Flamme und bliesen hinein. Erst als wir es noch einmal zeigten, zogen sie mehrere Male heftig hintereinander, sahen uns erstaunt an, husteten, lachten dazwischen und spuckten aus. Wir deuteten ihnen, sogleich das Zeug wegzuschmeißen, was sie nicht ungern taten. Sie lachten und schüttelten den Kopf, und wir lachten auch. Sie hatten offenbar vollkommen verstanden, daß wir ihnen nicht übel wollten und ihnen die Zigaretten nur angeboten hatten, weil wir dachten, sie würden dergleichen kennen. Dazu mag wohl auch beigetragen haben, daß einige von uns rauchten.

Es überraschte uns außerordentlich, daß der Tabakgenuß diesen Menschen fremd war, denn dieses Produkt der Neuen Welt ist ja mittlerweile bis in die entferntesten Winkel der Erde vorgedrungen. In Neuguineas wildesten Gebieten kann man ebensogut mit Tabak zahlen wie in Malayas Urwäldern. Offenbar lebten die Schom Pen auf dieser kaum besuchten Insel sehr isoliert.

Nun boten uns unsere Gäste als Gegengabe ein Stück Betelnuß, ein grünes Blatt und weißen Kalk an. Nach längerem Kramen holten sie die Gaben aus ihrem Durchziehschurz hervor, wo diese Genußmittel offenbar zwischen Haut und Schurz festgeklemmt waren. Ich machte gute Miene und kaute das Zeug, das mir den Mund zusammenzog und überdies verdächtig salzig schmeckte. Die Spender grinsten breit, als sie merkten, daß es mir nun ganz so erging wie ihnen zuvor mit der Zigarette, und ich durfte ausspucken.

Das Ehepaar Hass hatte unterdessen eifrig photographiert und gefilmt, was unsere Freunde nicht störte; sie erfaßten den Vorgang offenbar überhaupt nicht. Nach einer Weile begann der älteste an dem Hemd von Dr. Hass zu zupfen, und so wurde auch er sein Kleidungsstück los. Lotte entzog sich dieser Zeremonie geschickt, indem sie schnell in ihre Kabine huschte und einen zweiteiligen rot und blau geblumten Strandanzug herausholte. Den bekam der dritte, und alle waren höchst vergnügt. Die Völkerkundler mögen uns verzeihen. Wir haben mit diesen vergänglichen Kleidungsstücken gewiß nicht kulturzerstörend eingewirkt, und die Leute hatten eine solche Freude damit. Sie schnatterten eine ganze Menge, und wir antworteten. Die Konversation bestand darin, abwechselnd auf Dinge zu zeigen, deren Namen der andere dann nachzusprechen versuchte. Schließlich holten wir auch das Buch von Whitehead über die Nikobarer und zeigten ihnen die Bilder von Hütten und Einwohnern, auf die sie nickend und lachend zeigten. Zuletzt wurden sie recht munter. Als einer Lottes schönen Rock zum Gegenstand seiner Neugier erkor und schlicht hochhob, meinte Hans Hass in scherzendem Ton, daß dies doch wohl zu weit ginge. Das hat der Schom Pen auch durchaus verstanden, und es entlockte ihm ein verständnisvolles Grinsen. Unser Freund ging gleich auf ein anderes Thema über. Mit der flachen Hand rieb er sich wieder über den Bauch. Sicher wünschte er etwas zu essen oder zu trinken. Jeder bekam ein Glas Zitronenlimonade, und auch wir schenkten uns ein. Nach dem ersten Schluck nickten sie uns freundlich zu und schmatzten sichtlich betont, um uns ihr Wohlbefinden mitzuteilen. Sie schlossen den Mund fest, rissen ihn schmatzend auf, leckten zwischendurch ihre Lippen ab und tranken dann weiter. Ob es ihnen wirklich schmeckte, ist schwer zu sagen; einer verzog ein wenig das Gesicht. Aber er ließ kaum etwas merken. Die Höflichkeit und Freundlichkeit dieser Menschen war erfrischend.

Nach einer Weile erhoben sie sich und verließen uns freundlich nickend, zwei im Hemd und einer in Lottes Strandanzug.

Wir winkten ihnen nach, sie winkten zurück, und da beschlossen wir, einen Gegenbesuch zu machen. Wir fuhren ihnen mit unserem Beiboot nach und trafen die Männer am Ufer. Aber so sehr wir uns auch verständlich zu machen versuchten, es gelang nicht. Offenbar wollten sie uns nicht das Dorf zeigen. Nur mit Lotte hätten sie wohl eine Ausnahme gemacht, wenn ich ihr verschmitztes Gebaren recht deutete. Der jüngste kam zu uns aufs Beiboot, und wir hofften schon, er würde uns vielleicht den Weg weisen. Aber mit durchaus vergnügtem Gesicht zeigte er uns die zahlreichen Mangrovenkrabben, während wir den Fluß hochfuhren, und rieb sich dabei jedesmal den Bauch: die schmeckten sicher gut. Um solche Erfahrung reicher, kehrten wir bald um, und da waren die beiden anderen verschwunden.

Wir trieben uns noch ein wenig am Ufer umher, fingen einige Fische aus einem kleinen Süßwasserbach und wollten dann an Bord. Da kamen unsere Freunde zu unserer großen Freude wieder zurück. Einer trug auf der Schulter ein schwarzes gefesseltes Schweinchen. Das schöne Hemd hatte er noch immer an, aber es war merklich dunkler geworden. Freundlich überreichten sie uns das Schwein als Gegengabe, ein wirklich kostbares Geschenk. Schweine sind für diese Menschen wertvoller Besitz. Es wurde mit großem Hallo ins Boot verfrachtet. Dabei lösten sich die Fesseln, und nur mit Mühe gelang es Kapitän

Becker, das schreiende und strampelnde Tier in einen großen Kamerakasten einzusperren. Bis zur Abfahrt mußte er auf dem Deckel sitzen bleiben.

Die Selbstverständlichkeit, mit der die Schom Pen uns nun ihrerseits beschenkten, war so ursprünglich nett und höflich, daß sie uns wohl nachdenklich stimmte.

Mit unseren Freunden kamen noch ein Jüngling und ein Mann, der wohl den Typus verkörperte, den Roepstorff als »Papua« angesprochen hatte. Seine gewellten ungekämmten Haare standen buschig um sein Haupt und machten ihn zu einer besonders eindrucksvollen Erscheinung. Die Gesichtszüge waren angenehm, doch erübrigt sich hier eine lange Beschreibung, da die Aufnahmen wohl einen deutlicheren Eindruck vermitteln. Die Oberlippe schmückte der Anflug eines Bartes. Der Körper war kräftig gebräunt, jedoch keineswegs dunkel. Er verkörperte den alten weddiden Typus, der wahrscheinlich einst die ganzen Nikobaren bevölkerte, später aber durch Neueinwanderer anderer Rasse zurückgedrängt wurde, ähnlich wie das ja auch bei den Weddas auf Ceylon der Fall ist. Der Jüngling, der zuerst den Kontakt mit uns aufgenommen hatte, erinnerte mit seinen fast weiblichen Gesichtszügen eher an einen Mikronesier. Demnach dürften in den Schom Pen mindestens zwei Rassenelemente stecken, die beide vom gedrungenen Typus der Nikobarer erheblich abweichen. Auch die eingangs genannten Beobachtungen von Roepstorff sprechen dafür.

Die beiden neu Angekommenen saßen zunächst etwas schüchtern abseits und beobachteten uns aufmerksam. Als der Mann merkte, daß ich ihn von der Seite betrachtete, da lächelte er und grüßte verlegen und gewissermaßen beschwichtigend durch Hochheben der offenen Rechten, eine uralte und weitverbreitete Gebärde, mit der man unmißverständlich seine friedliche Absicht demonstriert, zeigt man doch, daß die Waffenhand keine Waffe trägt. Ich grüßte zurück. Damit war auch dieser Bann gebrochen, und er kam neugierig zu unserer Gruppe.

Besonders Lotte Hass schien ihn zu interessieren, denn er gesellte sich zu ihr. Sie hatte auch einen besonders attraktiven Badeanzug angezogen. Als er dessen Qualität mit der Hand zu prüfen begann, lenkte Hans Hass ihn mit der Kamera ab, indem er sie ihm zum Durchschauen hinhielt. Darauf zeigte er stolz auch seinen Besitz: ein Stück Eisen, das offenbar kalt

Der erste Schom Pen (Pigeon-Bucht).

zu einem Stößel geschmiedet war. Es mochte wohl von einem Wrack stammen.

Wir verbrachten noch eine gemütliche Stunde am Ufer und luden dann die ganze Gruppe noch einmal ein, an Bord zu kommen. Wir bewirteten sie, sie faßten munter plaudernd mit den Händen zu und aßen mit gutem Appetit. Dann verabschiedeten sie sich, und wir haben sie leider nicht wiedergesehen, da wir ja weiter mußten. Ein paar Ohrpflöcke, die ich zum Abschied von einem bekam, blieben mir zur Erinnerung an eine besonders nette menschliche Begegnung.

Am Spätnachmittag suchten wir nach einem Weg zum Dorf. Wir streiften durch die finsteren Mangrovenwälder und fanden am Rande der Bucht eine kleine Laubhütte, die kaum mehr als einen Unterschlupf darstellte, aber von unseren Freunden sahen wir keine Spur. Wir mußten uns mit dem begnügen, was wir erlebt hatten, es war interessant genug gewesen und gab unseren Gedanken manch neue Ausrichtung, die unsere weiteren Pläne für die Zukunft entscheidend beeinflussen sollten.

Was uns damals so verblüffte, war die Leichtigkeit, mit der wir uns mit Leuten unterhielten, die einer völlig anderen Kultur angehörten, nie eine Berührung mit Europäern gehabt hatten und deren Wortschatz uns völlig unbekannt war. Mimik, Gestik und Sprachmelodie allein genügten, um das Wesentliche auszudrücken. Sie lachten ja wie wir, schauten in der gleichen Weise verschmitzt, kratzten sich genauso verlegen am Kopf, schmunzelten und grüßten mit den gleichen beschwichtigenden Gebärden.

So viel auch in unserem Verhalten durch Tradition und Erziehung gebildet und abgewandelt wird und so sehr man daher den Menschen als das Lern- und Kulturwesen bezeichnen kann, ist ihm doch ein guter Anteil seines Verhaltens angeboren. Solche angeborenen Verhaltensweisen wie Lachen und Weinen entwickeln sich in jedem Individuum unserer Art, ohne daß es dafür eines Vorbildes oder einer besonderen Anleitung bedürfte. Sie sind uns primär verständlich. Das gilt zum Beispiel für das Lächeln, eine Ausdrucksbewegung, die bereits das Neugeborene beherrscht. Aber auch eine Reihe von Verhaltensweisen, die das Neugeborene noch nicht zeigt, reifen offenbar unabhängig von Lernvorgängen heran. Sie sind dem Menschen gleichermaßen angeboren wie jene Organe, die ebenfalls erst im Laufe der Jugendentwicklung funktionsfähig werden. Allerdings ist der Beweis dafür etwas schwer zu erbringen.

Wir können ja keinen Menschen isoliert als »Kaspar Hauser« aufziehen. Hier muß uns die vergleichende Betrachtung weiterhelfen. Wo wir eine bestimmte Verhaltensweise in allen menschlichen Kulturen wiederfinden, auch in solchen, die mit der unserigen keinen Kulturaustausch erlebten, ist es schon im höchsten Grade wahrscheinlich, daß es sich um angeborene, der Art Mensch eigene Verhaltensweisen handelt. Und finden wir gar Vergleichbares bei Menschenaffen, dann können wir mit Sicherheit auf altes Erbgut in unserem Verhalten schließen.

So ist nach Lorenz die Drohstellung des Menschen, bei der man die Arme vom Körper etwas abhebt und sich vorneigt, sicher ein altes Erbe. Es kontrahieren sich dabei jene Muskeln, die unsere Haare an den Armen und am Oberrücken aufrichten, was wir subjektiv als einen uns überlaufenden Schauer wahrnehmen. Beim Schimpansen, der mit der formal gleichen Bewegung droht, werden die Haare an der Außenseite der Arme und am Oberrücken gesträubt, und das Tier erscheint größer. »Der Mensch sträubt also im Affekt kämpferischer Begeisterung einen Pelz, den er gar nicht mehr hat!« (Lorenz)

Von Gorillas hat kürzlich G. Schaller einige Ausdrucksbewegungen beschrieben, die ihre Parallele im menschlichen Verhalten haben und wohl auf ein gemeinsames altes Erbgut hinweisen dürften. So stampfen Gorillas im Zorn mit dem Fuß auf den Boden, ganz ähnlich wie wir, und ihr Trommeln gegen den eigenen Körper oder gegen Gegenstände ähnelt in vielem dem Trommeln der Gibbons, Schimpansen, Orangs und des Menschen, auf den rhythmisch wiederholte Laute ebenfalls einen großen Eindruck machen. Ein Gorilla, der sich einem Ranghöheren unterwirft, duckt sich auf den Bauch, senkt den Kopf und sieht weg. Vor ihren Herrschern pflegten viele Völker den Fußfall zu üben, und in unserer Verbeugung beim freundlichen Gruß steckt sicherlich die alte beschwichtigende Unterwerfung.

Darwin hat in seinem klassischen Werk ›Der Ausdruck der Gemütsbewegungen bei Tier und Mensch‹ die vergleichende Betrachtungsweise zum Studium menschlichen Verhaltens eingeführt und ein überzeugendes Programm entwickelt. Erstaunlicherweise haben die Völkerkundler und Psychologen diese fruchtbaren Ansätze nicht weiterentwickelt. Die Psychologen waren zu sehr an der Lern- und Wahrnehmungspsychologie interessiert, und die Völkerkundler befaßten sich vor allem mit den kulturellen Leistungen. In vielen schönen Filmen und Beschreibungen zeigen sie uns, wie man in Samoa eine Hütte baut, wie man auf Fidschi ein Boot anfertigt oder wie die Colorado-Indianer ihre Haartracht bilden. Aber wie man anderswo lacht und weint oder seinen Zorn ausdrückt, das haben sie nicht aufgenommen, und so wissen wir nicht, ob etwa auch ein Papua-Kind im Zorne mit dem Fuß aufstampft – eine Intentionsbewegung aggressiven Entgegenschreitens – oder ob auch dort der Verärgerte sich empört, das heißt in Angriffsintention aufspringt. Nur wenige haben sich mit Problemen dieser Art befaßt. Beispielhaft ist die Untersuchung von Ohm über die Gebetsgebärden der Völker. Sie macht deutlich, daß die Gesten der demütigen Unterwerfung einem durchgehenden Prinzip folgen. Man macht sich kleiner, im Gegensatz zum mutig Prahlenden, der sich größer gibt.

Gerade die Untersuchung der angeborenen Anteile im menschlichen Verhalten ist jedoch von allergrößter Bedeutung. Wie Lorenz wiederholt betonte und erst kürzlich wieder in seinem Buch ›Das sogenannte Böse‹ ausführte, sind wir Menschen nicht in allen Bereichen unseres Handelns wirklich frei, am wenigsten im Bereich unseres Sozialverhaltens. Angeborene triebhafte Reaktionen bestimmen in großem Ausmaß das Verhalten zu unseren Mitmenschen im Guten wie im Bösen. Gerade in unserer Zeit spielt uns die angeborene Aggression manchen üblen Streich, ja mehr noch, sie gefährdet unsere weitere Existenz. Die Forderung, uns selbst zu erkennen, ist alt, sie war jedoch noch nie so brennend aktuell wie heute.

Was nun die vergleichend völkerkundlichen Studien betrifft, so haben wir Verhaltensforscher dazu nur mehr wenig Gelegenheit. Naturvölker, die kulturell keinerlei Kontakt mit höheren Kulturen hatten, gibt es kaum noch. Um so wichtiger ist es, diese wenigen sich noch bietenden Gelegenheiten zu nützen, das nicht kulturell bedingte Verhaltensrepertoire zu erfassen. Was wir auf diesem Gebiet bereits versäumten, das läßt sich nicht mehr nachholen, denn zum Unterschied von den Kulturleistungen hinterlassen Ausdrucksbewegungen und dergleichen keine Spuren* – Wenn es einen Platz gibt, den ich gern

---

* Mittlerweile ist es mir geglückt ein Dokumentationsprogramm in die Wege zu leiten. Die Max Planck-Gesellschaft hat eine human-ethologische Arbeitsgruppe mit der systematischen Aufnahme des ungestellten Sozialverhaltens von Naturvölkern betraut. Die Filme werden in einem human-ethologischen Filmarchiv veröffentlicht und archiviert. Über die Fragestellung unterrichtet mein Lehrbuch: ›Grundriß der vergleichenden Verhaltensforschung‹ Piper, München 1970 siehe ferner: ›Liebe und Haß, zur Naturgeschichte elementarer Verhaltensweisen‹. Piper München 1970.

wieder einmal besuchen würde, dann ist es die Pigeon-Bucht von Groß-Nikobar. Hoffentlich bleibt es dort noch ein Weilchen so. Leider gibt es nur allzuviele der gut meinenden Weltverbesserer, denen ein Stück unberührte Natur und ein »wildes Volk« ein Greuel sind. Sie wollen ordentliche Plantagen sehen und die Wilden an den Segnungen der Zivilisation teilnehmen lassen, obgleich es sich erwiesen hat, daß sie für viele Naturvölker tödlich sind. So begrüßt Man die Versuche, Groß- und Klein-Nikobar mit chinesischen Immigranten zu kolonisieren.

»Die Chinesen sind ausgezeichnete Kolonisatoren, und es kann keinen Zweifel darüber geben, daß sie sich bei genügendem Anreiz auf diesen dünn bevölkerten, aber zweifellos fruchtbaren Inseln festsetzen und damit bald das Gesicht des Landes ändern würden, indem sie die Sümpfe trockenlegen, den Urwald roden und Pflanzungen anlegen würden. Dies scheint der einzig mögliche Weg, die Feindschaft der Schom Pen zu überwinden und sie unter den Einfluß der Zivilisation zu bringen« (Man, S. 184).

Hier spricht die Überheblichkeit einer Hochkultur, die nicht einsehen mag, daß jede, auch die primitivste Kultur eine besondere Blüte am Baume der Menschheit darstellt und so zu ihrer wunderbaren Buntheit beiträgt. Die Schom Pen den Segnungen der Zivilisation aussetzen, hieße sie mit Sicherheit verderben, so wie wir das ja schon aus vielen Beispielen wissen. Aber wahrscheinlich werden wir erst dann die Mannigfaltigkeit zu schätzen wissen, wenn uns die graue Einförmigkeit einer auf einen Nenner gebrachten, uniformierten Menschheit bedrückt, kurz, wenn es zu spät ist.

Tillanchong

In der wunderschönen weiten Castle-Bucht an der Ostseite der Insel gingen wir vor Anker. Die Aussicht auf den weiten Sandstrand und auf die grünen Berge war bezaubernd, weniger jedoch der Ankerplatz. Die Bucht bot kaum Schutz, und so rollten wir in der Dünung so arg, daß in der ersten Nacht alles durcheinanderfiel. Zu allem Übel ergoß sich eine ganze Flasche Salmiakgeist auf den Boden eines Labors, und wir übersiedelten für die Nacht fluchtartig an Deck. Dort war's zwar kühl, aber man konnte wenigstens atmen und hatte außerdem einmal Ruhe vor den Schaben, die mittlerweile in großen Scharen das Schiff bevölkerten. Wir hatten sie irgendwie auf Ceylon an Bord bekommen, schöne große Exemplare mit breiten Flügeln – aber wer glaubt, daß Zoologen an jedem Getier ihre Freude haben, der irrt. Diese Schaben, die unser kleines Zoologenschiff in eine Arche Noah verwandelten, haßten wir. Wer liebt es schon, wenn einem diese Tiere über Nacht die Bücherrücken verspeisen oder einen nachts wecken, weil sie gerade einmal flügelschwirrend den Rücken des Schläfers als Balzplatz aussuchen. Einmal erwachte ich durch ein schmerzliches Brennen am Fuß. Saß da eine fette Schabe und nagte in aller Gemütsruhe an meiner Fußsohle! Ich verjagte sie und schaute nach – und siehe da, das Untier hatte Löcher in die Hornhaut meiner Sohle genagt. Rosige ausgenagte Löcher, ich konnte ein paar Tage kaum darauf laufen.

Am folgenden Vormittag verspannten wir einen weiteren Anker nach der Seite, und da auch die Dünung nachließ, konnten wir an dem Platz schließlich ganz gut arbeiten. Wir schauten uns zunächst einmal den Grund unter dem Schiff an, aber da war nicht allzuviel los, zumindest auf den ersten Blick. Es war eine leicht gewellte Schlammfläche. Wir sollten gerade hier noch eine besondere Überraschung entdecken, doch darüber später.

Am Nachmittag machten Dr. Scheer und ich einen Landausflug. In der Bucht fanden wir praktisch alle Biotope, Mangroven-, Felsen-, Sandstrand, ähnlich wie in der Ganges-Bucht, nur fehlte ein Fluß. Dafür erschreckte uns ein schönes großes Krokodil, als es an uns vorbei ins Wasser rauschte. Im Seichten jagte ein Hai Sardinen. Langsam schwimmend drängte er sie gegen das Ufer.

Ein schwarz-weiß geringelter, etwa fingerdicker Aal entwischte mir, weil ich mich nicht getraute, fest zuzupacken. Dabei hatte das Tierchen ein winziges Maul und konnte gar nicht beißen. Aber so fest sitzt einem die Scheu vor auffällig Geringeltem in den Knochen. Als Landbewohner haben wir ja mit den ebenfalls geringelten Wespen einige schlechte Erfahrungen gesammelt. Ich ärgerte mich über mein Zaudern und nahm mir fest vor, den nächsten Aal ohne Hemmung anzupacken. Dazu bot sich auch gleich die Gelegenheit. Allerdings war es eine braune, etwas größere Muräne, und sie biß mich prompt durch den Fingernagel hindurch kräftig in meinen Mittelfinger. Mir tat das nach Tagen noch weh.

Nach einer kurzen Küstenwanderung verließen wir das Ufer und wanderten durch einen Wald von Schraubenpalmen *(Pandanus)*. Die hohen Stelzwurzeln waren recht hinderlich, und wir waren froh, als ein dunkler, hoher Wald ohne Unterwuchs die Schraubenpalmen ablöste. Da und dort huschten schlanke Schönechsen *(Calotes)* die Stämme hoch, und einmal erwischte ich einen großen Skink. Wenig später fand ich eine dicke Grubenotter, und da ich mich schon von Kindesbeinen an für Reptilien interessierte und offenbar meinen mutigen Tag hatte, brach ich mir schneller als überlegt eine Astgabel zurecht, drückte die Schlange, die einen Teller formte, schnell nieder und packte sie mit der Hand im Nacken. Dann allerdings erschrak ich über meinen Mut und wußte nicht recht wohin mit der heftig sich ringelnden kräftigen Giftschlange, die sich in mehreren Windungen um meinen Arm legte und sich so dem Griff zu entwinden trachtete. Ich hatte nur eine kleine Plastikflasche, in die hinein ich die Schlange mit dem Hinterende voran gleiten ließ. Als sie bis zum Kopf drinnen war, gab ich ihr einen kleinen Schubs und atmete auf. Weitere habe ich nicht gefangen.

So erkundeten wir am ersten Tag unsere neue Insel, wanderten auch zum anderen Ufer, das einer argen Brandung ausgesetzt war, und legten uns die Arbeit für die nächste Zeit zurecht. Dr. Scheer hatte seine Nikobarentauben und Großfußhühner wiedergefunden. Lotte Hass lag bereits wieder auf dem Bauch im Schlamm und photographierte die kleinen Kugelkrabben, und ich hatte im Seichten eine dichte grüne Seegraswiese entdeckt, einen Lebensraum, den ich bisher noch nicht aus eigener Anschauung kannte. Die Pflanzen hatten schmale riemenförmige, bis zu 50 Zentimeter lange Blätter, in denen es von Kleingetier und mir unbekannten Fischen wimmelte. Da gab es zum Beispiel grüne pflanzenfressende Papageifische und mehrere Arten grüner Lippfische. Einer davon lauerte wie ein kleiner Hecht zwischen den Seegrasbüscheln. Aber was hier alles lebte, sah ich erst, als ich ein kleines Stück dieser Seegraswiese vergiftete. Da quollen aus dem Sand die merkwürdigsten Aalformen: drehrunde weiße mit schwarzen Flecken, weiß und schwarz geringelte, braune, grau gesprenkelte, fadenförmige, orangerote und viele andere. Beinahe wäre ich um diese kostbare Sammlung gekommen. Kapitän Becker holte mich nämlich mit dem Klepperboot ab, dahinein mußten nicht nur zwei Eimer voll mit Fischen, sondern auch Dr. Scheer und ich. Als eine Welle überschwappte, war's beinahe zuviel. Zum Glück sprang ich rechtzeitig aus dem Boot und entlastete es. Scheer blieb in einem Aquarium voll toter Fische ruhig sitzen; ein Aal hing ihm hinten aus der Badehose, was der Mode der Inseln entsprach. Ich schwamm die ganze Strecke zum Schiff hinter dem Boot her und kämpfte in der Dämmerung gegen die aufquellende Angst an. Immer wieder mußte ich an die Krokodilspur am Ufer denken!

In den folgenden Tagen entdeckten wir in der Mitte der Bucht eine bis knapp an die Oberfläche reichende Felsklippe. Es war gar nicht so einfach, das Boot zu verankern, denn die Klippe ging ganz steil in die Tiefe, und die Wellen schäumten und gurgelten über dieses Hindernis, so daß das Boot wie von einer Riesenschaukel gehoben, gesenkt und hin- und hergezerrt wurde.

Die Strömung um die Klippe war sehr stark, aber im Strömungsschatten ging's flott in die Tiefe. Viele Bekannte tauchten auf. Der wunderschöne, märchenhaft blaue Seebader *Paracanthurus theutis* schwamm nahe der Wand und versteckte sich in einem Loch. Blaue Drückerfische und dichte Wolken von Rötlingen standen nahe an der Wand, die in ihrem Fischreichtum an die steilen Außenriffe der Malediven erinnerte. Und als zuletzt noch ein gut 3 Meter langer und sehr emsiger Hai auftauchte, waren wir ganz heimisch hier, allerdings erst, nachdem wir den Kerl verscheucht hatten.

In etwa 25 Meter Tiefe endete die steile Wand in einer Sand- und Schutthalde mit ganzen Wiesen von Röhrenaalen. Sie alle trugen einen auffallend das Licht reflektierenden ovalen Fleck auf dem Hinterkopf. Zwischen ihnen hatten Kieferfische ihre Röhren, und eine kleine, rot geringelte Grundel lebte hier mit einer Garnele zusammen. Wir umschwammen die Felsklippe in der Tiefe und stiegen dann wieder auf, um uns auszuruhen und an einer Dose Sardinen zu stärken.

Es dauerte aber gar nicht lange, da fühlten wir deutliche Unlustgefühle in uns hochkriechen. Wir überließen die Sardinen schnell dem Meer und gesellten uns selbst gleich zu ihnen, denn unten im Wasser war's schön ruhig, während es hier oben ganz fürchterlich schaukelte. Unser Bootsmann war auch schon ganz grün, aber der mußte oben bleiben und das Boot hüten. Wir erholten uns unter Wasser schnell und blieben mit ganz kurzen Pausen zum Wechseln der Geräte etwa 3 Stunden unten. Ich sammelte und photographierte die Röhrenaale, die sich als neue Art entpuppten. Und unter den vielen anderen Fischen erbeutete ich drei kleine Engelfische mit schönen orangeroten Querlinien über den ganzen Körper. Ich schickte sie später meinem Freund Dr. Klausewitz und erhielt vor kurzem eine Arbeit von ihm mit dem Titel ›*Centropyge eibli n. sp.* von den Nikobaren‹. Auch die Fischchen waren also neu, und einem alten freundlichen Brauch folgend hatte er mir diese Art gewidmet. Er wollte mir eine besondere Freude bereiten, was ihm bestens gelang, denn ich durfte zu der Ehre auch noch herzlich lachen, als ich den Namen übersetzte: *Centropyge* heißt auf deutsch schlicht »Stachelsterz«, und so schwimmt nun künftig ein Fischchen mit dem Namen »Eibl's Stachelsterz« um die Felsklippen der Nikobaren, wo vordem nur ein namenloses Wesen umherflösselte, das es offiziell nicht gab. Ob ich ihm wohl einmal wieder begegne? Dann werde ich meinen Namensträger nicht sammeln, sondern freundlich füttern.

An einem schönen sonnigen Tag schwamm ich von der Felsklippe etwas weiter hinaus. Das Wasser war ausnehmend klar, und ich sah bis auf den Grund 20 bis 30 Meter unter mir. Fischschwärme umkreisten Korallenblöcke, dazwischen schimmerte heller Sand. Auf einmal sah ich die Umrisse eines Wracks. Wie ein riesiges dunkles Tier lag es da. Es war in der Mitte auseinandergebrochen, und das Heck war arg zertrümmert. Die Platten und Eisenteile lagen verbogen und wirr durcheinander, und auf jeder hatten sich Korallen angesiedelt. An einer Stelle ragte eine Reihe von Spanten wie Rippen hoch. Das Vorschiff war noch relativ gut erhalten.

Die Entdeckung regte mich sehr auf, spinnt sich doch allerlei Romantik um so ein versunkenes Schiff. Wir haben zwar noch nie etwas in einem solchen Wrack gefunden, aber einmal könnte man ja Glück haben, und diesmal traf's auch zu. Eilig schwamm ich zurück und alarmierte Hass. Dabei schilderte ich das Schiff wohl etwas gewaltiger, als es bei nüchterner Betrachtung war. Zumindest meinte Hass nach flüchtigem Blick: »Wegen dem Schifferl lockst du mich heraus?«

Da wies ich erst recht auf die schönen Trümmer unter uns. Der korallenbewachsene Mastkorb sah wirklich nett aus und auch das gut erhaltene Vorderschiff, auf dessen Reling Venusfächer wuchsen.

Als wir dann noch hinuntertauchten, wurde alles auch wieder ein wenig größer, und als wir an der Seite des Vorderschiffes gar noch ein Loch entdeckten, in das wir hineinschwimmen konnten, da schien es auch Hass zu gefallen. Wir kamen in einen dunklen Raum, in dem eine Wolke von Husarenfischchen und ein finster blickender Zackenbarsch standen. Im Boden dieses Raums war wiederum ein Loch, durch das wir in einen ganz zusammengedrückten Raum gelangten. Man konnte kaum darin umherschwimmen. Weicher Schlamm bedeckte den Boden, und in ihm steckten alte Messinglampen. Man erkannte kaum die Form, denn eine dicke Kalkschicht überzog sie. Dennoch nahm jeder von uns zwei Lampen mit. Wir konnten mit ihnen nicht schwimmen, sondern mußten zu Fuß über den Grund wandern. Wir waren nahe daran, die Last abzuwerfen, taten es dann aber doch nicht und wurden reich belohnt.

Als wir an Bord mit einem Hammer ganz sachte die Kalkschicht losklopften, da kamen gut erhaltene, wunderschöne Lampen zum Vorschein. Alles war erhalten, sogar das Glas. Es waren zwei Wandleuchten mit kleinen Petroleum-Brennern. Die anderen beiden Lampen entpuppten sich als Ankerlampen. Die Kerzen, die sie einst erhellten, steckten noch in ihren Halterungen. Und wie schön waren diese Lampen gearbeitet!

Nun packte uns der Lampenrausch! Wir zogen gleich wieder los und holten noch weitere herauf. Das war nicht ganz leicht, weil die meisten tief im Schlamm verborgen steckten. Daß selbst so ein Vergnügen nicht ganz ungefährlich ist, sollte ich an diesem Tag erfahren.

Der Raum war, wie gesagt, ganz flachgedrückt, und durch die kleine Öffnung in der Decke drang nur wenig Licht. Als ich im Schlamm wühlte, um eine besonders tief vergrabene Lampe herauszuholen, verfinsterte sich der Raum um mich durch den aufgewühlten Schlamm, und ich fand den Ausgang nicht mehr. Immer wieder stieß ich mit dem Kopf und den Preßluftflaschen gegen die Decke, und einmal verhedderten sich die Atemschläuche an einer Eisenstange, so daß ich Angst bekam. Ich merkte, daß meine Bewegungen hektischer wurden, denn meine Atemluft ging langsam zur Neige. Um meine Erregung nicht weiter zu steigern, zwang ich mich, für einige Augenblicke völlig ruhig zu bleiben. Nach einer halben Minute etwa hatte ich mich soweit beruhigt, daß ich systematisch nach dem Loch in der Decke suchen konnte, das ich dann auch schnell fand.

Auf einigen der geborgenen Lampen entdeckten wir beim Putzen die Firmenaufschrift »Pulpitt and Sons, Birmingham 1914«. Und als Hans Hass im Fernsehen über diese nette kleine Episode unserer Expedition berichtete, da meldete sich die Firma, deren Lampen nach so vielen Jahren an Deck unserer »Xarifa« wieder ihr schönstes Licht verbreiteten. Unser Kompliment zu der guten alten Handarbeit.

Eines Tages erhielt Hass dann sogar einen Brief von einem Herrn, der den Schiffbruch miterlebt hatte. Hass hat alle näheren Angaben darüber und auch den Wortlaut des Briefes in seinem Buch veröffentlicht. Heute schmücken die Lampen unser Heim und erinnern an die vielen schönen Tage dieser Fahrt.

Geschichte um einen Kraken

Und wieder einmal goß es in Strömen. Die »Xarifa« schaukelte unruhig hin und her, und es war ausgesprochen ungemütlich an Bord. An eine Ausfahrt mit dem Beiboot war nicht zu denken, und wir wurden langsam grantig. Da meinte Hass, wir könnten uns doch einmal wieder den Boden unter dem Schiff anschauen. Der Vorschlag fand nicht gerade ein enthusiastisches Echo, hieß es doch, auf dem schaukelnden Schiff die ganze Ausrüstung hervorkramen und im Regen frieren – kurz, wir hätten uns lieber in die Kojen verkrochen. Recht lustlos machten wir mit, und ich bewundere nachträglich die Energie, mit der Hass in solchen Situationen die träge Masse in Schwung brachte.

Mißmutig stiegen wir also die Leiter neben dem Schiff hinunter. Bei dem trüben Wetter war es auf dem Meeresboden in etwa 30 Meter Tiefe recht dunkel. Zahlreiche Spuren liefen über den leicht gewellten Schlammboden, da und dort hatte eine Grundel einen Trichter ausgehoben, dann entdeckte ich eine große Qualle, die schirmabwärts auf dem Boden lag und heftig pumpte. Ich hob sie auf und entließ sie im Wasser, aber sie schwamm gleich wieder zu Boden. Offenbar behagte es ihr hier im stillen Wasser besser als oben.

Einige Seefedern steckten vereinzelt im Sand. Ich berührte eine, und sie zog sich schnell zusammen. Ein Kuhfisch folgte mir neugierig, er wartete wohl darauf, daß ich irgendwas Genießbares aufwühlte. Langsam begann unser Interesse zu erwachen. War doch eine gute Idee gewesen, hier abzusteigen. – Scheer entdeckte ein ganzes Feld seiner Wanderkorallen. Hass folgte den Spuren im Sand und wühlte schöne Schnecken heraus, was ich gleich nachmachte. Es gab vor allem zwei Arten: eine Stachelschnecke mit besonders zarten langen Stacheln, die wohl verhindern, daß das Tier im lockeren Schlamm einsinkt; die zweite Art hatte einen langausgezogenen Stachel am Vorderende des spindelförmigen Gehäuses.

Beim Wühlen entdeckten wir einen schönen Herzseeigel. Diese Art lebt stets im Sande vergraben und steht nur durch einen Atemkanal mit der Oberfläche in Verbindung, der anfangs mit einer Stachelgruppe offengehalten wird. Sinkt das Tier tiefer, dann verkleben eigene Kittfüßchen die Röhre. Mit anderen Füßchen tupfen die Seeigel Kleinlebewesen auf. Wir packten den Seeigel in einen Eimer, wo er unruhig einige Runden lief und sich dann einwühlte. Wir gesellten noch einen Sanddollar dazu, einen ganz flachen Seeigel, den man immer nur ganz knapp unter der Sandoberfläche antrifft, erwischten dann eine große Schamkrabbe, die sich ebenfalls sofort einwühlte, und zuletzt noch eine große Herzmuschel.

Reich beladen kehrten wir an Bord zurück und entließen alles ins Aquarium. Es dauerte nicht lange, und die meisten Sandbewohner hatten sich unseren Blicken entzogen. Nur die Herzmuschel steckte noch so im Sand, wie wir sie hineingesteckt hatten. Die Schalen blieben fest geschlossen, offenbar war die Muschel recht schreckhaft. Wir wollten uns schon anderen Dingen zuwenden, da öffneten sich die Schalen ein klein wenig, und aus dem Spalt schob sich zu unserer großen Überraschung ein langer, saugnapfbewehrter Arm. Flink tastete er die nähere Umgebung ab, und da nichts weiter störte, schoben sich zwei Augen wie Teleskope über den Schalenrand. Wir hatten einen kleinen Kraken gefangen! Er saß aufrecht in der Muschel, je vier Arme jederseits mit den Saugnäpfen nach außen so über den Rumpf geschlagen, daß er die Schalenklappen öffnen und schließen konnte. Störte man ihn, so schloß er die Schale und war durch nichts zu bewegen, seine Wohnung zu verlassen. So saß er in der Muschel und rührte sich nicht vom Fleck, bis wir einen Einsiedlerkrebs zusetzten. Dieser neue Insasse wanderte, seine neue Umgebung erkundend, unruhig umher, und aus einem uns zunächst unerfindlichen Grund erregte er unseren Kraken ganz außerordentlich. Wann immer er an ihm vorbeikam, streckte der Krake seine Augen über den Schalenrand, und rote Farbwellen huschten über seinen Kopf. Zuletzt hielt er es einfach nicht länger aus. Zwei Arme schossen aus der klaffenden Schale hervor, packten das Gehäuse des Einsiedlers und schubsten es energisch weg. Der Einsiedlerkrebs zog sich sogleich in sein Gehäuse zurück. Aber damit gab sich der Krake nicht zufrieden. Als ein die Umgebung abtastender Arm noch einmal den Einsiedlerkrebs ertastete, kam er sogar ganz hervor, packte das Schneckengehäuse mit allen Armen und schleppte es ein Stückchen weiter weg. Nur mit einem Arm behielt er den Kontakt mit seiner Wohnung. Und nun sahen wir auch den Grund für seine Erregbarkeit. Der kleine Krake war Mutter und bewachte ein ganzes Bündel von Eischnüren.

Wir bauten sogleich die Kamera auf und setzten neue Tiere ins Becken. Zunächst eine kleine Schnecke. Ahnungslos kroch sie

Die Krakenmutter beim Wegschubsen eines Einsiedlerkrebses: Sie ertastet das Gehäuse mit einem Arm, verläßt daraufhin die schützende Schale und schiebt das störende Objekt weiter weg. Wir sehen dabei das Gelege.

außen an der Muschelschale hoch. Sie kam fast bis zum Schalenrand, da wischte sie der Krake mit einer Armbewegung weg. Einem kleinen Muschelkrebs, der auch hinauf wollte, erging es schlechter, er verlor eine Schere. Kurz danach mußte sich der Krake mit einer großen Steinkrabbe auseinandersetzen. Als sie über seine Muschel hinwegstieg, wölbte er seine saugnapfbewehrten Arme wie einen Schild gegen die Krabbe vor. Die zwickte ihn, und da schoß der Krake ihr eine ganze Ladung Tinte entgegen, was die Krabbe sehr erschreckte, denn sie purzelte förmlich von ihrem Sitz.

Die kleine Krakenmutter verteidigte ihre Brut mit einem wahren Löwenmut und hatte alle unsere Sympathien gewonnen. Wir ließen sie nun in Ruhe und warteten mit Spannung darauf, ob denn aus den Eiern auch etwas würde. Die Mutter saß eine ganze Woche auf dem Gelege. Unentwegt strich sie mit ihren zarten Armenden über die Eier, und kam einmal Sand zwischen die Schale, dann kroch sie an der Scheibe hoch und schüttelte ihn heraus. Wir versuchten sie mit Krabbenfleisch zu füttern, aber sie nahm keinerlei Nahrung zu sich.

Am achten Tag ihrer Gefangenschaft schlüpften die ersten Tintenfische. Heftig atmend und sichtlich erschöpft saß die Mutter zwischen der weit klaffenden Schale. Die dünnen Armenden strichen emsig über die Eier, und sah man genauer hin, dann konnte man erkennen, wie die Saugnäpfe da und dort ein Ei umfaßten, das unmittelbar danach platzte. Ob das eine Schlüpfhilfe war? Es hatte den Anschein.

Die kleinen Kraken strebten sogleich nach oben. Sie schwammen mit dem Hinterende voran und trieben ihr Atemwasser stoßweise durch ihr Atemrohr. Es waren etwa 18 000 Jungtiere. Wie wenige von ihnen haben Aussicht, selbst Mutter zu werden! Am folgenden Tag wimmelte es in dem Aquarium von munteren kleinen Tintenfischen. Nun erst verließ die Mutter die Muschelschale. Die Eischnüre festhaltend, kroch sie an der Glasscheibe des Beckens hoch. Oben angekommen, ließ sie die Schnüre los, und im gleichen Augenblick erfaßte eine Lähmung die Arme. Die Enden rollten sich ein, und langsam löste sich die gelähmte Mutter von der Scheibe. Mühsam schwamm sie eine Runde, dann sank sie zu Boden. Immer langsamer wurde der zunächst hektische Atem, dann starb sie, während die Kleinen munter ins Leben tanzten. Selten berühren sich Leben und Tod so unmittelbar!

Nachdem wir auf Tillanchong die wichtigsten Taucharbeiten

erledigt hatten, fuhren wir wieder nach Kondul zurück, um bei den Indern nach unserer Aufenthaltsbewilligung zu fragen. Wir hofften, daß sie mittlerweile eingetroffen wäre, wurden aber enttäuscht. Man antwortete ausweichend, und wir hatten das Gefühl, daß man uns nicht gerne sah. So beschlossen wir schweren Herzens, weiterzufahren.

Im malaiischen Inselgebiet

> »Salaz y Gomez ragt aus den Fluten
> Des Stillen Meeres, ein Felsen kahl und bloß,
> Verbrannt von scheitelrechter Sonne Gluten,
> Ein Steingestell ohn' alles Gras und Moos,
> Das sich das Volk der Vögel auserkor
> Zur Ruhstatt im bewegten Meeresschoß.«
>
> *Adalbert von Chamisso*

Etwa 150 Kilometer vor der Insel Penang ragt so ein »Steingestell« aus der See. Die völlig kahle Felskuppe Pulau Perak ist vielleicht 300 Meter lang und 100 Meter hoch, und man sieht sie schon von weitem silbrig glänzen, denn viele Tölpel und Seeschwalben haben den Fels im Laufe der Zeit weiß getüncht. Und das ist wohl auch der Grund, weshalb so gar nichts auf dieser Klippe wächst. Steil, wie sie herausragt, fällt sie auch in die Tiefe ab, und solche Orte locken den Taucher. So waren auch wir bald mit unserem Beiboot unterwegs, während die »Xarifa« weite Kreise zog, denn zum Ankern war es zu tief.

Wir bestiegen zunächst einmal unser kleines Eiland, und ich konnte so recht die Gedanken nachempfinden, die Chamisso auf der öden Klippe Salaz y Gomez überkamen. »Man schauert«, schreibt er in seinem Reisebericht, »sich den möglichen Fall vorzustellen, daß ein menschliches Wesen lebend darauf verschlagen werden könnte; denn die Eier der Wasservögel möchten sein verlassenes Dasein zwischen Meer und Himmel auf diesem kahlen sonnengebrannten Steingestell nur allzusehr zu verlängern hingereicht haben.«

Auf unserer Klippe lebten außer den Seeschwalben und Tölpeln, die uns arglos betrachteten, braune Ratten. Sie waren gewissermaßen Schiffbrüchige, die sich hier wohl von Jungvögeln und Eiern nährten. Wir entdeckten auch eine kleine braune Eidechse, die auf Fliegen Jagd machte, einige Ameisen und winzige rote Milben, die sich auf den Felsen tummelten.

So ärmlich das Leben über Wasser war, so reich entfaltete es sich unter dem Wasserspiegel. Bereits in der Gezeitenzone bedeckte ein dichter Austernbewuchs den Fels, und als Hass und ich, mit dem Schnorchel ausgerüstet, die Küste entlang schwammen, da nahm uns der Anblick fast den Atem. Steile Schründe und Klüfte taten sich vor uns auf und verloren sich abgrundlos in düsterem Blau. Die Wände waren über und über mit niedrigen Drusen roter Korallen und Zackenaustern bewachsen. Mächtige violette Venusfächer wogten in der Strömung, von bunten Lippfischen umspielt. Schwärme gelbrückiger Meerbrassen und schlanke silbrige Füsiliere zogen unter uns vorbei.

Irgendwie war uns aber nicht besonders wohl über diesem gähnenden Abgrund, an dem es keinerlei Deckung gab. Und da waren sie auch schon da, die Haie, drei, vier, alles große Kerle, und sie tauchten bis knapp zu unseren zappelnden Beinen herauf. Mit unserem Haistock verjagten wir sie immer wieder, aber sie blieben zudringlich. Ohne Tauchgerät, so frei an der Oberfläche treibend, war es uns zu unsicher. Vorsichtig zogen wir uns zum Boot zurück und legten die Tauchgeräte an.

Jetzt bereitete der Aufenthalt im Wasser Vergnügen. Mit dem Rücken an der steilen Wand schauten wir den Haien zu, von denen sich mittlerweile 9 Stück herumtrieben. Langsam sanken wir tiefer. Die Wand war so steil, daß wir kaum einen Vorsprung zum Niedersitzen fanden, und ab 20 Meter Tiefe wurde es recht düster. Eine Strömung war aufgekommen, die unzählige winzige Planktonorganismen mit sich führte. Schließlich sahen wir die Haie immer erst dann, wenn sie direkt vor uns waren oder wenn ihre weißen Bäuche direkt über uns blinkten.

Ein Trupp von Wimpelfischen mit besonders langen Wimpeln und zwei mit blauen gewundenen Linien verzierte Kaiserfische *(Pomacanthodes semicirculatus)* begleiteten uns beim Abstieg. Seebader, Brassen und Füsiliere umfluteten uns oft in so dichten Schwärmen, daß wir kaum durchsahen. In etwa 50 Meter Tiefe endete die Wand in einer steilen Geröllhalde. Es war fast dunkel hier. Steintrümmer, Korallen und die Schalen der Zackenaustern bedeckten den Boden, da und dort wuchs eine Hornkoralle, und über Löchern standen blasse, blau gemusterte Fischchen, den Kopf gegen die Strömung gerichtet. Sie flüchteten in ihre Löcher, und ich konnte keines fangen. Während ich mich vergeblich bemühte, sie zu fangen, kam ein gewaltiger Judenfisch um die Ecke. Wohl über 2 Meter lang war dieser Riesenbarsch und sein riesiges Maul dementsprechend furchterregend. Ich bin selten so erschrocken! Man weiß, daß der australische Judenfisch *(Promicrops lanceolatus)* die Perltaucher beschleicht und »Scheinangriffe« ausführt. Unbestätigten Meldungen zufolge soll schon manch ein Taucher im Maul so eines Riesen gelandet sein. Sicherlich sind die »Scheinangriffe«

dieser bis zu 400 Kilogramm schweren Tiere nicht ganz harmlos. Und wenn auch unser Judenfisch ausgesprochen gemütlich um die Ecke schwamm, kam mir doch wieder in den Sinn, was ich vom »listigen Anschleichen« gehört hatte. Zu anderen Zeiten hätten wir vielleicht auf ihn gewartet, aber in dieser Tiefe, mit den Haien um uns und nach zehn Monaten Expedition, begnügten wir uns mit einem eher flüchtigen Eindruck. Er blieb dennoch in der Erinnerung haften.

Als wir am 23. September schlaftrunken an Deck stiegen, ging gerade die Sonne über dem Bergland von Malaya auf. Die Wolken erglühten rot, und die nebelgefüllten Täler lagen in zart grauvioletten Tönen gemalt. Wir steuerten die der Küste vorgelagerte Insel Penang an. Auf dieser nur 28 Kilometer langen und 16 Kilometer breiten Insel leben 350 000 Menschen, die meisten in der Stadt Georgetown, deren Silhouette durchaus englisch aussieht. Um so größer war unsere Überraschung, als wir beim ersten Spaziergang feststellten, daß sich hinter dieser Fassade eine chinesische Stadt verbarg. Chinesische Mädchen und Frauen liefen in weiten Hosen umher, und es wimmelte von rundgesichtigen, stupsnäsigen Kindern, die besonders herzig waren. – Geschäftige Fahrrad-Rikschas boten ihre Dienste an, und die Restaurants lockten mit exotischen Speisen. Wir besuchten den englischen Zoologen Dr. Pagden, der uns zunächst den großen Kek Lok Si-Tempel zeigte. Dieser gewaltige buddhistische Tempel ist für unsere Begriffe etwas zu überladen. Wunderschön aber ist der Park, in dessen kleinen Teichen sich viele Wasserschildkröten tummeln.

Von dem etwas über 800 Meter hohen Penang-Hügel genossen wir einen herrlichen Rundblick, und hier sah ich meine ersten Flugdrachen. Ich hätte sie sicher übersehen, hätte mich nicht Dr. Pagden auf diese rindenfarbigen, vielleicht 20 Zentimeter langen Echsen aufmerksam gemacht. Erst wenn sie springen, ändern sie in auffälliger Weise ihre Gestalt. Sie breiten dann ihre Rippen aus, zwischen denen Flughäute gespannt sind, und gleiten auf Tragflächen dahin.

Neu waren für mich auch die Kannengewächse, deren Blattenden zu merkwürdigen Insektenfallen umgebildet sind. Jedes Blatt endet in einem gestielten Kännchen mit Deckel. Die Gebilde erinnern verblüffend an Orchideenblüten. Viele Insekten suchen die vermeintliche »Blüte« auf und fallen dabei im wahrsten Sinne des Wortes »herein« – in die Kanne, deren oberste Zone als Gleitzone mit einem Wachsüberzug und abwärts gerichteten Haaren ausgestattet ist. Die Drüsenzone darunter sondert eine Flüssigkeit ab, welche die Insekten verdaut. Den Boden ausgewachsener Kannen bedeckt ein Brei halb und ganz verdauter Insekten. Am oberen Rand der Kannen und am Deckel finden sich Honigdrüsen, deren zuckerhaltiger Saft die Insekten in die Falle lockt. Aber selbst an diesen extremen Lebensraum haben sich einige Tiere angepaßt. Ihnen kann diese fleischfressende Pflanze nichts anhaben. Dazu gehören zum Beispiel zwei Spinnen, die im oberen Teil der Kanne auf Insekten lauern. Eine davon stürzt sich bei Gefahr in den Saft der Kanne, ohne Schaden zu nehmen. In dieser geringen Flüssigkeitsmenge von nur 10 bis 20 Kubikzentimeter lebt ferner eine ganze Reihe von Insektenlarven, vor allem jene von Zweiflüglern, die sich von den zerfallenden Insekten ernähren. Eine aber hat sich darauf spezialisiert, auf diese Larven Jagd zu machen, und schließlich kennt man auf Ceylon noch eine Schmetterlingsraupe, die man lange Zeit für eine Köcherfliegenlarve hielt, da sie aus den Chitinteilen abgestorbener Insekten ein Gehäuse baut. Erstaunlich ist, daß sich diese Tiere vor den Verdauungsfermenten der Pflanze schützen können.

Auf einer Rundreise um die Insel besuchten wir am folgenden Tag den Schlangentempel Sungei Kluang. Der 1850 von einem chinesischen Priester zu Ehren des Gottes Chor Soo Kong erbaute Tempel steht auf einem niedrigen Hügel. In Gefäßen vor ihm brannten Räucherstäbchen, und im Tempel drängten sich opfernde und betende Chinesen ganz unbekümmert um die zahlreichen Giftschlangen *(Trimeresurus wagleri)*, die dick und faul auf den Simsen, in Nischen und auf den Zweigen von eigens dazu eingetopften Sträuchern lagen. Ein ungewöhnlicher Anblick.

In den kleineren Dörfchen auf dem Lande lebten vor allem Malayen, die zum Unterschied von den Chinesen ihre Häuser auf Pfähle stellen. Nur der Handel war auch hier in der Hand der offenbar aktiveren Chinesen. Einmal flog ein Flugzeug über uns hinweg und erinnerte uns mitten in diesem tropischen Inselidyll an den »Kalten Krieg«. Mit Lautsprechern forderte man die in den Wäldern des Hügellandes versteckten kommunistischen Rebellen zur Übergabe auf.

Wir nützten unseren Aufenthalt zu einem Ausflug auf das Festland in der Hoffnung, mit den in den Bergen lebenden recht ursprünglichen Sakais zusammenzutreffen, die mit den Schom Pen verwandt sein sollen. Mit einem kleinen Omnibus fuhren wir los, durch Städtchen mit chinesischer Bevölkerung und endlose Gummiplantagen, auf denen alle Bäume in schnurgeraden Reihen standen. Dann ging es durch malerische Malayendörfer und an Reisfeldern vorbei, in deren Bewässerungsgräben muntere Kinder badeten. In jeder kleinen Pfütze lagen Reusen, doch fanden wir nicht heraus, was die Leute fischten. So ging es über Pangkor, Bruas, Ipoh, Kampar und Tapah hinauf ins malaiische Hochland. An den Straßenseiten arbeiteten Tamilen, die aus Indien kamen, in den Gummiplantagen und in den Kleinstädten die Chinesen, und auf dem Lande in den kleineren Dörfern lebten die Malayen. Wiederholt wurde unser Autobus von Soldaten kontrolliert. Wir fuhren ja durch Sperrgebiete, und Plakate machten überall darauf aufmerksam, daß man keinerlei Nahrung mit sich führen dürfe. Man wollte auf diese Weise den Nachschub für die Rebellen – die andere Seite nennt sie Freiheitskämpfer – unterbinden.

Von Tapah schlängelte sich die Asphaltstraße durch den malaiischen Urwald ins Hochland. Immer üppiger wurden die Wälder, Orchideen blühten am Straßenrand, und wenn man von einer Kurve das Land überblicken konnte, dann sah man auf den grünen Hügeln kleine Lichtungen eingestreut mit strohgedeckten Pfahlbauten. Dort leben die Eingeborenen noch wie einst, denn das Gebiet wurde erst vor kurzem durch diesen »Asphaltwurm« erschlossen.

Am Nachmittag kamen wir in dem etwa 1400 Meter hoch gelegenen Städtchen Tanah Rata an. Um die Hauptstraße gruppierten sich einige chinesische Läden und mehr in der Peripherie die Villen der Europäer, die sich in diese kühleren Höhen zur Erholung zurückziehen.

Erst nach längerem Suchen fanden wir in einem chinesischen Hotel ein Quartier. Es zeichnete sich durch einige Besonderheiten aus. So gab es zwischen den Zimmern nur ganz dünne Wände, die unten offen waren, so daß man des Nachbarn Zehen sehen konnte, wenn er an der Wand vorbeiging. Neben uns schien gerade eine muntere Familie zu wohnen. Aus einer Jukebox ertönte »Immer nur lächeln« auf chinesisch und dann noch eine Menge anderer europäischer Schlager – ebenfalls übersetzt. Wir schliefen dennoch bald ein.

Am anderen Morgen besuchten wir den Distriktsethnologen. Dieser äußerst hilfsbereite Engländer, dessen Namen ich leider vergaß, führte uns zunächst einmal zu einem kleinen Dorf, an dessen Rande einige Sakai-Familien in den typischen kleinen

Pfahlbauten hausten. Die freundlichen Menschen baten um Zigaretten. In der zerlumpten europäischen Kleidung machten sie jedoch einen heruntergekommenen Eindruck.

Geradezu erschüttert waren wir vom Anblick der nächsten Sakai-Siedlung. Bereits vom Autobus aus hatten wir verschiedentlich von hohen Stacheldrahtzäunen und Wachtürmen umgebene Anhaltelager gesehen. In diesen Lagern lebten die Bewohner ganzer Siedlungen, die man aus den Rebellengebieten zusammengefaßt hatte, um den Rebellen jeden Stützpunkt zu nehmen. Aus gleichem Grunde hatte man hier Sakais in langen Baracken zusammengefaßt. Es war ein trostloser Anblick. Nicht daß die Leute etwa schlecht genährt gewesen wären, aber sie sahen irgendwie traurig aus, wie Wildtiere, die man in Käfige steckte. Sie arbeiteten auf den Teeplantagen und kamen, künstlich zusammengefaßt, unter den denkbar ungünstigsten Bedingungen mit der Zivilisation in Berührung. Zwei bunt geschminkte Sakai-Mädchen flirteten gerade mit malaiischen Soldaten und bestiegen deren Jeep.

Bei der dritten Sakai-Siedlung bekamen wir eine etwas bessere Vorstellung vom ursprünglichen Leben dieser Urwaldbewohner. Sie bestand nur aus vier Pfahlbauten, die einige hundert Meter abseits einer chinesischen Siedlung an einer Berglehne standen. Die rechteckigen Pfahlbauten waren aus Bambus gebaut. Geflochtene Matten bildeten die Wände. An einer Seite war die Hüttenwand nur halb hinaufgezogen, so daß wir die Bewohner von außen sehen konnten. Ein gebrechliches Leiterchen führte zum Hütteneingang, über dem einige sorgfältig gearbeitete Fischreusen hingen.

Unterwegs begegneten wir einer Frau, die auf einer sehr einfachen Rückentrage ein Bündel etwa einen Meter langer Bambusrohre trug. Jedes Rohr war mit Wasser gefüllt. Ein Trupp junger Männer kam gerade von der Jagd zurück. In der einen Hand hielten sie ein langes Blasrohr, in der anderen ein Bananenblatt als Regenschutz.

Wir steuerten auf eine der Hütten zu. Unser englischer Kollege begrüßte den Headman, einen kräftigen Mann mittleren Alters, der unseren Führer offenbar gut kannte. Er lud uns in seine Hütte ein. Dort saßen in vier Gruppen verteilt vier Frauen, je mit einigen nackten Kindern, und die dazugehörigen Männer, angeblich vier Brüder. Die Frauen zogen sich Blusen über, als wir eintraten. In der Mitte des Raumes gloste ein kleines Feuerchen auf einer Sandunterlage. Daneben stand ein eiserner Kochtopf. An der Wand und an den Stützpfählen hingen Shorts und andere Bekleidungsstücke europäischen Musters. Aber einige Männer waren noch mit einem Lendentuch ähnlich dem der Nikobarer bekleidet. Geflochtene Matten bedeckten die Rastplätze der einzelnen Familien.

Unter dem Dach hingen einige gut 2 Meter lange Blasrohre. Muster aus eingebrannten Punkten zierten sie über die ganze Länge. Die dazugehörigen Giftpfeile waren etwa 40 Zentimeter lang, aus einem Stück geschnitzt, und steckten in einem Bambusköcher. Man verwendet das Blasrohr vor allem zur Vogeljagd. Wir gaben dem Headman einige Zigaretten, und er ließ uns gerne photographieren. Er holte eine Lanze, deren Blatt aus einem zugespitzten Stück Bambus bestand, und ein Eisenbeil, jedoch nicht mit der üblichen Lochschäftung, sondern mit einer Korbfassung wie ein Steinbeil. Noch bis vor kurzem benützten die Leute ungelochte Steinbeile. Jetzt bieten Händler Eisenbeile an, die sie an die konservative Schäftungsweise der Sakais angepaßt haben. Denn von seinen Gewohnheiten geht der Mensch ungern ab, und gelochte Beile hätten die Sakais nicht genommen.

Aus Zeitmangel konnten wir nicht weiter in das Sakai-Gebiet eindringen. Es wäre eine Exkursion von mehreren Tagen gewesen. Auf der Straße durch den malaiischen Urwald sahen wir jedoch zwei junge Sakai-Männer in Begleitung eines Mädchens. Mit dem Blasrohr in der Hand standen sie im Halbschatten dieses üppig grünen Waldes und sahen uns erstaunt nach. Hier berührten sich Steinzeit und Maschinenzeitalter. Von der Holzbaracke in der Teeplantage bis zu den unberührten Siedlungen im Urwald kann man hier auf engem Raum alle Stadien des kulturellen Verfalls eines Naturvolkes beobachten.

Unsere nächste Tauchstation war die kleine Insel Pulau Jarak. Sie ist etwa einen Kilometer lang, üppig bewaldet, und das Meer ist hier verhältnismäßig klar, so daß wir zwei schöne Tauchtage verbrachten. Mächtige Porites-Stöcke formten ein Saumriff, das bis auf 15 Meter abfiel und sich dann in einer Schutthalde fortsetzte. In dieser korallenlosen Öde erhoben sich verstreut inselartige Felsen.

Da das Wasser draußen trüber wurde, sah man zuerst immer nur die dunklen Umrisse, als würde eine Gestalt auf dem Grunde ruhen, und ich bin auch beim erstenmal richtig erschrocken. Aber diese Felsen waren wunderschön mit Zackenaustern, niedrigen Steinkorallen und vor allem mit violetten Hornkorallen bewachsen, auf denen wie Blüten Haarsterne saßen. Um diese Fächer drängten sich in dichten Schwärmen Kardinalfische, und als ich einen abpflückte, wurde mir deutlich gezeigt, daß selbst so ein Fächer für die Fische Schutz bedeutet. Kaum hatte ich dem kleinen Fischschwarm die Deckung genommen, da stürzten aus der Umgebung hungrige Lippfische herbei und schnappten die meisten Kardinalfische auf, die in zielloser Panik hin und her schossen. Die gleichen Lippfische hatten zuvor gar keinen Versuch unternommen, die in einer Wolke frei um den Korallenfächer stehenden Kardinalfischchen zu jagen.

Lange saß ich bei einem gut einen Meter hohen roten Becherschwamm. Was da alles lebte! In ihm hauste ein roter, blau getüpfelter Pfauenaugenbarsch. An seiner gefürchteten Außenseite saßen kleine Krabben und Hunderte winziger weißer Seegurken, die alle mit ihrem Tentakelkranz in der Strömung fischten. Gleich nebenan waren meine alten Freunde, die Putzer, tätig.

Bei den kleinen, bewaldeten Sembilon-Inseln war das Meer trübe, und es herrschten starke Strömungen; ein günstiges Gebiet für Seeanemonen, die stellenweise in großen Feldern den Boden bedeckten. Wir machten hier unsere letzten Tauchabstiege, dann steuerten wir weiter nach Singapore.

Unterwegs hatten wir noch zwei nette Erlebnisse. In der Nähe der Insel Pangkor erblickten wir mitten in der hier recht flachen See eine ganze Gruppe merkwürdiger Pfahlbauten. Auf einer hohen Plattform standen einige Hüttchen. Unter ihr hing ein großes Netz im Wasser. Zwei Reihen in den Meeresboden gerammter Baumstämme liefen auf den Pfahlbau zu. Wir umkreisten mit unserem Beiboot diese riesige Reuse und wurden von den Fischern eingeladen.

Auf der Plattform dörrten aufgeschnittene Tintenfische, Garnelen, Stachelmakrelen, Schollen und eine Vielzahl anderer Fische in der Sonne. In großen Kesseln kochten winzige Fischlarven, die wie kleine weiße Würmchen aussahen, aber herrlich schmeckten. Am Ende der Reuse stand ein kleiner Altar: ein Blechkästchen, in dem eine Fahne mit chinesischen Schriftzeichen hing. Davor standen zwei Konservendosen mit abgebrannten Räucherstäbchen. Die Fische wurden in dem großen Netz gefangen, das unter der Plattform im Meer hing. Die starke Strömung trieb die Schwärme durch den Engpaß der großen Reuse.

Die Fischer waren freundliche Gastgeber. Sie kredenzten uns

Kaffee und fragten uns nach unseren Plänen. Sie hatten sogar einen kleinen chinesischen Atlas und verfolgten genau unsere Reiseroute. Zum Abschied schenkten sie uns einige Fische.

Am 14. Oktober segelten wir langsam den südlichen Teil der malaiischen Westküste hinunter. Die Sonne ging gerade unter, und wir saßen, bereits in Abschiedsstimmung, in den Deckstühlen, da kam ein britisches Schnellboot, umkreiste uns und rief uns etwas zu. Wir dachten schon, wir hätten unwissend gegen irgendeine Regel verstoßen, aber nichts dergleichen. Es handelte sich um ein Empfangskomitee. Über das Fernsehen hatten die Engländer von unserem Plan, Singapore anzulaufen, erfahren, und so eilten sie herbei, mit all unserer Post und der Einladung des Kommandanten, einen Liegeplatz der englischen Marine für unser Schiff zu benützen, was uns eine wertvolle Hilfe war. Wo immer wir auf unserer Fahrt Engländer trafen, haben sie uns in selbstloser Weise geholfen.

Naturschutz – unter Wasser

Ein reicher, unerschöpflicher Lebensraum, dies ist der erste Eindruck, den man empfängt, wenn man an unberührten tropischen Riffen absteigt. Wohin man auch blickt, sieht man Fische. Sie bevölkern die Höhlen, sitzen zwischen den Korallen, liegen auf den Sandflecken und ziehen in gewaltigen Schwärmen durchs freie Wasser: ein unerschöpfliches Angebot, so scheint es. Beobachtet man allerdings einen bestimmten Riffabschnitt über eine längere Zeit, dann wird man bald eines anderen belehrt. Man merkt dann schnell, daß die einzelnen Arten gar nicht so häufig sind. So ein großer Pfauenkaiserfisch ist ja ein recht unverträglicher Kerl. Er beansprucht ein großes Gebiet und duldet keinen Gleichartigen in seiner Nähe. Und ähnliches gilt für die großen Zackenbarsche und viele andere. Eine kleine Gruppe von Schwimmtauchern kann daher in kurzer Zeit und ohne besondere Anstrengungen die Zackenbarsche eines Riffgebietes abschießen. Gewiß werden Junge übrigbleiben, und der Bestand wird sich nach einer Weile regenerieren. Man darf auch mit einer gewissen Zuwanderung aus Nachbargebieten rechnen, aber das Reservoir ist nicht besonders groß, da viele dieser Fische nur in ganz bestimmten Tiefenzonen zu Hause sind, also nur einen sehr schmalen Verbreitungsgürtel im Riff besitzen. Tatsächlich hat die Raubjagd von Sporttauchern in einigen Gebieten des Mittelmeeres deutliche Spuren hinterlassen. Es gibt Gebiete, in denen man kaum einen größeren Fisch sieht. Andenkenjäger gefährden auch andere Tierarten. Haefelfinger wies kürzlich darauf hin, daß ganze Küstenstriche der französischen Riviera bereits der schönen Steckmuscheln beraubt wurden. In der Region von Banyuls waren noch vor zehn Jahren einen Meter lange Schalen dieser schönen Muschel nicht selten. Heute sind bereits 30 Zentimeter lange eine Seltenheit. Dabei braucht so eine Steckmuschel etwa 50 Jahre, um auf 70 Zentimeter heranzuwachsen.

Auch Edelkorallen wurden an einigen Stellen durch Schwimmtaucher fast völlig ausgerottet. Eine vernünftige Regelung der Unterwasserjagd und Sammeltätigkeit ist daher dringend erforderlich, und man darf es als Fortschritt begrüßen, daß es bereits Gebiete gibt, in denen die Jagd mit Feder- oder Gummizugharpunen untersagt ist. In anderen Gebieten ist es

Gerätetauchern überhaupt verboten zu jagen. Würde es sich allgemein durchsetzen, daß nur mit Stoßharpunen ausgerüstete Freitaucher jagen, dann dürfte damit viel gewonnen sein. Ferner sollte die Jagd auf alle Nicht-Speisefische mit wenigen Ausnahmen untersagt und einige besonders gefährdete Wirbellose, wie z. B. die Steckmuscheln, geschützt werden. Kürzlich hat man ein Korallenriff bei Florida zu einem Unterwasser-Nationalpark erklärt, den man nur schnorchelnd und mit der Kamera besuchen darf. In Port Sudan soll das Wingate-Riff ein Schutzgebiet werden. Für einige Küstenstriche des Mittelmeeres wäre eine entsprechende Regelung durchaus zu begrüßen. An den kontinentalen Küsten Europas hat die marine Fauna ohnedies durch die Abwässer der Siedlungszentren und die Wasserverunreinigung durch die Schiffahrt erheblich zu leiden.

Unternehmen »Xarifa«

Die Technik des Schwimmtauchens hat der Meeresbiologie zweifellos ein weites neues Arbeitsgebiet eröffnet. Wo man früher nur mit Dredsche und Bodengreifer hinabreichte oder als schwerfälliger Helmtaucher hinabstieg, kann man heute als frei beweglicher Schwimmtaucher seine Forschungsobjekte in der natürlichen Lebensgemeinschaft filmen, beobachten und sammeln.

Für ein erfolgreiches Arbeiten in den weiten tropischen Meeresgebieten ist jedoch ein entsprechend ausgerüstetes, nicht zu großes Schiff Voraussetzung. Diese zu schaffen war durch viele Jahre das Bemühen meines Freundes Hans Hass.

Im Herbst 1939 hatte er mit Alfred Wurzian und Jörg Böhler in den gefürchteten Gewässern der Karibischen See getaucht, nur mit einfachen Tauchbrillen, selbstgebastelten Schwimmflossen, einer Stockharpune und einer selbstgebauten Unterwasserkamera ausgerüstet. So ungeschützt in ein haiverseuchtes Gewässer einzudringen schien eine Herausforderung des Schicksals. Hans Hass brach durch seine Pionierarbeit den Bann und leitete die Ära des Schwimmtauchens in tropischen Meeren ein. Die Anregung zum Schwimmtauchen empfing er von Guy Gilpatric, den er an der Riviera als Schwimmtaucher beobachtet hatte. Ihm widmete er in dankbarer Anerkennung sein 1941 erschienenes Buch ›Unter Korallen und Haien‹.

Dieses Buch zeigte die ersten guten Unterwasseraufnahmen von freilebenden Fischen, darunter so interessante Dokumente wie die Bildreihe vom reitenden Trompetenfisch.

Bereits damals bewegte ihn der Gedanke eines deutschen Forschungsschiffes, das tauchenden Zoologen die Welt der Korallenriffe erschließen sollte: »Einmal, das weiß ich ganz bestimmt, wird der Tag kommen, an dem unser Schiff hinausfährt zum Roten Meer, durch den Indischen Ozean, zu den Korallenparadiesen der Südsee und dem großen Barriereriff von Australien. Dort möge es uns dann gelingen, allen Gefahren zum Trotz auch dieses Reich der Korallen und Haie zu erstürmen, seine Geheimnisse und Rätsel zu entschleiern und seine Schönheit dem Menschen im Photo und Film zu offenbaren!« So schrieb er 1941 in jugendlicher Begeisterung. Durch Vorträge und Veröffentlichungen erwarb er noch während des

Krieges die Mittel zum Ankauf des Schiffes »Seeteufel« des Grafen Luckner. 1945 wurde es jedoch in Stralsund als Beutegut beschlagnahmt.

In den Kriegsjahren tauchte Hans Hass mit mittlerweile neu entwickelten Geräten im griechischen Inselarchipel. Später untersuchte er als Arbeitsgast der Biologischen Station in Neapel die Formbildungsgesetze der Reteporiden, einer Gruppe mariner Moostierchen.

Die Idee des Forschungsschiffes hielt ihn weiter gefangen, und mit der Verbissenheit eines Monomanen begann Hans Hass nach dem Kriege ohne Mittel von neuem. 1949 und 1950 führte er zwei Expeditionen ins Rote Meer. Ein abendfüllender Kulturfilm ›Abenteuer im Roten Meer‹ und das Buch ›Manta‹ entstanden.

Mit diesen Mitteln und aufgenommenen Geldern erwarb er für 150000 Dänische Kronen den Rumpf der »Xarifa«. Sie war 1927 als Luxusjacht erbaut worden und führte nach wechselvollen Schicksalen schließlich in Kopenhagen Kohle. Anstelle ihrer drei Masten hatte sie nur zwei ganz kurze Stümpfe und machte eher einen traurigen Eindruck. Für 450000 weitere D-Mark ließ Hans Hass das Schiff ausbauen. Drei Stahlmasten wurden aufgestellt, der höchste erreichte 33 Meter. Ferner wurden Labors, Dunkelkammer, Bad, Messe, Decksalon und sechs Kajüten für je zwei Expeditionsteilnehmer eingerichtet, der Dieselmotor erneuert und das Schiff mit 550 Quadratmeter besegelt. Mit Motor lief es 8 bis 9 Knoten, mit den Segeln unter günstigen Bedingungen bis zu 12. So entstand ein schmuckes Forschungsschiff, in dem sich alte Segelschiffromantik und die praktischen Erfordernisse glücklich verbanden. »Xarifa« heißt auf arabisch »schöne Frau«, in ihrem neuen Kleid machte sie dem Namen wieder Ehre. Als Organisationsbüro gründete Hass das Internationale Institut für Submarine Forschung in Vaduz.

Am 23. 8. 1953 stach die »Xarifa« von Hamburg in See, um sich auf einer zehnmonatigen Expedition in die Karibische See und zu den Galapagos-Inseln zu bewähren. Als wissenschaftliche Arbeitsgäste hatte Hans Hass Prof. W. E. Ankel, Dr. G. Scheer und mich eingeladen. Prof. Ankel begleitete uns bis zu den Azoren, Scheer und ich wurden in der Karibischen See in die Kunst des Schwimmtauchens eingewiesen und begannen bald, selbständig zu arbeiten.

Nachdem sich das Schiff auf dieser Fahrt so gut bewährt hatte, arbeitete Hans Hass ein Memorandum aus, mit dem Ziel, die

»Xarifa« als dauernd tätige meeresbiologische Forschungsstation einzusetzen. Es war daran gedacht, sie in tropischen Meeresgebieten zu stationieren, mit jeweils acht Wissenschaftlern, die jedes Halbjahr ausgetauscht werden sollten. Hans Hass übertrug mir damals die wissenschaftliche Leitung des Unternehmens. Die Finanzierung sollte durch die Übernahme von Arbeitsplätzen seitens staatlicher und wissenschaftsfördernder Institutionen erfolgen. Das Schiff wäre dabei im Verlauf von zehn Jahren in den Besitz einer solchen Organisation übergegangen.

Die jährlichen Betriebskosten, einschließlich Reparaturen, Mannschaft (Arzt, Kapitän, Matrosen, Koch, Taucher und Kameramann), Verpflegung der Mannschaft und Arbeitsgäste und Amortisation des Schiffes, berechneten wir mit 390 500 Schweizer Franken. Die Wissenschaftler sollten mit dem Flugzeug anreisen, und sie hätten auf der »Xarifa« ein wohleingerichtetes Heim gehabt, was für die Arbeitsmoral in den Tropen durchaus vorteilhaft ist.

Eine Rundfrage bei den führenden deutschen Zoologen zeigte uns, daß der Plan im allgemeinen begrüßt wurde. Eine Reihe von Herren, die Hass in seinem Buch ›Expedition ins Unbekannte‹ einzeln anführt, erklärten sich sogar bereit, einem beratenden Komitee beizutreten und unseren Plan durch ein Gutachten zu unterstützen. Die Deutsche Zoologische Gesellschaft sprach sich 1957 auf ihrer Jahresversammlung in Graz ebenfalls für das Projekt aus, das uns die Möglichkeit bot, uns wieder an der internationalen Zusammenarbeit bei der Erforschung der tropischen Meere zu beteiligen, ein Arbeitsgebiet, das uns durch Umstände der Zeit weitgehend entglitten war.

Die Finanzierung stieß jedoch auf einige Schwierigkeiten. Zwar halfen die Max-Planck-Gesellschaft und das Land Nordrhein-Westfalen durch die Finanzierung je eines Arbeitsplatzes in großzügiger Weise, aber sie waren die einzigen. Dennoch gelang es Hans Hass, die ersten beiden geplanten Halbjahresetappen mit Hilfe des Britischen Fernsehens (BBC) und des Süddeutschen Rundfunks (Stuttgart) zu finanzieren und damit den oben genannten Wissenschaftlern die Teilnahme zu ermöglichen. Jeder kam mit reichen Ergebnissen nach Hause, und bis heute erschienen über 100 Publikationen in Fachzeitschriften. Einige größere Arbeiten, wie die Monographien über die Fische der Malediven und der Nikobaren, stehen noch aus. Hass hat in seinem schon genannten Buch eine Liste der bis Anfang 1963 erschienenen Arbeiten zusammengestellt.

Nach seiner Heimkehr bot Hass das Schiff noch einmal der Wissenschaft an, aber ohne Erfolg. »Hätte eine staatliche Stelle«, so schreibt er, »die Sorge um die ›Xarifa‹ übernommen, dann hätte ich das Schiff für wissenschaftliche Fahrten kostenlos zur Verfügung gestellt.« Schließlich konnte er die »Xarifa« als Privatmann auf die Dauer nicht erhalten, und so verkaufte er sie an einen italienischen Großindustriellen.

Bis heute fehlt uns Zoologen das leichte Forschungsschiff, mit dem wir in den Küstengewässern der Tropen operieren können: eine Lücke, die viele schmerzlich empfinden. Es sind daher auch Bemühungen im Gange, ein solches Forschungsschiff neu zu schaffen. Möge diesen Anstrengungen Erfolg beschieden sein!

Danksagung

Bereits im Text durfte ich vielen Freunden und Gönnern danken. Es ist mir ein Bedürfnis, meinen Dank noch einmal auszudrücken. Er gilt in erster Linie meinem Lehrer und väterlichen Freunde Prof. Dr. Konrad Lorenz, der mich Tiere beobachten lehrte und der mir als seinem Mitarbeiter so freie Hand in der Wahl meiner Forschungsaufgaben gewährte, und meinem Freunde Dr. Hans Hass, der mich überhaupt erst mit der Taucherei bekannt machte. Mein besonderer Dank gilt ferner der Max-Planck-Gesellschaft. Ich danke meinen eingangs genannten Expeditionskameraden und den Herren des beratenden Komitees. Unterwegs wurde uns oft wertvolle Hilfe zuteil, vor allem seitens der Engländer.

Für die gastliche Aufnahme auf Ceylon sind wir dem österreichischen Honorarkonsul Wimalakirti und Prinz v. Solms vom Deutschen Generalkonsulat sowie dem Ehepaar v. Krosigh, den Tauchern M. Wilson, A. Clark, Rodney Jongklaas, Tony Buxton sowie den Herren de Silva und Packeer von der Nationalpark-Verwaltung zu besonderem Dank verpflichtet. Herrn H. Kacher danke ich herzlich für die Hilfe bei der Illustration dieses Buches.

Liste der Tiernamen

(Bei Meeresfischen und erst kürzlich beschriebenen Tierarten steht der Name des Beschreibers hinter dem lateinischen Artnamen, um die Bestimmung zu erleichtern. Kursiv gesetzte Seitenzahlen verweisen auf Abbildungen.)

Ablegerkoralle *Goniopora sp.* 118 f., *118*
Achatschnecken *Achatina sp.* 19
Ährenfische *Atherinidae* 34, *36*
Ammenhai *Nebrius (Ginglymostoma) concolor* RÜPPELL 33, *37*, 84
Anemonen *Actinia bermudensis* 127
   Bartholomea annulata 27
   Condylactis gigantea 127
   Discosoma sp. 120
   Radianthus kuekenthali 120
   Radianthus ritteri 120
Anemonenfische *(Amphiprion, Premnas)* 54, 67, 77, 115, 120–129
   Clownfisch *Amphiprion percula* C. u. V. *36*, 120–126, *125*
   schwarz-weiß gebänderter Anemonenfisch *Amphiprion xanthurus* BLEEKER 120 bis 124
   Weißrücken-Anemonenfisch – *Amphiprion akallopisus* BLEEKER 120 ff., *122*
Anemonengarnele *Alpheus armatus* 27
   Periclimenes anthophilus HOLTHUIS u. EIBL-EIBESFELDT 127 f., *127*
Anemonengrundel *Gobius bucchichii* STEINDACHNER 124
Anglerfische *Lophiidae* 77 f., *78*
Argusfisch *Scatophagus argus* (L.) 140
Axis-Hirsch *Rusa axis ceylonensis* 97
Bär *Melursus ursinus* 97
Barbe *Barbus vittatus* DAY 21
Barrakuda s. Pfeilhecht
Beilbauchfische *Gasteropelecidae* 146
Bischofsmütze *Mitra* 24
Blauhai *Glyphis glaucus* L. 87
Bohrschwamm *Cliona* 40, 43
Büffel, afrikanischer 58
   Ceylon-Büffel 97
Büschelbarsche = Korallenwächter *Paracirrhites forsteri* BLOCH 43
   Cirrithichthys aprinus CUVIER 126
Ceylon-Elefant *Elephas maximus vilaliya* 97 f.
Clownfisch s. Anemonenfische
Dicklippen *Plectorhynchidae* (auch »Süßlippen«) 47
Dicklippe *Plectorhynchus diagrammus* (L.) *44*, 47, *73*
Dreifleck-Korallenbarsch *Dascyllus trimaculatus* RÜPPELL 126
Drückerfisch *Balistidae* 42, 44
Drückerfisch, blauer *Odonus niger* RÜPPELL, auch »Rotzahndrückerfisch« genannt, *36*, 39, 44, *55*, 83, 160
   gestreifter D. *Balistapus undulatus* M. P. *36*
Edelkoralle *Corallium rubrum* 178
Eidechsenfische *Synodontidae* 25 f.
Eifleckbuntbarsche *Haplochromis burtoni* u. *Haplochromis wingatii* 68 f.

Eingeweidefische *Carapidae* 42
Einstachler *Monacanthidae* 45
   Amanses pardalis RÜPPELL 43
   Oxymonacanthus longirostris 43
   Paraluteres prionurus BLEEKER 68
Elefanten, afrikanische *Loxodonta africana* (s. a. Ceylon-Elefant) 58
Elritze *Phoxinus phoxinus* L. 21
Engelfische *Pomacanthidae* 38, 60, 66, 70
Engelfisch *Centropyge eibli* KLAUSEWITZ 161
   Hemitaurichthys zoster 36
Erntefische *Peprilus*, *Poronotus Stromateidae* 128 f.
Estuarienkrokodil *Crocodilus porosus* 146, 158
Fadenschnecken *Aeolidia* 68
Feenseeschwalbe *Gygis alba* 22
Feilenfische s. Einstachler
Feldwebelfisch s. Riffbarsche
Fliegende Fische *Esocidae* 35, 81 f., 146
Flugdrachen *Draco* 171
Flughunde *Pteropus* 21
Füsiliere *Caesiodidae*, *Caesio* 34, *36*, 39, 80–83, *81*, 170
   Xenocys jessiae 80
Galapagos-Taube *Nesopelia galapagoensis* 54 f.
Gallenkrabben *Hapalocaricinus* 43
Garnele s. Anemonengarnele, Grundelgarnele, Seeigelgarnele
Garnelengrundeln *Cryptocentrus lutheri* KLAUSEWITZ u. *Lottilia graciliosa* KLAUSEWITZ
   26 f., *26*, *37*, 140
Geierschildkröte *Macroclemys temminckii* 78
Goldstreifenschnapper s. Schnapper
Gorilla 155
Grauhai *Carcharhinus menisorrah* MÜLLER u. HENLE *37*, 52, 61, 79, 83–87, *85*, 93, *94*
Großaugenbarsche *Priacanthidae* 83
Großfußhuhn *Megapodus* 113, 159
Grubenotter *Trimeresurus wagleri* 159, 172
Grundelgarnele *Alpheus djiboutensis* 26, 27
Grundeln *Gobiidae* 26 f., 32, 71, 140 (s. a. **Anemonengrundel, Garnelengrundel, Höhlengrundel, Korallengrundel, Neongrundel**)
Haarsterne *Crinoidea* 33, 40
Haie 83–96, 170 (s. a. Ammenhai, Blauhai, Grauhai, Hammerhai, Makohai, Riesenhai, Schwarzflossenhai, Tigerhai, Weißer Hai, Weißspitzenhai)
Halbschnabelhechte *Hemiramphidae* 34, *36*, 140, 146
Halfterfisch *Zanclus cornutus* (L.) *36*
Hammerhai *Sphyrna zygaena* (L.) 87 f., 92
Hausratte *Rattus rattus frugivorus* 21
Hechtschleimfische *Chaenopsis* 71
Herzseeigel *Spatangoidea* 164
Hirnkoralle *Maeandrina* 8
Hirschhornkoralle *Acropora* 8, 38
Höhlengrundel *Typhlogobius californiensis* 27
Hornhechte *Belonidae* 34, *36*, 79, 140, 147
Hornkorallen *Gorgonaria* 8
Husarenfische *Holocentridae* 32 f., *36*, 40, 83, 162
   Myripristis murdjan FORSKAL *37*
Igelfische *Diodontidae* 39, 49, 61, 142

Judenfisch *Epinephelus (Promicrops)* 37, 170 f.
Kaiserfisch *Pomacanthodes imperator* BLOCH 36
   Pomacanthodes semicirculatus CUVIER 170
Kaninchenfische *Siganidae* 38, 40, 43, 75 f., 140
Kardinalfische *Apogonidae* 40, 83, 140, 176 (s. a. Seeigel-Kardinalfische)
   Apogon 37
Kieferfische *Opisthognathidae* 37, 116 f.
   Gnathypops dendritica JORDAN u. RICHARDSON 160
   Gnathypops rosenbergi annulata EIBL-EIBESFELDT u. KLAUSEWITZ *116*, 117
Kofferfische *Ostraciontidae* 9, *36*, 39, 45, 60 f.
Königin-Drückerfisch *Balistes vetula* L. 9
Koralle *Pocillopora* 7, 10, 16, 32 f., 38–45 (s. auch Edelkoralle, Hirnkoralle, Hirsch-
   hornkoralle, Hornkoralle, Lederkoralle), *Porites* 38
Korallenbarsche s. Riffbarsche
Korallengrundel *Gobiodon* 40, 42
Krabbe, Korallenkrabbe *Trapezia* 40, 43 (s. a. Kugelkrabbe)
Krake *Octopus aegina* GRAY 164–167, *166*
Krebs, parasitischer *Eurydice* 41
   Xarifia maledivensis GERLACH 43
Krokodil (s. a. Estuarienkrokodil) 59
Krokodilfisch *Parapercis* 26
Kugelfische *Tetraodontidae* 36, 39, 45
Kugelkrabbe *Dotilla sulcata* 135 ff., *136*
Kuhfisch *Lactoria cornutus* (L.) 164
Kuhreiher *Bubulcus* 58
Landeinsiedlerkrebs *Coenobita clypeata* 21 (Malediven)
   Coenobita rugosa 21 (Karibische See)
Langusten *Palinurus* 34
Lederkorallen *Alcyonaria* 32 f.
Leopard *Felis pardus* 97
Lippfische *Labridae* 7, 9, 32, 40, 45, 79, 160, 170, 176
   Cheilio 38
   Lepidaplois diana LACEPEDE 69
   sandfarbener L. *Cymolutes lecluse* QUOY u. GAIMARD 25
   Thalassoma hardtwicke 32, *36*
   (s. a. Putzerlippfische, Sandlippfisch)
Lotsenfisch *Naucrates ductor* (L.) 33, 93, 129, 137
Lungenschnecke *Siphonaria gigas*. 134
Madenhacker *Buphagus* 58 f.
Makkaken *Maccacus* 113
Makohai *Isurus glaucus* MÜLLER u. HENLE 87
Maledivenkrähe *Corvus splendens* 22
Manta s. Teufelsrochen
Manteltiere *Tunicata* 41
Maulwurfkrebs *Callianassa* 27
Maulwurfskrabben *Emerita* 138
Meeräschen *Mugilidae* 36, 47, 140, 146
Meerbarbe, sandfarbene *Mulloidichthys sp.* 26
Meerbrasse *Rhabdosargus* 37, 170
Meeresmücken *Clunio, Pontomyia, Tethymyia* 132 ff., *133*
Meerläufer *Halobatos* 132
Mondschnecke *Lunatia* 24
Moostierchen *Bryozoa* 41

Muränen *Muraenidae* 32, 39, *40*, 43
  Gymnothorax pictus JORDAN u. EVERSMANN 22, *36*
Nabelschnecke *Lunatia* 24
Nacktschnecke *Glaucus* 38
Napfschnecke *Patella* 134 (s. a. Lungenschnecke *Siphonaria*)
Nashornfisch *Naso tapeinosoma* BLEEKER *36*, 47, *72*
  Naso unicornis FORSKAL *36*
Nashorn *Diceros bicornis* 58 f.
Neon-Grundel (= Putzergrundel) *Elacatinus oceanops* JORDAN 54 ff.
Nikobarentaube *Caloenas nicobarica* 113, 159
Panzerseeigel *Podophora* 135, 140
Papageifische *Scaridae* 7, 32, 38, 43, 45, 62, 76, *76*
  Callyodon 36, 40
  Leptoscarus 38, 160
Pelzgroppe *Caracanthus maculatus* GRAY *40*, *41*, *42*
Perlboot *Nautilus* 38
Petermännchen *Trachinus draco* L. 67 f.
Pfau *Pavo* 97
Pfauenaugenbarsche *Cephalopholis argus* SCHNEIDER *36*, 39
  Cephalopholis miniatus FORSKAL 39
Pfauenaugen-Rotfeuerfisch *Nemapterois biocellatus* FOWLER 56, 69
Pfauenkaiserfisch *Pygoplites diacanthus* BODDAERT 7, *36*, 178
Pfeilhecht *Sphyraena* 34, *36*, *72*, 79
Picassofisch *Rhinecanthus aculeatus* SCHNEIDER 26, 32, *36*
Pinzettfische *Chelmon rostratus* (L.) *44*, 64
  Forcipiger longirostris BROUSSONET *36*, *40*, *44*, *44*, 140
Pistolenkrebschen *Alpheus 40, 42*
Plattköpfe *Platycephalidae* 26
Portugiesische Galeere *Physalia physalis* 35
Pottwal *Physeter* 92
Preußenfisch s. Riffbarsche
Putzerfische s. Neongrundel, Putzerlippfische
Putzergarnelen *Periclimenes perdersoni* u. *Periclimenes yucatanicus* 57
  Stenopus 56
Putzergrundel s. Neongrundel
Putzerlippfische Karibische See: *Thalassoma bifasciatus* BLOCH und *Bodianus rufus* (L.) 47, 54
  Indopazifik: *Labroides bicolor* FOWLER u. BEAN 52
  Labroides dimidiatus (VAL.) *36*, *47-57*, *48*, *50*, *55*
  Labroides phtirophagus RANDALL 53
  Thalassoma sp. 57
Putzernachahmer s. Säbelzahnschleimfisch
Quallenfische *Nomeidae* 128 f.
Regenbogenmakrelen *Elagatis bipinnulatus* QUOY u. GAIMARD 94
Reiher (Malediven) *Ardeola grayii phillipsi* SCHEER 22
Riesenhai *Cetorhinus maximus* GUNNER 87
Riffbarsche *Pomacentridae* (auch »Korallenbarsche«) 32, 70, 79, 120, 140
  Abudefduf biocellatus (Q. u. G.) *36*
  Abudefduf glaucus (C. u. V.) *36*
  Abudefduf leucozona BLEEKER *36*, *63*, 71
  Abudefduf saxatilis (L.) »Feldwebelfisch« *36*, 53
  Abudefduf sordidus FORSKAL *36*
  Chromis coeruleus (C. u. V.) *36*, *40*

Chromis dimidiatus KLUNZINGER *36*, 39
Dascyllus aruanus (L.) »Preußenfisch« *36*, 39, *40*
Dascyllus trimaculatus (s. Dreifleck-Korallenbarsch)
Microspathodon chrysurus (C. u. V.) (hellblau getüpfelter R.) 9
Pomacentrus breviceps SCHLEGEL u. MÜLLER »Steckmuschelfisch« *37*, 118
Rippenqualle *Ctenophora* 35
Rochen *36*, *37*, 84f. (s. auch Teufelsrochen, Stachelrochen)
  Taeniura melanospila BLEEKER 84
Röhrenaale *Heterocongridae* 24-30, 160f.
  Xarifania hassi hassi KLAUSEWITZ u. EIBL-EIBESFELDT 27ff., *29*, *37*
  Xarifania h. nicobarensis KLAUSEWITZ u. EIBL-EIBESFELDT 30
  Xarifania obscura KLAUSEWITZ u. EIBL-EIBESFELDT 29f.
  Gorgasia maculata KLAUSEWITZ u. EIBL-EIBESFELDT *28*, 30, 161
Röhrenwürmer *Serpulimorpha* 24, 41
Rotfeuerfisch *Pterois* 67, 69, 140 (s. auch Pfauenaugen-Rotfeuerfisch)
  Pterois volitans L. *37*
Rotkehlchen *Erithacus rubecula* 68
Rötling *Anthias squamipinnis* PETERS 7, *36*, 39, 44, 83, 160
Rotmaulbarsche *Haemulon* 64, 64
Säbelzahnschleimfisch *Aspidontus taeniatus* QUOY u. GAIMARD (Putzernachahmer) 50f., *50*
  Runula albolinea NICHOLS 50
  Runula rhinorhynchus BLEEKER 66, 76f.
Sambar – auch Pferdehirsche *Rusa unicolor* 97
Sanddollar *Clyperasteroidea* 165
Sandlippfisch *Novaculichthys* 25
Schamkrabbe *Calappa* 165
Schiffshalter *Echeneis* 52f., 93
Schildbäuche *Gobiesocidae* 38
Schimpanse *Pan troglodytes* 155
Schläfergrundeln *Eleotridae*
  Eleotris fusca SCHNEIDER 21
  Eleotrides pallidus KLAUSEWITZ 25, *25*
Schlammspringer *Periophthalmus gracilis* EGGERT 113, 139f., *139*
Schlangen 67, 172
Schlangenaal *Myrichthys colubrinus* BODDAERT 68
Schlangensterne 41
Schleimfische *Blenniidae* 32, 71, 140
  Istiblennius periophthalmus CUVIER u. VALENCIENNES »Strandschleimfisch« 32, *36*
  Pavoclinus 38
  (s. a. Säbelzahnschleimfische, Zweifarbenschleimfisch)
Schmetterlingsfische *Chaetodontidae* 7, 32, 38, 40, 43, 49, 61, 64, 66, 70
  Chaetodon auriga FORSKAL *36*
  Chaetodon collare BLOCH 70
  Chaetodon striatus 53
Schnapper *Lutianidae* 50
  Lutianus kasmira FORSKAL Goldstreifenschnapper *37*, 62, 81f., *81*
  Lutianus biguttatus VALENCIENNES 81f., *81*
Schnecken, Strandschnecke *Littorina littorea, L. obtusata, L. rudis u. L. neritoides* 131f.
  Nerita polita 131f.
Schnecken, bohrende *40*, 43
Schollen *Bothidae* 26, *36*
Schönechse *Calotes versicolor* 20, 159

189

Schützenfisch *Toxotes jaculatrix* PALLAS 140ff., *141*, 147
Schwalbenschwänzchen *Chromis* 7f., 43f., 62 (s. a. Riffbarsche)
Schwämme *Porifera* 41
Schwärmer *Pholus labruscae* 67
Schwarzflossenhaie *Charcharhinus melanopterus* QUOY u. GAIMARD *37*, 84, 87, 93
Schwebfliegen *Syrphidae* 67
Seebader *Acanthuridae* 9, *36*, 38, 40, 43, 45, 60, 66, 70, 140, 170
  gelber S. *Zebrasoma flavescens* BENNETT 76
  Paracanthurus theutis LACEPEDE 160
Seebarben *Mullidae* 9, 32, *36*
Seefedern *Pennatularia* 164
Seegurken *Holothuroidea* 40ff., *40*, 176
Seeigel *Echinoidea* 41f., 164f.
  Diadema 113–116
Seeigelgarnele *Stegopontonia commensalis* 116
Seeigel-Kardinalfische *Siphamia versicolor* SMITH u. RADCLIFFE *36*, *114*, *115*, 115
  Siphamia zaribae WHITLEY 116
Seemaus *Aphrodite* 27f., 117
Seepocken *Balanomorpha* 130f., 140
  Chthamalus stellatus 131
Seeschlange *Platurus colubrinus* 67
Seesterne *Asteroidea* 43
Seezunge *Solea vulgaris* 66
Segelfisch *Emblemaria* 64f.
Silberflossenblatt *Monodactylus argenteus* (L.) 140
Skorpionfisch *Scorpaena* 37
Spitzhörnchen *Tupaja* 113f.
Spitzkopfkugelfisch *Canthigaster margaritatus* RÜPPELL 49
  Canthigaster cinctus RICHARDSON 68
Stachelmakrelen *Carangidae* 7, 34, *36*, 128, 140
  Caranx melampygos CUVIER 79f.
Stachelrochen *Taeniura* 26
Stachelschnecke *Murex* 164
Stare *Sturnus* 138
Steckmuschelfisch s. Riffbarsche
Steckmuscheln *Pinna* 118, 178f.
Sternwurm *Aspidosiphon* *118*, 119
Stichling *Gasterosteus aculeatus* 68
Sträflingsseebader *Acanthurus triostegus* (L.) 32, *36*, 62
Strandflöhe *Talitrus* 137f.
Strandschleimfisch s. Schleimfische
Streifenseebader *Acanthurus lineatus* L. 70
Teufelsrochen *Manta birostris* WALBAUM *36*, 57, 94
Tiefseefisch *Galatheathauma axeli* 78
Tintenfische *Cephalopoda* 35, 39
Tigerhai *Galeocerdo cuvier* LESUEUR 87
Trompetenfisch *Aulostomus maculatus* VALENCIENNES 8, 75ff., *76*, 180
Uferkrabbe *Grapsus* 60
Veilchenschnecke *Janthina* 35
Venusfächer *Rhipidogorgia* 8, 33
Vogelfisch *Gomphosus coeruleus* LACEPEDE *36*, *44*, 44
Wanderkoralle *Heteropsammia cochlea* *118*, 119
Wasserschnecke *Heliosoma nigricans* 22

Weißer Hai *Carcharodon carcharias* L. 87
Weißbrustseebader *Acanthurus leucosternon* BENNETT *36*, 62, 70
Weißspitzenhai *Triaenodon obesus* RÜPPELL 84, 86, 88, 93
Wespen 67
Wildschweine 97
Wimpelfische *Heniochus* 64, 83, 140
   Heniochus acuminatus (L.) *36*, *65*, 65
   Heniochus varius CUVIER *73*, 74
Winkerkrabben *Uca* 137
Wurmschnecken *Vermetidae 40*, 42
Zackenbarsche *Serranidae* 43, 61, 78–81, 85 f., 162, 178
   Epinephelus fuscoguttatus FORSKAL 61
   Epinephelus striatus BLOCH 8 f., 46
   Mycteroperca olfax JENYNS 80
Zuckmücken *Chironomidae* 134
Zweifarbenschleimfisch *Ecsenius bicolor 36*

Literaturverzeichnis

Die folgende Literaturübersicht enthält auch einige im Text nicht erwähnte Werke und Arbeiten, die der weiteren Einführung in die angeschnittenen Themenkreise dienen.

ABEL, E.: Fische zwischen Seeigel-Stacheln. Natur und Volk, *90*, 2, 33–38, 1960.
ABEL, E.: Zur Kenntnis des Verhaltens und der Ökologie von Fischen an Korallenriffen bei Ghardaqa (Rotes Meer). Z. Morph. Ökol. Tiere, *49*, 430–503, 1960.
ABEL, E.: Liaison facultative d'un poisson *(Gobius bucchichii* Steindachner*)* et d'une anémone *(Anemonia sulcata* Penn.) en méditerranée (I). Vie et Milieu, *11*, 518–531, 1960.
ALTEVOGT, R.: Beiträge zur Biologie und Ethologie von *Dotilla blanfordi* Alcock und *Dotilla myctiroides* Milne-Edwards (Crustacea Decapoda). Z. Morph. Ökol. Tiere *46*, 369–388, 1957.
AX, P.: Die Entdeckung neuer Organisationstypen im Tierreich. Neue Brehm-Bücherei, Ziemsen Verlag, Wittenberg 1960.
BELL, H.: The Maldive Islands. Ceylon Government Press, Colombo 1940.
BLÖSCH, M.: Was ist die Grundlage der Korallenfischsymbiose: Schutzstoff oder Schutzverhalten? Naturwissenschaften *48*, 387, 1961.
BLÖSCH, M.: Untersuchungen über das Zusammenleben von Korallenfischen *(Amphiprion)* mit Seeanemonen. Dissertation d. Math. nat. Fak. d. Universität Tübingen 1965.
BRUUN, A. F. u. COOP: The Galathea Deep Sea Expedition 1950–1952. London 1956.
CARSON, R.: The Sea around us. Simon and Schuster, New York 1958.
CAULLERY, M.: Parasitism and Symbiosis. Sidgwick u. Jackson, London 1952.
CHUN, C.: Aus den Tiefen des Weltmeeres. Gustav Fischer, Jena 1900.
CLARKE, A.: The Reefs of Taprobane. F. Müller, London 1957.
COPPLESON, M.: Shark Attack. Angus a. Robertson, Sydney u. London 1958.
COTT, H. B.: Adaptive Coloration in Animals. Methuen, London 1957.
COUSTEAU, J. Y.: Die schweigende Welt. Blanvalet, Berlin 1953.
DAKIN, W. J.: Australian Seashores. Angus a. Robertson, Sydney u. London 1952.
DAVENPORT D. u. K. NORRIS: Observations on the symbiosis of the sea anemone *Stoichactis* and the Pomacentrid fish *Amphiprion percula*. Biol. Bull. *115*, 397–410, 1958.
DUGAN, J.: Man explores the Sea. Hamish Hamilton, London 1956.
EIBL-EIBESFELDT, I.: Über Symbiosen, Parasitismus und andere zwischenartliche Beziehungen bei tropischen Meeresfischen. Z. Tierpsychol. *12*, 203–219, 1955.
EIBL-EIBESFELDT, I.: Der Fisch *Aspidontus taeniatus* als Nachahmer des Putzers *Labroides dimidiatus*. Z. Tierpsychol. *16*, 19–25, 1959.
EIBL-EIBESFELDT, I. u. H. HASS: Erfahrungen mit Haien. Z. Tierpsychol. *16*, 739 bis 746, 1959.
EIBL-EIBESFELDT, I.: Beobachtungen und Versuche an Anemonenfischen *(Amphiprion)* der Malediven und der Nikobaren. Z. Tierpsychol. *17*, 1–10, 1960.
EIBL-EIBESFELDT, I.: Eine Symbiose zwischen Fischen *(Siphamia versicolor)* und Seeigeln. Z. Tierpsychol. *18*, 56–59, 1961.
EIBL-EIBESFELDT, I. u. W. KLAUSEWITZ: *Gnathypops rosenbergi annulata* n. sp. von den Nikobaren. Senck. biol. *42*, 421–426, 1961.
EIBL-EIBESFELDT, I.: Freiwasserbeobachtungen zur Deutung des Schwarmverhaltens verschiedener Fische. Z. Tierpsychol. *19*, 165–182, 1962.

EIBL-EIBESFELDT, I. u. G. SCHEER: Das Brutpflegeverhalten eines weiblichen *Octopus aegina* GRAY. Z. Tierpsychol. *19*, 257–261, 1962.

EIBL-EIBESFELDT, I.: Galapagos. Die Arche Noah im Pazifik. Piper, München, 3. Aufl., 1964.

EIBL-EIBESFELDT, I.: Grundriß der vergleichenden Verhaltensforschung. Piper, München, 2. Aufl., 1970.

FRICKE, H. W.: Ökologische und verhaltensbiologische Beobachtungen an Röhrenaalen. *Gorgasia sillneri* und *Taenioconger hassi*. Zeitschrift für Tierpsychologie *27*, 1076–1079, 1970.

FRISCH, K. v.: Über einen Schreckstoff der Fischhaut und seine biologische Bedeutung. Z. vgl. Physiol. *29*, 1–2, 46–145, 1941.

FRISCH, K. v.: Die Sonne als Kompaß im Leben der Bienen. Experienta *6*, 210–221, 1959.

GARDINER, J. ST.: The Fauna and Geography of the Maldive and Laccadive Archipelagoes. Univ. Press, Cambridge 1903.

GERLACH, S. A.: Ein neuer Vertreter des Gnathostomulida (Turbellaria?) aus dem Meeressand der Malediven. Kieler Meeresforschg. *14*, 2, 175–176, 1958.

GERLACH, S. A.: Die Mangroveregion tropischer Küsten als Lebensraum. Z. Morph. Ökol. Tiere *46*, 636–730, 1958.

GERLACH, S. A.: Über das tropische Korallenriff als Lebensraum. Verh. Dt. Zool. Ges., Münster/W., 356–363, 1959.

GILBERT, P. W.: The behavior of sharks. Sci. Amer. 207, 1962.

GILLET, K. u. F. MCNEILL: The Great Barrier Reef and adjacent Isles. Coral Press, Sydney 1959.

GOHAR, H. A. F.: Commensalism between fish and anemone with a description of the eggs of *Amphiprion bicinctus* RÜPPELL. Publ. Mar. Biol. Stat. Ghardaqa, Egypt., *6*, 35–44, 1948. (Fouad. Univ. Press, Guiza).

GRAEFE, G.: Die Anemonen-Fisch-Symbiose und ihre Grundlage nach Freilanduntersuchungen bei Eilat/Rotes Meer. Naturwiss. *50*, 410, 1963.

HAEFELFINGER, H. R.: Bedarf die marine Fauna der mediterranen Küstenzone eines Schutzes? Schweiz. Zool. Ges. Genf, 252–258, 1963.

HARDY, A.: The open sea. I. The World of plankton. II. Fish and Fisheries. Houghton Mifflin Co. Boston 1958/1959.

HASHIMOTO, H.: Ecological significance of the sexual Dimorphism in marine Chironomids. Sc. Rep. Tokyo Kyoiku. Daigaku, Sect. B. *157*, 221–252, 1962.

HASS, H.: Beitrag zur Kenntnis der Reteporiden. Zoologica *37*, 101, 1–136, Stuttgart 1948.

HASS, H.: Menschen und Haie. Orell Füssli, Zürich 1949.

HASS, H.: Manta. Ullstein, Berlin 1952.

HASS, H.: Ich fotografierte in den Sieben Meeren. Heering, Seebruck 1954.

HASS, H.: Wir kommen aus dem Meer. Ullstein, Berlin 1957.

HASS, H.: Expedition ins Unbekannte. Ullstein, Berlin 1961.

HASS, H.: Central subsidence. A new theory of atoll formation. Atoll. Res. Bull. *91*, 1962.

HEDGPETH, J. W.: Treatise on Marine Ecology and Paleoecology. Geol. Soc. Am. 1957.

HIATT, R. W. u. D. W. STRASBURG: Ecological Relationships of the Fish Fauna on Coral Reefs of the Marshall Islands. Ecol. Monogr. *30*, 65–127, 1960.

HOLTHUIS, L. B. u. I. EIBL-EIBESFELDT: *Periclimenes anthophilus* n. sp. Senck. biol. *45*, 1964.

KAESTNER, A.: Lehrbuch der speziellen Zoologie. I. Wirbellose, 1954/55. Fischer, Stuttgart 1963.

KLAUSEWITZ W. u. I. EIBL-EIBESFELDT: Neue Röhrenaale von den Malediven und Nikobaren (Pisces, Apodes, Heterocongridae). Senck. biol. *40*, 135–153, 1959.

KLAUSEWITZ, W.: *Eleotrides pallidus* n. sp. aus dem Indischen Ozean (Pisces, Gobioidea, Eleatridae). Senck. biol. *41*, 7–9, 1960.

KLAUSEWITZ, W.: Fische aus dem Roten Meer. IV. Einige systematisch und ökologisch bemerkenswerte Meergrundeln (Pisces, Gobiidae). Senck. biol. *41*, 149–162, 1960.

KLAUSEWITZ, W.: *Centropyge eibli* n. sp. von den Nikobaren (Pisces, Percoidea, Pomacanthidae). Senck. biol. *44*, 177–181, 1963.

KLINGBEIL, K. u. D. KÜHLMANN: Sporttauchen. Sport u. Technik, Neuenhagen b. Berlin 1958.

KNAURS Tierreich in Farben: Fische u. Wirbellose. Droemersche Verlagsanstalt, München 1961.

KRAMER, G.: Die Sonnenorientierung der Vögel. Verh. Dt. Zool. Ges. Freiburg, 72–84, 1952.

KUENEN, Ph. H.: Marine Geology. Chapman a. Hall, London 1950.

LIMBAUGH, C.: Cleaning Symbiosis. Sci. Amer. Aug. 42–50, 1961.

LIMBAUGH, C., H. PEDERSON u. F. A. CHACE: Shrimps that clean fishes. Bull. Marine Sci. Gulf Caribbean. *11*, 237–257, 1961.

LLANO, G. A.: Airmen against the Sea. ADTIC Publ. G.–104, Alabama 1956.

LORENZ, K.: Die angeborenen Formen möglicher Erfahrung. Z. Tierpsychol. *5*, 235 bis 409, 1943.

LORENZ, K.: Das sogenannte Böse. Zur Naturgeschichte der Aggression. Borotha-Schoeler, Wien 1963.

LÜLING, K. H.: Morphologisch-anatomische und histologische Untersuchungen am Auge des Schützenfisches *Toxotes jaculatrix* (PALLAS 1766) (Toxotidae) nebst Bemerkungen zum Spuckgehaben. Z. Morph. Ökol. Tiere *47*, 529–610, 1958.

LUTHER, W.: Symbiose von Fischen (Gobiidae) mit einen Krebs *(Alpheus djiboutensis)* im Roten Meer. Z. Tierpsychol. *15*, 175–177, 1958.

MAN, E. H.: A brief account of the Nicobar Islanders. J. Anthrop. Inst. Great Brit. a. Ireland. *15*, 428–451, 1886.

MAN, E. H.: The Nicobar Islanders. J. Anthrop. Inst. Great Brit. a. Ireland *18*, 354–394, 1889.

MAN, E. H.: The Nicobar Islands and their people. Billings a. S. Guildford, England 1933.

MANSUETI, R.: Symbiotic Behavior between small fishes and jellyfishes, with new data on that between the Stromateid, *Peprilus alepidotus* and the Scyphomedusa, *Chrasaora quinquecirrha*. Copeia. 40–80, 1963.

MCGINITIE u. MCGINITIE: Natural History of Marine Animals. McGraw Hill, London-New York 1949.

MERTENS, R.: Die Warn- und Droh-Reaktionen der Reptilien. Abh. Senck. naturforsch. Ges. *471*, 1–108, 1946.

MUNROE, I. S. R.: The Marine and Freshwater Fishes of Ceylon. Canberra 1955.

MYLIUS, K.: Wirtschaftsformen auf den Nikobaren-Inseln. Z. Ethnologie *87*, 39–50, 1962.

OHM, Th.: Die Gebetsgebärden der Völker und das Christentum. Leiden 1948.

PARANAVITANA, S.: Sigiri Graffiti. Oxford 1956.

PARDI, L. u. F. PAPI: Ricerche sull'orientamento di *Talitrus saltator* (Montagu) (Crustacea-Amphipoda). Z. vgl. Physiol. *35*, 459–489, 1953.

RANDALL, J. E.: A review of the Labrid fish genus *Labroides* with descriptions of two new species and notes on ecology. Pac. Sci. 327–347, 1958.

RANDALL, J. E. u. H. E. RANDALL: Examples of Mimikry and Protective resemblance in tropical marine fishes. Bull. Marine Sci. Gulf Caribbean. *10*, 144–480, 1960.

RANDALL, J. E.: A Review of the Labrid Fish Genus *Labroides* with Descriptions of Two New Species and Notes on Ecology. Pacific Science *12*, 327–347, 1958.

Rebikoff, D.: Exploration Sous-Marine, Paris: Arthaud, 1952 (dt.: Licht im Meer, Hamburg: Barakuda 1953).

Remane, A.: Die Besiedlung des Sandbodens im Meere und die Bedeutung der Lebensformtypen für die Ökologie. Verh. Dt. Zool. Ges. Wilhelmshaven 1951,1 952.

Richter, G.: Beobachtungen zum Beutefang der marinen Bohrschnecke *Lunatia nitida*. Nat. u. Mus. *92*, 5, 1962, 186–192.

Richter, H.-U.: Unterwasserfotografie, fotokinoverlag Halle/Saale, 1958.

Ricketts, E. F. u. J. Calvin: Between Pacific Tides. Stanf. Univ. Press, 3. Aufl. Stanford 1962.

Riedl, R.: Fauna und Flora der Adria. Parey, Berlin 1963.

Roepstorff, F. A.: Über die Bewohner der Nikobaren. Z. Ethnol. *14*, 51–68, 1882.

Scheer, G.: Viviparie bei Steinkorallen. Naturwiss. *47*, 10, 238–239, 1960.

Scheer, G.: Eine neue Rasse des Teichreihers *Ardeola grayii* (Sykes) von den Malediven. Senck. biol. *44*, 143–147, 1960.

Scheer, G.: Der Lebensraum der Riffkorallen. Ber. 1959/60. Nat. wiss. Ver. Darmstadt, 29–44, 1960.

Scherzer, K. v.: Die Eingeborenen der Nikobaren. Mitt. k. k. geogr. Ges. Wien, 2. Jg., 1858.

Scherzer, K. v.: Reise der österreichischen Fregatte Novara um die Erde in den Jahren 1857, 1858, 1859. Wien 1861.

Schlichter, D.: Das Zusammenleben von Riffanemonen und Anemonenfischen. Z. Tierpsychologie *25*, 933–954, 1968.

Schneider, H.: Bioakustische Untersuchungen an Anemonenfischen der Gattung *Amphiprion* (Pisces). Z. Morph. Ökol. Tiere *53*, 453–474, 1964.

Schultz, L. P. u. Coll.: Fishes of the Marshall and Marianas Islands 1. u. 2. U.S. National Museum Bull. *202*, Washington 1953 und 1960.

Silva, de J. A.: Administration Report of the Warden. Dept. of Wild Life for 1959. Colombo, Ceylon.

Smith, J. L. B.: Sea Fishes of Southern Africa. Central New Agency, Südafrika 1961.

Stebbins, R. C. u. M. Kalk: Observations on the Natural History of the Mud-skipper, *Periophthalmus sobrinus*. Copeia, 1961, 18–27.

Svoboda, W.: Die Bewohner des Nikobaren Archipels. Inst. Arch. f. Ethnogr. *6*, 1893.

Tinbergen, N.: Instinktlehre. Parey, Berlin 1952.

Tinbergen, N.: Tiere untereinander. Parey, Berlin 1955.

Verwey, J.: Coral Reef Studies. I. The symbiosis between Damselfishes and Sea Anemones in Batavia Bay. Treubia *12*, 305–366, 1930.

Wahlert, G. v.: Die ökologische und evolutorische Bedeutung der Fischwärme. Veröff. Inst. Meeresforschung Bremerhaven, 197–213, 1963.

Wahlert, G. v. u. H. v. Wahlert: Le comportement de nettoyage de *Crenilabrus melanocercus* (Labridae, Pisces) en Mediterranee. Vie et Milieu, *12*, 1–10, 1961.

Wahlert, G. v. u. H. v. Wahlert: Beobachtungen an Fischschwärmen. Veröff. Inst. Meeresforschg. Bremerhaven *8*, 151–162, 1963.

Whitehead, W.: In the Nicobar Islands. Seeley Service, London 1924.

Wickler, W.: Über das Verhalten der Blenniiden *Runula* und *Aspidontus* (Pisces, Blenniidae). Z. Tierpsychol. *18*, 421–440, 1961.

Wickler, W.: Eiattrappen und Maulbrüten bei afrikanischen Cichliden. Z. Tierpsychol. *19*, 129–164, 1962.

Wickler, W.: Zum Problem der Signalbildung, am Beispiel der Verhaltens-Mimikry zwischen *Aspidontus* und *Labroides* (Pisces, Acanthopterygii). Z. Tierpsychol. *20*, 657–679, 1963.

Wiens, H. J.: Atoll Environment and Ecology. New Haven u. London. Yale University Press 1962.

WILLIAMS, H.: Ceylon, Pearl of the East. Robert Hale, London 1956.
WINN, H. E.: The biological significance of Fish Sounds. Marine Bio-Acoustics, Pergamon Press, Oxford, London 1964.
WINN, H. W., M. SALMON u. N. ROBERTS: Suncompass orientation by parrot fishes. Z. Tierpsychol. *21*, 798–812, 1964.
YONGE, C. M.: A year on the Great Barrier Reef. London 1930.
YONGE, C. M.: The Sea Shore. London 1949.
ZUMPE, D.: *Chelmon rostratus (Chaetodontidae)*. Kampfverhalten. Encycl. cinemat. Göttingen, E 207.

Stichwortverzeichnis

Abdressur 51
Aggression (Aggressivität) 71, 156
Aktionsraum 62
Amulett 18
Analphabet 19
angeboren 137
angeborenes Verhalten (Mensch) 154 ff.
Anglerfisch (als Räuber) 77 f.
Angriff 68
anonymer Verband 81, s. a. Schwarm
Anpassung 9 f., 31, 35, 44 f., 54 f., 131 f., 134, 142
 an Beutefang 76, 82
 an Fehlen der Eiräuber 22
 an Feinde 30
 Fischmaul an Korallenstock 44
 an Kampf 64
 an Kannenpflanze 172
 an Land bzw. Brandungszone 132, 134, 139 f.
 an Putzverhalten 51
 Trompetenfisch an andere Fische 76
 an Umgebung, z. B. Sand 25 f., 30, 66, 71, 82, 114, 118 f.
 an Verteidigung der Tintenfische 39
 an Wasser bzw. Schwimmen 35, 132 f.
Anpassung, stammesgeschichtlich 74
Anpassungstypen 43 ff.
Arterhaltung 66
Arterkennung 70 f.
Atoll 10, 13 f., 16, 31, 33 f., 83
 Entstehung 14–17
Attrappenversuche 68
Auslöser 68 f., 81
Balz 73, 137
Balzstimmung 63
Barriereriff 116
Benthal 34
Beutefanghandlung 50
Bewegungssehen 86, 88, 92, 95
Brüten der Großfußhühner 113
drohen 64, 71, 126, 137, 139
Drohstellung 155
Elephantitis 19
Erbgut 54 f., 155 f.
Fangtentakel 24
farbenblind 88
Farbsignale 66–74, s. a. Signale

Farbwechsel 71–74, 76, 83, 116
Fetisch (Iwi-Schreck) 106–112
filtrieren 43
Fixieren der Beute 79, 142
Flucht 50, 91
Fluchtmethode 35
Fluchtverhalten 146
Fluchtweg 136 f.
Flügellosigkeit (Strand- und Wasserinsekten) 132 ff.
Funktion 66, 74
Gebetsgebärden 156
Geruchssinn 39, 88, 92
Gesten ursprüngl. menschl. Verhaltens 149–157
Gewöhnung 123 f.
Gezeiten 32
Gezeitenzone 36 f.
Gruß 152, 155
Haiabwehrmittel 86 f., 92–95
Haß-Reaktion 39
Hell-Dunkel-Sehen 88
Hemmung (gegenüber Putzerfischen) 50
innere Uhr 138
Intention (Sägen der Haifische) 88
Intentionsbewegung 156
Iwi 106–112
Jagdmethoden 76 f.
Jagdrevier 62
Kampf 73
Kampfreaktion 68
Kleinräuber 40, 43
Konfusionseffekt 80 f.
Konkurrent 70
Konkurrenzdruck 45, 51
Konvergenz 54
Korallenstock 41–44
Kultur 156
Lächeln, Lachen 149–153
Lagune 14, 16, 31, 34, 83
Landtierwerdung 139 f.
Larvenleben der Schnecken 132
Lauerfische als Räuber 77 ff.
Lebensgemeinschaft 16, 34, 130, 140
Lebensraum 31–45
Leimrutenfänger 43
Lepra 19
lernen 54

197

Licht-Rücken-Reflex 33
Lotsenfische 33
Malaria 19f.
Maulbrüter 68f.
Medizinmann 110ff.
Mimikry 51, 68
Miozän 54
Nachahmer 67f.
  Putzerfische 50–57
nachtaktiv 39, 43
natürliche Auslese 71, 77
Naturschutz 178f.
Nesselabwehr 120ff.
ökologische Nische 126
Orientierung 62
ortstreu 61, 70f., 134
Paarbildung 68, 70
Pelagial 34
persönliches Kennen, pers. Freundschaft 49, 81, 121
Putzen 54–59, 77
  Hai 52, 57
  Krokodilsrachen 59
  Nashorn 58f.
  Seeigelfisch 114
  Zackenbarsch 46f.
Putzsymbiose 58f.
Ranghöherer 155
Raubfisch 75–82
Revier 62, 68, 71
Revierabgrenzung 70
Revierbesitzer 64
Revierverteidigung 51
Rivale 64, 68
Röhrenbauen 116f.
Sandbewohner 24–30
Saumriff 14
Schiffshalter 52f., 93
Schlafplatz 62
Schreckstellung 128
Schreckstoff 21
Schutzfarbe 66, 71
Schutzstoff 121–129

Schwarm 79–82
Schwimmblase 38
Seitenlinie 87
Signale 46, 54, 57
  Farben 66–74
Sonnenkompaß 62, 138
strudeln 43
Symbiose
  Fisch – Anemone 124f.
  Fisch – Krebs 27
  Fisch – Seeigel 115f.
  Wurm – Koralle 118f.
tagaktiv 39
Tanz der Putzerfische 47–51
Tarnfarbe 31, 116
Tarntracht 71–74, 76, s. a. Tarnfarbe, Schutzfarbe
Tarnung 35, 66, 74ff., 116
Täuschung anderer Tiere 66f.
team-work 10
Tertiär 54
Tiefenrausch 11
Tracht 70f.
Turnierkampf 64, 125f.
unterwerfen 155
vergraben 135, 137
Verhalten 10
  artbedingtes 93
  artbedingtes (Primaten) 113f.
Verhaltensforscher 9
Verständigung (Nashorn – Madenhakker) 58
Warnfarbe 67f.
Weidegrund 62
winken (Winkerkrabbe) 137
Wohngebiet 62
zahm 60
Zeremoniell 64
Zivilisation 157, 174
Zusammenführen der Geschlechter, s. Paarbildung
zweckmäßig 34

Quellenhinweis

Mit Ausnahme der Abb. auf S. 64 stammen alle Aufnahmen vom Verfasser.
Photo S. 64 H. Kacher.
Im Aquarium wurden nur die Abb. auf den S. 55, 122 und 166 aufgenommen. Alles andere hat der Verfasser im Freien photographiert.
Für die Anfertigung der meisten Strichzeichnungen danke ich Herrn H. Kacher. Frl. Jutta Winter zeichnete die Abb. auf den S. 107 und 108. Das Schema auf der S. 40 ist einer Arbeit von S. Gerlach entnommen.

Irenäus Eibl-Eibesfeldt

Liebe und Haß

Zur Naturgeschichte elementarer Verhaltensweisen.
40. Tsd. 294 Seiten mit 63 Abbildungen. Leinen

»Dieses außerordentliche Buch liest sich trotz seiner wissenschaftlichen Bedeutung wie ein spannender Roman und gewährt uns tiefen Einblick in unser Wesen und in unsere Handlungsweise.«
         Westfälische Nachrichten

Im Reich der tausend Atolle

Als Tierpsychologe in den Korallenriffen der Malediven und Nikobaren. 10. Tsd. 211 Seiten mit 32 Farbaufnahmen und 68 Fotos des Autors. Leinen

Galapagos

Die Arche Noah im Pazifik. 31. Tsd. 221 Seiten mit 23 Farbaufnahmen und 43 Fotos des Autors. Leinen

Grundriß der vergleichenden Verhaltensforschung

Ethologie. Überarbeitete und erweiterte Neuauflage.
11. Tsd. 563 Seiten mit 279 Abbildungen, Farbtafeln, Register. Leinen